Blaues Land

25 Kulturwanderungen zwischen Murnau, Kochel, Werdenfelser Land und Pfaffenwinkel

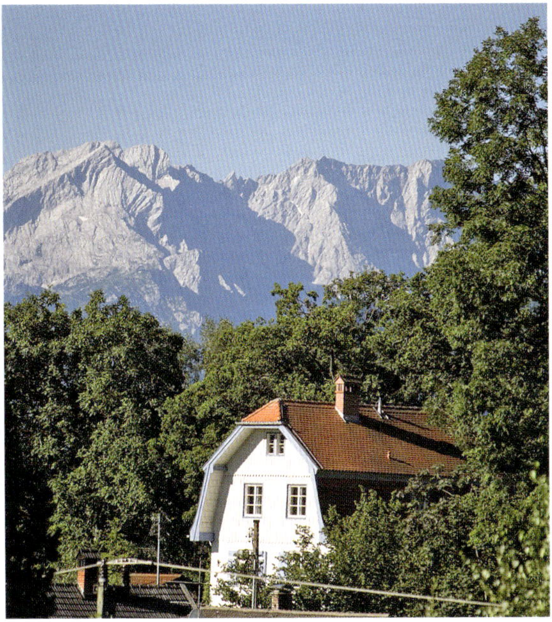

Christian Rauch

ROTHER
BERGVERLAG

Vorwort

14 Jahre nach meinen ersten Arbeiten am Kulturwanderbuch »Blaues Land« ist das Buch nun schon in seine fünfte Auflage gegangen. Wieder konnte einiges aktualisiert und verbessert werden. Das Anliegen des Buches ist natürlich dasselbe geblieben: Es soll dabei helfen, auf attraktiven Wanderrouten im Blauen Land und seiner Umgebung Orte der Kultur zu entdecken. Doch welcher Art ist die »Kultur« in dieser Region? Ich habe sie als das entdeckt, was uns staunen lässt: die reiche Baukunst von Kirchen und Klöstern aus früheren Jahrhunderten, die wir heute kaum mehr nachvollziehen können, und die uns doch Wurzeln und Werte einer christlich geprägten ländlichen Gesellschaft in ihrer Schönheit aufzeigt. Staunen lässt uns auch die in großer Disziplin und teils noch heute betriebene Handwerkskunst von Wetzsteinmachern oder Holzschnitzern. Kultur zeigt sich als das, was uns verbindet: Wenn wir an den Ufern der Seen stehen, das Bergpanorama betrachten oder alte Bauernhäuser, dann tauchen wir in die Stimmung ein, die vor vielen Jahrzehnten die Künstler des Blauen Reiters in einem neuen unvergleichlichen Stil festhielten, vor allem Wassily Kandinsky, Franz Marc und Gabriele Münter. Wir verstehen, warum ein Friedrich August von Kaulbach und Richard Strauss sich in der Region niederließen. Kultur ist aber auch das, was uns modernen Menschen nützt: Unser technischer Fortschritt basiert auf Pioniertaten, die z. B. die frühen Wetterforscher auf dem Hohen Peißenberg und die Erbauer des Wasserkraftwerks am Walchensee vollbrachten. Ehemalige olympische Sportstätten in Garmisch-Partenkirchen sind die Basis heutigen Skibetriebs und des Tourismus.

Inspiriert durch das Goethe-Zitat »Was ich nicht erlernt habe, das habe ich erwandert«, möchte ich Ihnen in diesem Buch Folgendes ans Herz legen: Kleinodien am Wegrand entdecken, beim Wandern Zeit und Muße, frische Luft und sportliche Kraft tanken, um die großen und kleinen Sightseeing-Ziele in dieser wunderschönen Region wirklich zu entdecken – nicht aus Autos oder Bussen heraus, die uns für die Anreise reichen sollen.

Ein Buch über das Kulturwandern im Blauen Land und in seiner Umgebung zu schreiben, ist mir eine besondere persönliche Freude. Bei Murnau aufgewachsen, und auch heute hier wohnhaft, kenne ich das Panorama der »blauen Berge« seit Kindertagen. Und doch konnte ich beim Schreiben dieses Buches und beim Begehen der beschriebenen Touren viel Neues entdecken. So wünsche ich auch Ihnen genussvolle und erlebnisreiche Wandertage!

Murnau, im Sommer 2023 — Christian Rauch

Inhalt

Das Blaue Land und seine Nachbarn:

Geschichtlicher Streifzug durch die Kulturlandschaft

Der Name »Das Blaue Land« geht zurück auf die Maler der Künstlerbewegung »Der Blaue Reiter«, insbesondere auf Wassily Kandinsky, Franz Marc und Gabriele Münter, welche Anfang des 20. Jahrhunderts in der Region gewirkt haben. Wer vom Murnauer Höhenrücken aus gen Süden blickt, bewundert die herben Kontraste zwischen brettebenem Murnauer Moos, steil aufragenden Bergfichtenwäldern und felsigen Gebirgsketten. Im Gegenlicht der Sonne zaubert dies den charakteristischen Blauton der Landschaft, welcher die Maler des »Blauen Reiters« faszinierte. Diese Region erstreckt sich von Murnau am Staffelsee hinüber bis Kochel und den Walchensee. Im Süden geht es entlang dem Loisachtal in das Werdenfelser Land (das seinen Namen der mittelalterlichen Grafschaft Werdenfels verdankt) mit Mittenwald, Garmisch-Partenkirchen und der Zugspitze über. Im Westen liegt das nach dem Fluss Ammer benannte Tal mit Oberammergau und Ettal sowie im Norden der Pfaffenwinkel. Der Name dieser Region entstand im Mittelalter und wurde im 18. Jahrhundert durch den Raistinger Pfarrer (»Pfaffe« = Pfarrer) Franz Sales Gailer überliefert, als eine »Gegend vor dem Gebirg, die mehr als andere mit Klöstern ersten Ranges gesegnet sei«. Dieser Führer deckt große Teile dieser Regionen ab und bezieht das Gebiet bis Iffeldorf im Norden und Bad Tölz im Nordosten ein. Wir bewegen uns damit im südwestlichen Teil Oberbayerns, welches vom hügeligen Alpenvorland bis in die höchsten Bergketten übergeht und von der Vielfalt der Wälder, Moore, Seen und Berge lebt.

Blaues Land, Werdenfelser Land, Ammergau und Pfaffenwinkel bilden eine reiche Kulturlandschaft, die von römischen und mittelalterlichen Spuren, von wunderschönen Kirchen und Klöstern, aber auch neuzeitlich-technischen Denkmälern und Sportstätten geprägt ist. Maler, Schriftsteller und Komponisten haben diese Region besucht und sich oftmals hier niedergelassen. Folgen Sie mir auf einem kurzen Streifzug durch die Geschichte, der gleichzeitig schon auf die nachfolgend beschriebenen Wanderungen und Touren hinweist, welche Sie die großen und kleinen Kulturdenkmäler en détail entdecken lassen werden.

Von der Frühzeit ins Mittelalter: Hügelgräber, Römerstraßen und christliche Klöster

Nach dem Abschmelzen der Eiszeitgletscher, welche maßgeblich an der Formung der Landschaft beteiligt waren, breiteten sich Menschen in die Region aus. Über Jahrtausende prägten sie die Kulturen der Jungsteinzeit, Bronzezeit, Hallstattzeit (»Salzzeit«) und Eisenzeit. Über diese Zeit menschlicher Besiedelung geben nur wenige Relikte Auskunft, unter anderem Steinbeile, die sich im Werdenfels-Museum in Garmisch-Partenkirchen besichtigen lassen (siehe Tour 16). Im Staffelsee- und Riegseegebiet wurden außerdem alte Hügelgräber und Artefakte aus diesen Epochen entdeckt. Im Jahrtausend vor

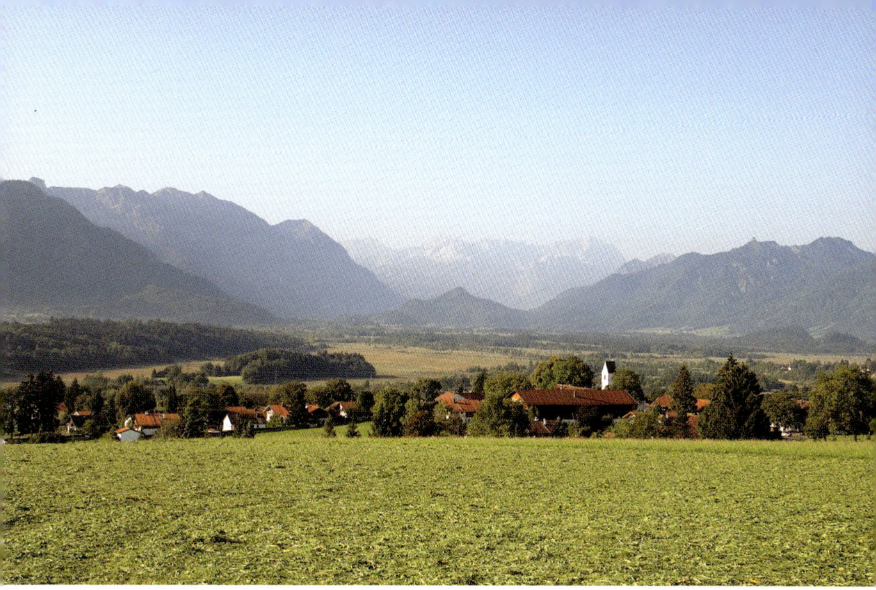

Der Hagener Höhenrücken regte Gabriele Münter zu ihrem berühmten Bild »Blick aufs Gebirge« an.

Christi Geburt lebten zunächst illyrische, dann auch keltische Stämme im Blauen Land und den umliegenden Regionen. Einer der Hauptflüsse der Region, die Loisach, geht namentlich auf das keltische »Liubis-aha«, »unheimliches Wasser«, zurück. Einen einfachen Saumpfad für Händler, der aus dem Süden über den Brennerpass, Zirler Berg und unsere Region nach Norden führte, gab es vermutlich schon seit der Bronzezeit. Weitere Wege, z. B. zum Transport von Zinn und Salz entstanden und so durchquerten verschiedene Handelspfade die Region in Nord-Süd- und Ost-West-Richtung.

Entscheidender weltgeschichtlicher Meilenstein für die Region aber war das Vordringen der Römer um Christi Geburt. Nach der Einnahme weiter Teile des Alpen- und Alpenvorlandes unter Kaiser Augustus und der Errichtung der ersten römischen Alpenstraße, der Via Claudia Augusta, über den Reschen- und Fernpass, folgte im 2. Jh. n. Chr. der Bau der Via Raetia. Sie erweiterte den schon bestehenden Saumpfad über den Brenner und den Zirler Berg (beim heutigen Seefeld) zur Heeresstraße. Entlang dieser Römerstraße entstanden die ersten namentlich benannten Stationen im heutigen Werdenfelser und Blauen Land: Scarbia im heutigen Mittenwald, Partanum im heutigen Partenkirchen und Coveliacas (vermutlich im Murnauer Moos). Eine römische Befestigungsanlage soll bis 430 auch auf dem Moosberg bestanden haben (der Moosberg wurde durch den industriellen Hartsteinabbau im 20. Jahrhundert leider komplett abgetragen).

Ende des 5. Jahrhunderts brach die römische Herrschaft nach den »Stürmen« der germanischen Völkerwanderung zusammen. Im Gebiet des heutigen Bayern entstand eine Mischbevölkerung aus Kelten (den namengebenden Boiern), Germanen und hiergebliebenen Römern und begründete das Volk der Bajuwaren.

Kulturell prägend wurde in den folgenden Jahrhunderten das Christentum. Erste Klöster in der Region entstanden im 8. Jahrhundert, als Karl der Große Mitteleuropa unter seiner fränkisch-germanischen Herrschaft vereinigte. Die frühen Klöster waren gleichsam ein Sammelpunkt des kulturellen Fortschritts, insbesondere durch ihre Bibliotheksarchive, ebenso zur Vermittlung und Pflege handwerklicher und landwirtschaftlicher Techniken. In den folgenden Jahrhunderten übernahmen die Klöster vielfach auch richterliche und Bildungsaufgaben. Die frühesten Klöster der Region standen auf der Insel Wörth im Staffelsee (Tour 2), in Schlehdorf/Kochel (Tour 3), Klais (Tour 19) und in Benediktbeuern (Tour 21). Von diesen vieren besteht heute im Originalstandort nur mehr Benediktbeuern. Im hohen Mittelalter folgten weitere Klöster. Dabei prägten noch immer die Römer die Baukunst dieser Epoche. Zeugnis dieses romanischen Stils ist das Welfenmünster Steingaden aus dem 12. Jahrhundert (Tour 25), das Stift Rottenbuch (Tour 24) und die 1288 belegte Alte Kirche von Garmisch (Tour 16). Im Stile der Gotik entstanden unter anderem die Unterammergauer Kappelkirche (Tour 8) sowie das ursprüngliche Kloster Ettal (Tour 11), dessen heutiger Bau allerdings in der Barockzeit geprägt wurde.
Im Hochmittelalter tauchen in unserer Region auch die ersten nachweisbaren Adelsgeschlechter auf, wie die Grafen von Eschenlohe, deren Besitz sich über das Werdenfelser und Blaue Land bis ins angrenzende Tirol und Südtirol erstreckte. Weiter nördlich hatten die Grafen von Andechs ihren Stammsitz. 1294 aber starb die Eschenloher Linie aus und Werdenfels ging an das Hochstift Freising, die nördlicheren Regionen, das heutige Blaue Land, an das Hochstift Augsburg. 1332 dann übernahm Kaiser Ludwig der Bayer Orte in der Region, wie Murnau und Eschenlohe, und übergab sie an das Kloster Ettal. Westlich und östlich lagen die Besitztümer der Klöster Steingaden, Rottenbuch und Benediktbeuern. Politisch aber wurde unsere Region somit

Kloster Benediktbeuern mit Meditationsgarten.

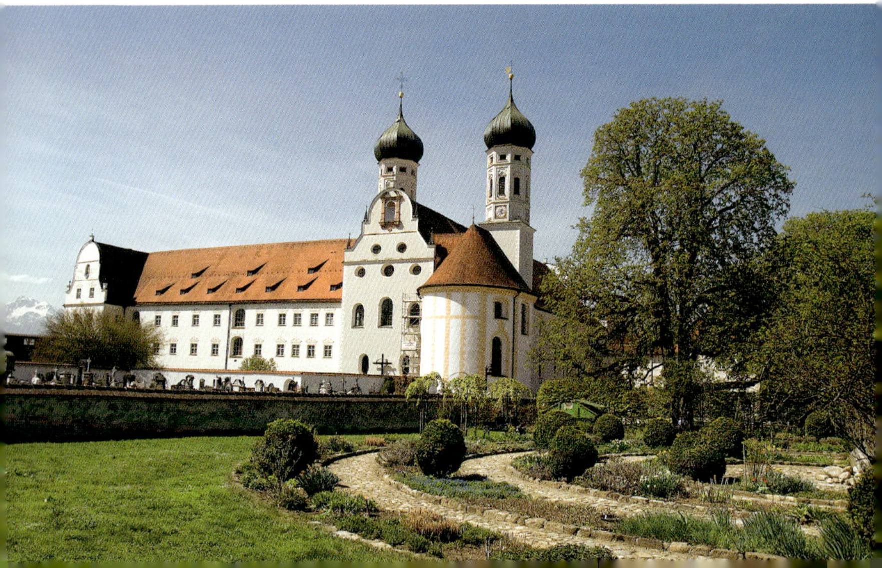

weitgehend Teil des Herzogtums Bayern, nur die weiter Freisingische Grafschaft Werdenfels südlich von Oberau blieb davon abgetrennt – und das bis 1802!
Die alte Römerstraße diente nun den deutschen Kaisern für ihre Heereszüge nach Italien, wo sie sich in Rom vom Papst krönen ließen. Auch Kaiser Friedrich Barbarossa nahm 1154/55 diesen Weg. Zum Schutz der neuen »Kaiserstraße« entstanden Burgen, die heute nicht oder nur mehr als Ruinen erhalten sind, wie die Burgruine Werdenfels (Tour 14), die Schaumburg bei Ohlstadt (Tour 6), und die ehemalige Burg am Vestbühl bei Eschenlohe (Tour 12). Erhalten geblieben ist hingegen das Schloss in Murnau, heute ein sehenswertes Museum (Tour 1).

Auf dem Weg in die Neuzeit: blühender Handel, barocke Pracht Kriege und Seuchen

Ab dem Hochmittelalter machte der zunehmende Handelsverkehr von Waren und Gütern zwischen Deutschland und Italien die Region wohlhabend. Über Italien erhielt der deutsche Norden, maßgeblich mittels der Handelsfamilien der Fugger und Welser, Gewürze, Südfrüchte und Seide, umgekehrt waren es vor allem Tuchwaren, Werkzeuge und Waffen. Neben der Hauptverkehrsroute, der Kaiserstraße über Partenkirchen, wurde 1492 der alte Saumpfad über den Kesselberg ausgebaut, um eine direkte Route von Mittenwald über den Walchensee und Kochel nach Norden einzurichten. Wichtig wurde auch die Kienbergstraße von Oberau über Ettal und Oberammergau Richtung Augsburg, da sie die oftmals durch das Murnauer Moos überschwemmte Eschenloher-Murnauer Route umging. Der steile Ettaler Berg war allerdings von den Fuhrleuten gefürchtet.
Gemeinsam mit der Flößerei auf Isar und Loisach entstand so ein funktionierender Handelsverkehr, den man als Rottwesen bezeichnete. Auf den Straßen transportierten die Zweier-, Vierer- und Sechsergespanne Dutzende von Zentnern an Fracht. Alle 20 bis 30 km, also der Länge einer durchschnittlichen Tagesetappe, wurden Rottstationen eingerichtet zur Unterkunft und Verpflegung der Menschen und Pferde. Die Fuhrleute dieser Stationen waren zuständig für die Umladung und den Transport zur nächsten Station. Bedeutend wurden als Rottstationen Mittenwald, Partenkirchen, Oberammergau und Murnau. Weiter westlich war Schongau wichtige Handelsstation der anderen großen Alpenverbindung, der ehemaligen Via Claudia Augusta über Füssen und den Fernpass. Im Osten profitierte Bad Tölz vom Salzhandel zwischen Reichenhall und dem Allgäu sowie von der Isarflößerei. Vor dem Hintergrund dieses aufblühenden Handels entstanden die Marktrechte der damals bedeutendsten Orte: 1305 gerieten Mittenwald und Partenkirchen in den Genuss dieses Rechts, regelmäßige Märkte abzuhalten; 1322 war es Murnau und 1331 Bad Tölz, jeweils durch Kaiser Ludwig dem Bayern, 1455 schließlich auch Garmisch. Noch heute sind diese Orte (bis auf Bad Tölz) stolz auf die Bezeichnung »Marktgemeinde«.
Weiteren Aufschwung für den Handel brachte die Entscheidung der Republik Venedig, wegen der kriegerischen Auseinandersetzungen mit dem Tiroler Herzog 1487 den Bozener Markt nach Mittenwald zu verlegen. Bis 1679 blieb dieser Hauptumschlagplatz für Güter aus dem Süden und aus Asien in

der Marktgemeinde zu Füßen des Karwendels. Diese lebendige, reiche Zeit prägte auch das heutige Ortsbild (Tour 19). Durch den blühenden Handel und die Jagd- und Holzrechte wurde Werdenfels zum »Goldenen Landl«, und der Mönch Carolus Meichelbeck berichtet in seiner Freisinger Geschichte aus dem 18. Jahrhundert (»Historia Frisingensis«), dass die Grafschaft Werdenfels »das beste Stuckh des Reichsfürstenthumbs Freising« gewesen sei. Der Handel ermöglichte auch das Aufblühen von Handwerkstraditionen, die schließlich weltbekannt wurden. Im 17. Jahrhundert wurde in Mittenwald der Geigenbau begründet (Tour 19) und in Oberammergau (Tour 9) wurde die schon länger bestehende Schnitzkunst weit über die Region hinaus bekannt und ihre Produkte begehrt. In der Baukunst waren es der späte Barock und das Rokoko, die formgebend für viele der traditionellen Kirchen wurden. Besonders schön zeigt sich die Baukunst dieser Epoche in der weltberühmten Wieskirche (siehe Tour 25), der Iffeldorfer Heuwinklkapelle (Tour 22), im Kloster Ettal (Tour 11) und den Kirchenbauten der Klöster Benediktbeuern, Rottenbuch und Steingaden (Touren 21, 24, 25), aber auch in den Pfarrkirchen vieler Orte. Auch Kirchen, deren Ursprünge aus früherer Zeit stammten, wurden, besonders in ihrem Inneren, in barockem Stil umgestaltet. Berühmte Namen waren dabei in der Region zugange, so die Baumeister, Maler und Stuckateure der über Landesgrenzen hinaus tätig und berühmt gewordenen Wessobrunner Schule im 18. Jahrhundert, vor allem die Generationen Schmuzer und die Gebrüder Zimmermann. Um diese Zeit erlebte auch die barocke Fassadenmalerei, die »Lüftlmalerei«, ihren Höhepunkt in der Region. Berühmte Vertreter waren Franz Seraph Zwinck aus Oberammergau und Franz Karner aus Mittenwald, und so zeigen besonders diese beiden Orte, aber auch einige andere in der Region, wunderschöne Häuser mit diesem Fassadenschmuck.

Ab dem 16. Jahrhundert begann der Rottverkehr ab Venedig durch neue Handelswege auf dem Atlantik immer mehr zurückzugehen. Die Flößerei auf der Loisach und Isar allerdings behielt bis zum Eisenbahnbau im 19. Jahrhundert ihre Bedeutung. Wetzsteine aus Unterammergau (Tour 8) und Ohlstadt (Tour 6) waren begehrte Produkte aus der Region, ebenso natürlich Holz, Bier (wie von einst 22 Tölzer Brauereien) und Materialien wie Gips oder Kalk.

Die »goldene Zeit« endete aber nicht zuletzt durch die schrecklichen Kriege. Der Dreißigjährige Krieg brachte Plünderungen und Brandschatzungen in die Region und

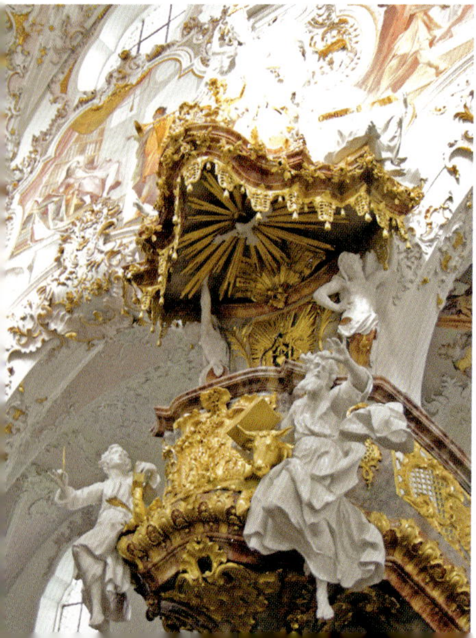

Die 1743 von Franz Xaver Schmädl gebaute Kanzel unterstreicht den spätbarocken Glanz der ehemaligen Klosterstiftskirche Rottenbuch.

DER BLAUE REITER HEUTE

Das Münchner Lenbachhaus und die Museen im Blauen Land

Gemälde und Werke der Künstlerinnen und Künstler des Blauen Reiters lassen sich im Schlossmuseum und Münterhaus von Murnau (Tour 1) und im Franz Marc Museum von Kochel (Tour 3) bewundern.
Sehr sehenswert ist die Sammlung in der Münchner Städtischen Galerie im Lenbachhaus. Ihren Reichtum erwarb sie besonders durch die Schenkung von Gabriele Münter 1957. Sie übergab dem Lenbachhaus Hunderte von Werken von ihr selbst, ihrem ehemaligen Lebensgefährten Wassily Kandinsky, Franz Marc und anderen Künstlerfreunden des Blauen Reiters, wie Alexej von Jawlensky, August Macke und Marianne von Werefkin.
Das Lenbachhaus wurde von 2009 bis 2012 generalsaniert und lädt seit 2013 mit modernster Beleuchtungstechnik wieder zur Besichtigung ein.
Informationen: Städtische Galerie im Lenbachhaus: Luisenstraße 33, 80333 München, Tel. +49 89 23396933, lenbachhaus@muenchen.de, lenbachhaus.de.

schleppte die Pest ein. Die Menschen gelobten daraufhin, Gott durch den Bau von Kirchen und Kapellen zu ehren, wenn sie von der Pest verschont würden. So entstand beispielsweise das Fieberkircherl bei Ohlstadt (Tour 6). Bedeutendstes Zeugnis aber sind sicher die weltberühmten Passionsspiele von Oberammergau, die auf ein Pestgelübde der Bevölkerung von 1633 zurückgehen (Tour 9). Weitere Kriege, wie etwa der »Spanische Erbfolgekrieg« (1701–1714), hinterließen in der Region ihre Spuren. So bei Oberau, wo die Bayern 1703 einer Tiroler Übermacht unterlagen. Wie durch ein Wunder wurde Partenkirchen bei einem der Tiroler Vorstöße verschont, aus Dank wurde die Wallfahrtskirche St. Anton gestiftet (Tour 15). Anderen erging es nicht so gut. Der Murnauer Markt litt seit dem Dreißigjährigen Krieg wiederholt unter Brandschatzungen.

Vom 19. Jahrhundert bis heute: Königsschlösser, Sommerfrischler und Touristen

Nach der Säkularisation 1803 prägten weltliche Herrscher die Region. Maximilian II., König von Bayern von 1848 bis 1864, rühmte das Land von Kochel- und Walchensee mit dem felsigen Herzogstand als »den schönsten Platz in meinem Bayernland«. Gern besuchte er aber auch den Königsstand hoch über Garmisch zur Jagd (Tour 13). Sein Sohn, Ludwig II., der »Märchenkönig«, ließ Schlösser bauen, die heute weltberühmt sind. Sein bekanntestes Schloss, Neuschwanstein, liegt zwar außerhalb unserer Region (s. Rother Wanderbuch »Kulturwandern Ostallgäu« von Christian Rauch). Doch wollen wir im Rahmen dieses Buches Linderhof, Ludwigs Lieblingsschloss inmitten der Ammergauer Alpen (Tour 10) sowie sein Jagdschloss hoch auf dem Schachen (Tour 17) besuchen. Kaum bekannt, aber ein lohnendes Wanderziel ist die ehemalige Jagdhütte König Ludwigs auf dem Altlacher Hochkopf über dem Walchensee (Tour 5). Ehemalige Jagdhäuser stehen auch auf dem Pürschling (Tour 8) und dem Brunnenkopf (Tour 10).

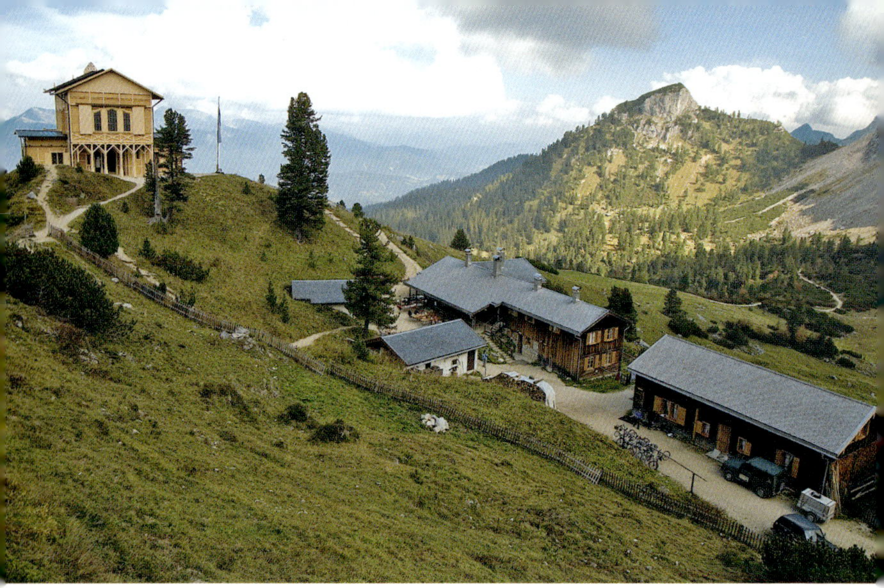

Über den bewirtschafteten Schachenhäusern, früher Unterkunft für das königliche Gefolge, thront Ludwigs II. höchstgelegenes Schloss.

Ungeachtet des königlichen Glanzes bahnte sich in der zweiten Hälfte des 19. Jahrhunderts die Moderne unaufhaltsam ihren Weg. 1879 fuhr die Eisenbahn erstmals von München bis Murnau, 1889 bis Garmisch. 1898 wurde die Strecke München–Penzberg über Benediktbeuern und Bichl bis Kochel verlängert und 1900 die Bahnlinie von Murnau nach Oberammergau eröffnet. Merkmale einer nun auch durch Technik geprägten Kulturlandschaft finden sich am Walchensee-Kraftwerk, 1924 als erstes Hochdruckspeicherkraftwerk in Deutschland in Betrieb genommen (Tour 3) und am Wetterobservatorium auf dem Hohen Peißenberg (Tour 23), welches gar bis 1781 zurückgeht.

Heute sind viele Ortschaften in der Region ganz auf Tourismus eingestellt. Der Wintersport hat seine durch Pistenbau und den Einsatz von Schneekanonen nicht immer unumstrittene Bedeutung in Mittenwald und vor allem in Garmisch-Partenkirchen. Dort findet sich auch eine Reihe von sommers wie winters betriebenen Bergbahnen, unter anderem auf Deutschlands höchsten Berg, die Zugspitze. Die Olympischen Winterspiele 1936 sowie die Alpinen Ski-Weltmeisterschaften 1978 und 2011 lassen Garmisch-Partenkirchen unbestritten als bedeutendste Wintersportmetropole Deutschlands gelten und die Sportanlagen beeindrucken selbst beim sommerlichen Spaziergang (Tour 16). Doch hat man in der Region vielerorts auch den »sanften« Tourismus, gerade im Sommer, wieder erkannt und fördert ihn durch Lehrpfade, kulturelle Veranstaltungen und Konzerte an besonders schönen Orten (überwiegend durch die Richard-Strauss-Vergangenheit in Garmisch, im Passionstheater Oberammergau, in der Wieskirche und im Klosterhof Benediktbeuern) sowie durch den Ausbau von zahlreichen Museen. Sie widmen sich den oben genannten Künstlern, vermitteln jedoch ebenso Heimatgeschichte und Traditionen und werden im Rahmen der folgenden Touren beschrieben.

»Der Blaue Reiter« – die prägende Künstlerbewegung der Region

Im 19. Jahrhundert ermöglichte der verkehrstechnische Fortschritt durch den Eisenbahnbau zunehmend Adligen und wohlhabenden Bürgern ihre angestammten Stadtwohnsitze zur Sommerzeit zu verlassen und Erholung auf dem Land zu suchen. Die »Zeit der Sommerfrischler« begann. Auch Künstler begannen, die Natur und das »Ursprüngliche« auf dem Land wieder zu entdecken. So auch der junge Franz Marc, dessen Eltern die Sommerfrische zwischen 1884 und 1893 meist in der Gegend von Kochel verbrachten. Nachdem er 1900 sein Studium an der Münchner Kunstakademie aufnahm, zog es Franz Marc immer wieder in die Kocheler Berge. 1909 zog er ganz nach Sindelsdorf (Tafel E), 1914 nach Ried bei Kochel (Tour 3).

Im Sommer 1908, nach etlichen internationalen Studienreisen entdeckten der in Moskau geborene Wassily Kandinsky und Gabriele Münter die Gegend von Murnau. 1909 erwarben sie dort das sogenannte »Russenhaus« und bewohnten es beide bis 1914. Das bunte Ortsbild, die Landschaft mit Mooren, Seen und Bergen und ihren besonderen Stimmungen, etwa bei Föhnwetter, sowie die einheimische Volkskunst, insbesondere die Hinterglasmalerei, eröffneten neue Wege künstlerischer Ausdrucksweise. Gabriele Münter schrieb später, sie habe 1908 in Murnau begonnen, sich nicht mehr um die »nachrechenbare, ›richtige‹ Form der Dinge« zu bemühen, und doch habe sie die Natur »nie ›überwinden‹, zerschlagen oder gar verhöhnen« wollen. Die Welt wollte sie so darstellen, wie sie ihr wesentlich schien, und wie sie sie »packte«.

Die Geburtsstunde des »Blauen Reiters« schlug, als Wassily Kandinsky und Gabriele Münter 1911 Franz und Maria Marc kennenlernten. Ein inniges freundschaftliches Verhältnis entwickelte sich bald zwischen den beiden Künstlerpaaren, die nur wenige Kilometer entfernt voneinander wohnten. Nachdem Kandinsky die von ihm mitgegründete Neue Künstlervereinigung München verlassen hatte, gründete er mit Franz Marc die Redaktion »Der Blaue Reiter«. 1911 und 1912 arbeiteten sie fieberhaft an einem Jahrbuch, welches alle künstlerischen Tendenzen sammeln wollte, um die »bisherigen Grenzen des künstlerischen Ausdrucksvermögens zu erweitern« (so Kandinsky). Der Sammelband, der sich bis 1914 weit besser als erwartet verkaufte, enthielt auch Beispiele der Volkskunst aus allen Teilen der Welt sowie musikalische Beiträge, unter anderem von Arnold Schönberg. Die Namensherkunft »Der Blaue Reiter« ist indes nicht genau geklärt. Kandinsky erzählte zwar später (im Kunstblatt 14, 1930, S.59): »Den Namen ›Der Blaue Reiter‹ erfanden wir am Kaffeetisch in der Gartenlaube in Sindelsdorf. Beide liebten wir Blau, Marc – Pferde, ich – Reiter. So kam der Name von selbst.« Doch dieser etwas scherzhafte Satz enthält aller Wahrscheinlichkeit nach nicht die vollständige Deutung. Die Farbe Blau jedenfalls könnte auf die blaue Blume, das zentrale künstlerische Symbol der einhun-

»Blau ist eine typisch himmlische Farbe, die den Menschen in das Unendliche ruft.« (Wassily Kandinsky)

»Blau ist das männliche Prinzip, herb und geistig. Gelb das weibliche Prinzip, sanft, heiter und sinnlich. Rot die Materie, brutal und schwer und stets die Farbe, die von den anderen beiden bekämpft und überwunden werden muss!« (Franz Marc)

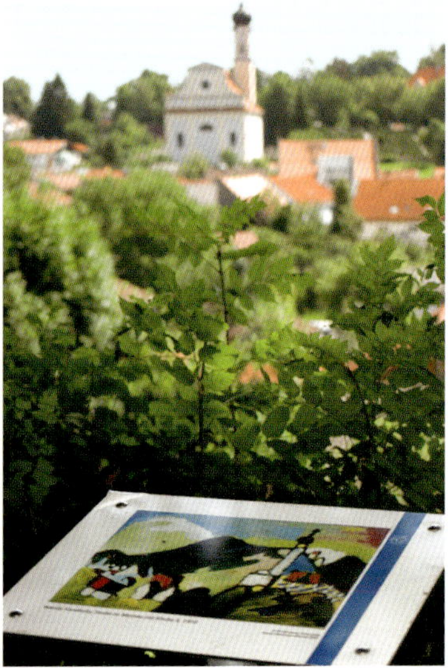

Tour 1 bietet die Möglichkeit, Kandinskys Murnau-Bild mit der Originalansicht zu vergleichen.

dert Jahre zurückliegenden Romantik zurückgehen und der Reiter das entschlossene Vorwärtsdringen der modernen Kunst symbolisieren. Der lose Künstlerkreis umfasste schließlich neben den beiden im Blauen Land ansässigen Künstlerpaaren auch Marianne von Werefkin und Alexej von Jawlensky, mit denen Münter und Kandinsky schon 1908/09 in Murnau zusammengearbeitet hatten, sowie August Macke, Heinrich Campendonk, Alfred Kubin und Paul Klee. 1911 und 1912 fanden Ausstellungen des »Blauen Reiters« in München statt. Im Vorwort der ersten Ausstellung, die auch auf Tournee in verschiedenen deutschen Großstädten ging, hieß es, man wolle »in der Verschiedenheit der vertretenen Formen zeigen, wie der innere Wunsch der Künstler sich mannigfaltig gestaltet«. Diese Verschiedenheit und Vielfalt der Künstlerinnen und Künstler des Blauen Reiters förderten eine enorme kreative und künstlerische Entwicklung und erklären die Bedeutung, welche der Bewegung heute zu Recht beigemessen wird. Und so war es bei Franz Marc insbesondere die Farbe, die zur entscheidenden Symbolwirkung seiner zur »Wesenheit« abstrahierten Tiermotive, wie dem berühmten »Blauen Pferd«, wurde. Kandinsky wiederum bewegte sich zunehmend darauf hin, die Brücke von der Abstrahierung der äußeren gegenständlichen Welt hinein in eine von Form und Farbe befreite »absolute« Malerei, »das Geistige in der Kunst« (so der Titel von Kandinskys Buch von 1911) ausdrückend, zu schlagen. Gabriele Münters Arbeiten, die lange im Schatten Kandinskys standen und erst in neuerer Zeit zu Recht wieder gewürdigt wurden, waren vom spontanen Eindruck geprägt und spiegeln Außenwelt und Landschaft in nur ansatzweiser Abstraktion, dafür in unmittelbarer spielerischer Einfachheit – flächig und farbinten-

Die Treppenwange im Münterhaus wurde 1910 von Wassily Kandinsky bemalt.

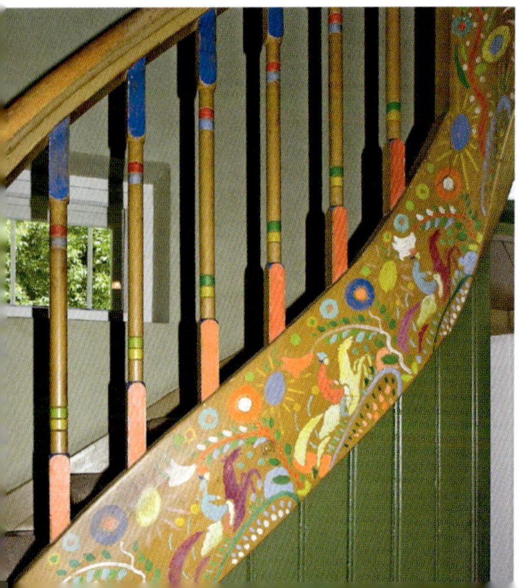

siv. 1914 fand der Blaue Reiter ein jähes Ende, als der Erste Weltkrieg Kandinsky, Jawlensky und Werefkin zur Flucht aus Deutschland zwang, und Marc und Macke auf den Schlachtfeldern ihr Leben ließen.

Die Künstler des Blauen Reiters aber waren nicht die einzigen, die die Region schätzen und lieben lernten. Unter den Malern waren es besonders Friedrich August von Kaulbach, der seinen Sommersitz in Ohlstadt hatte (Tour 6) sowie Lovis Corinth, der seine späten Lebensjahre in Urfeld am Walchensee verbrachte (Tour 4).

Unter den Literaten ist besonders Ödön von Horváth zu erwähnen. Der Schriftsteller hielt sich von 1924 bis 1933 häufig in der Sommervilla seiner Eltern in Murnau auf. Er ließ sich von den Einheimischen, den Gaststätten und Biergärten für seine Werke ebenso inspirieren wie von den nahen Bergen, die er selbst leidenschaftlich gerne bestieg. Wohl weniger bekannt ist, dass der großartige Kinderbuchautor Michael Ende in Garmisch geboren wurde. Nicht vergessen wollen wir die Musik und den berühmten Garmischer Ehrenbürger Richard Strauss, der mehr als 40 Jahre seines Lebens im Olympiaort wohnte (Tour 16).

Literaturverzeichnis und Internet-Links

Wer sich für weitere denkmalgeschützte Bauwerke in den Gemeinden dieser Region interessiert (viele konnten in diesem Buch nicht gesondert erwähnt werden), findet beim Bayerischen Landesamt für Denkmalpflege (blfd.bayern.de) über »Bayerischer Denkmal-Atlas« (denkmal.bayern.de) eine kartengestützte Übersicht.

In den Tourenbeschreibungen werden mehrfach folgende Bücher zur vertieften Lektüre empfohlen:

- Elisabeth Tworek: »Spaziergänge durch das Alpenvorland der Literaten und Künstler«, Arche Verlag, Zürich/Hamburg, 2004. (Mittlerweile gibt es von Elisabeth Tworek weitere Künstlerspuren-Bücher wie »Literarische Sommerfrische«, Buch & Media, München, 2011.)
- Mario Praxmarer, Peter Adam: »König Ludwig II. in der Bergeinsamkeit von Bayern & Tirol«, Adam Verlag, Garmisch-Partenkirchen, 2004.

Weitere interessante Literatur:

- Magdalena M. Möller: »Der Blaue Reiter«, DuMont Buchverlag, Köln, 1987.
- Helmut Friedel: »Der Blaue Reiter: Marc, Macke, Kandinsky, Münter, Jawlensky«, Hatje Cantz Verlag, Ostfildern, 2009.
- Stefanie Schröder: »Im Bann des Blauen Reiters: Das Leben der Gabriele Münter«, Herder, Freiburg, 2009.
- Eduard Rock: »Geschichte und Geschichten von Werdenfels«, Adam Verlag, Garmisch-Partenkirchen.
- Heidi Bäuml: »Die Geschichte der Anwesen mit alten Hausnamen der Staffelsee-Gemeinde Seehausen«, erhältlich bei der Gemeinde Seehausen und im Heimatmuseum Seehausen (s. Tour 2). Auch gebraucht im Internet.
- Franz Löhner: Aus Vor- und Frühzeit im Pfaffenwinkel – Einige Schlaglichter, cheops-pyramide.ch/bayern.html.
- Willy Hochholdinger: Römerstraße Via Raetia und andere Texte, goldene-landl.de.

Freizeitmöglichkeiten und Bergwanderziele in der Region

Die größten und sehenswertesten Orte der Region werden in eigenen Touren in Form von Ortsrundgängen beschrieben. Auf ihre genaue Beschreibung wird daher hier verzichtet. Wer jedoch vor Ort nach Ende einer Tour noch Zeit hat oder einen längeren Aufenthalt einplant, dem sollen die folgenden Freizeitinformationen helfen. Detaillierte Tourenbeschreibungen zu den meisten der erwähnten Bergwanderziele enthalten die Rother Wanderführer »Zugspitze« und »Isarwinkel«. Unter den kulturellen Angeboten finden Sie Museen bei den jeweiligen Touren. Auf aktuelle kulturelle Veranstaltungen weisen die Internetseiten hin, die hier im Folgenden pro Ort angegeben sind.

Murnau, Seehausen (Touren 1–2)

Der Staffelsee bietet Strandbäder in Murnau, Seehausen und Uffing. Schifffahrtslinie mit Rundfahrten von April bis Oktober (staffelsee.org). Schöne Bademöglichkeiten auch am nahe gelegenen Riegsee und Froschhauser See.
Tourismusinformationen: tourismus.murnau.de, Tel. +49 8841 476-240; seehausen-am-staffelsee.de, Tel. +49 8841 3550; uffing.de, Tel. +49 8846 9202 13.

Kochel und Walchensee (Touren 3–5)

Kochelsee und Walchensee bieten Bademöglichkeiten. Schifffahrtslinie auf dem Kochelsee mit Rundfahrten täglich von Juni bis September (reduzierter Fahrplan April, Mai, Oktober). In Kochel das Hallen- und Freibad Kristall trimini mit Seeuferstrand und luxuriösem Saunabereich. Von Walchensee Seilbahn bis unterhalb des Herzogstand-Gipfels. Im Winter kleines Skigebiet.
Bergwanderziele: Herzogstand (1731 m) und lohnender Gratübergang für Trittsichere zum Heimgarten (1790 m), Jochberg (1565 m), Rabenkopf (1555 m). Unterhalb des Rabenkopfes die Staffelalm, einer der Lieblingsplätze des Expressionisten Franz Marc.

Kite-Surfer am Walchensee (am Ufer der Halbinsel Zwergern).

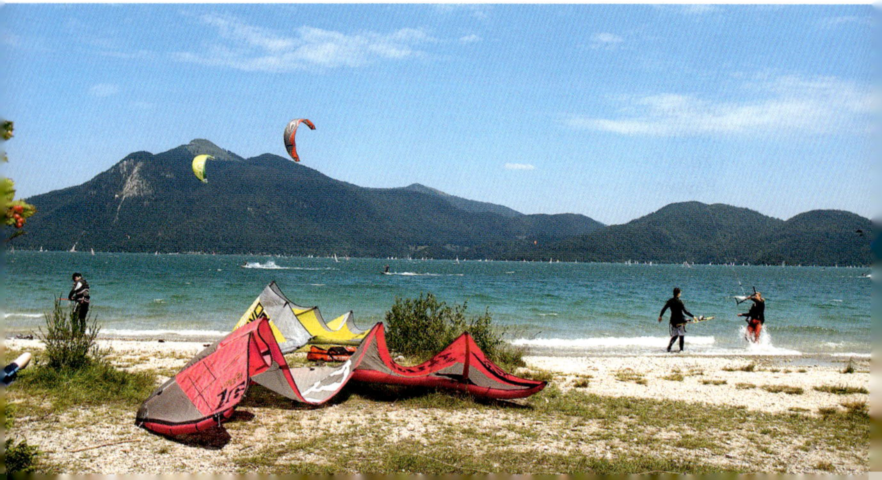

Tourismusinformationen: kochel.de, Tel. +49 8851 338; walchensee.de, Tel. +49 8858 411.

Ohlstadt (Tour 6)

In Ohlstadt Solarfreibad.
Bergwanderziele: Heimgarten (1790 m), Rötelstein (1400 m).
Tourismusinformationen: ohlstadt.de, Tel. +49 8841 671250.

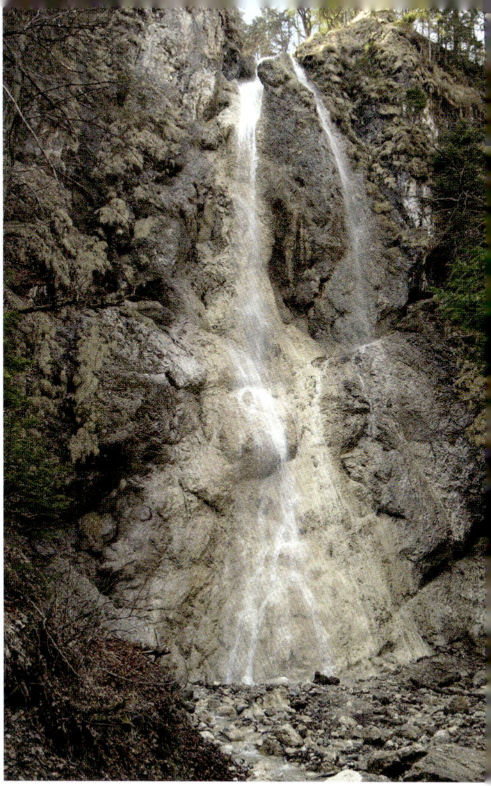

40 Meter tief stürzt die Wetzsteinlaine am Ohlstädter Wasserfall herab.

Bad Kohlgrub, Unter- und Oberammergau, Ettal (Touren 7–11)

Sesselbahn von Bad Kohlgrub auf die Hörnlehütte (1390 m). Sesselbahn von Oberammergau zur Kolbensattelhütte (1270 m). Seilbahn von Oberammergau auf den Laber (1686 m). Im Winter kleine Skigebiete und schöne Langlaufloipen.
Bergwanderziele: Ab Bad Kohlgrub oder Unterammergau: Hörnle (1548 m). Ab Unterammergau: Pürschling (1566 m). Ab Oberammergau: Großer Aufacker (1542 m), Kofel (1342 m). Ab Ettal/Graswangtal: Notkarspitze (1889 m), Ettaler Manndl (1633 m, Klettersteig), Hochplatte (2082 m), Brunnenkopf (1718 m, Tour 10).
Tourismusinformationen: ammergauer-alpen.de; Bad Kohlgrub, Tel. +49 8845 74220; Unterammergau, Tel. +49 8822 6400; Oberammergau, Tel. +49 8822 9227440; Ettal, Tel. +49 8822 923634.

GPS-Daten und Koordinaten der Ausgangspunkte

Auf **gps.rother.de** stehen zu diesem Wanderbuch GPS-Tracks und die Koordinaten der Ausgangspunkte zum kostenlosen Download bereit. Dieser QR-Code führt direkt zum Download.
5. Auflage, Passwort: 305405kbs
Die GPS-Tracks können in die **Rother App** importiert werden. In der App kann man unterwegs stets sehen, wo man gerade ist und wo es langgeht. **Anleitungen dazu: rother.de/gps**. Trotz sorgfältiger Prüfung können wir Fehler und zwischenzeitliche Veränderungen nicht ausschließen. Verlassen Sie sich für die Orientierung niemals einzig und allein auf die GPS-Daten, sondern beurteilen Sie die Verhältnisse vor Ort.

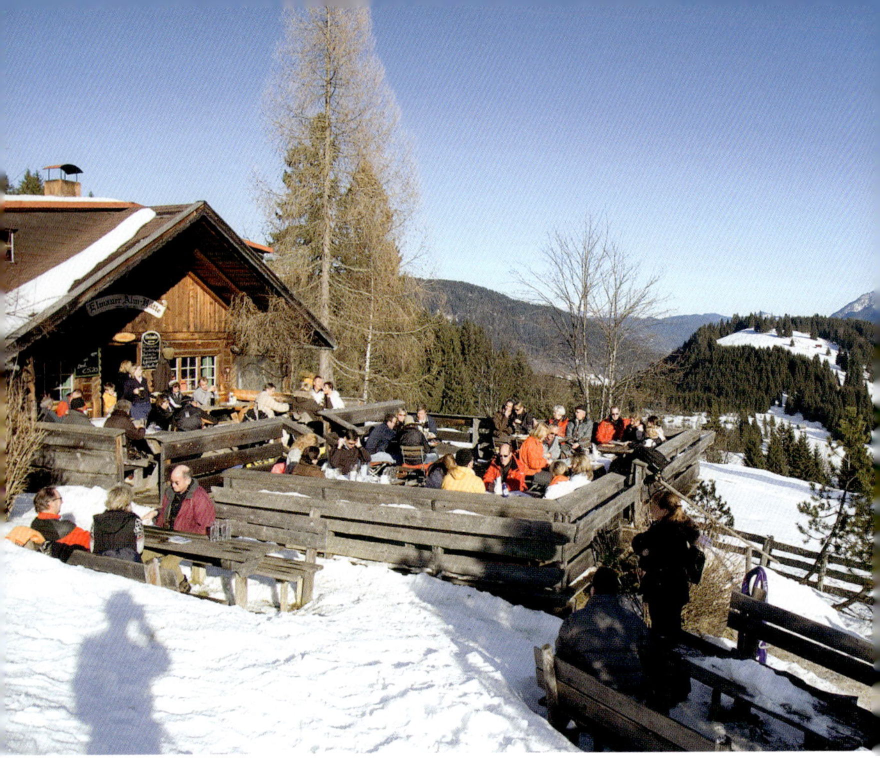

Im Sommer und Winter beliebt: die Elmauer Alm (Tour 18).

Eschenlohe, Oberau (Tour 12)

Freibad und Golfplatz in Oberau.
Bergwanderziele: ab Eschenlohe: Heldenkreuz (910 m), Hohe Kisten (1922 m). Ab Oberau: Krottenkopf (2086 m).
Tourismusinformationen: eschenlohe.de, Tel. +49 8824 8228; oberau.de, Tel. +49 8824 93973.

Garmisch-Partenkirchen und Farchant (Touren 13–17)

Bademöglichkeiten am Badersee und Eibsee (westlich von Garmisch über Grainau). Alpspitzbad (Hallen- und Freibad) in Garmisch. Bergbahnen auf Wank, Eckbauer, Kreuzeck, Osterfelderkopf und Zugspitze. Golfplatz. Im Winter ausgedehnte Skigebiete und Langlaufloipen.
Bergwanderziele: unter vielen anderen Wank (1780 m), Alpspitze (2628 m, Klettersteig), Zugspitze (2962 m), Kramer (1985 m), Schachen (1866 m, Tour 17). Ab Farchant: Hoher Fricken (1940 m), Schafkopf (1380 m).
Tourismusinformationen: gapa.de, Tel. +49 8821 180700; farchant.de, Tel. +49 8821 961696.

Mittenwald, Krün, Wallgau (Touren 18–19)

Seilbahn auf die Westliche Karwendelspitze. Verschiedene (wunderschöne) kleine Seen mit Bademöglichkeiten bei Mittenwald und Krün. Golfplatz bei

Wallgau. Im Winter kleine Skigebiete und schöne Langlaufloipen. Geologische Führungen und Lehrpfade (Isarkiesel) bei Geo-Trip (s. Kasten bei Tour 19).
Bergwanderziele: Westliche Karwendelspitze (2384 m) und Mittenwalder Klettersteig, Soierngruppe, Ferchensee und Grünkopf, Kranzberg mit Sessellift und Barfußpfad.
Tourismusinformationen: mittenwald.de, Tel. +49 8823 33981; kruen.de, Tel. +49 8825 1094; wallgau.de, Tel. +49 8825 925050.

Bad Tölz, Lenggries (Tour 20)

Golfplatz, Sesselbahn auf den Blomberg mit Sommerrodelbahn und Winterbetrieb. 10 km südlich von Bad Tölz in Lenggries liegt am Brauneck ein Freizeitgebiet mit Hochseilgarten, Falkenhof (Greifvögelvorführungen), Bergbahn und großem Ski- und Loipengebiet im Winter.
Tourismusinformationen: bad-toelz.de, Tel. +49 8041 78670; lenggries.de, Tel. +49 8042 5008-800.

Benediktbeuern (Tour 21)

Warmfreibad. Im Winter Langlaufloipen.
Bergwanderziele: Benediktenwand (1800 m).
Tourismusinformationen: benediktbeuern.de, Tel. +49 8857 248.

Iffeldorf (Tour 22)

Bademöglichkeiten an den Osterseen, Golfplatz.
Tourismusinformationen: iffeldorf.de, Tel. +49 8856 9019920.

Rund um den Hohen Peißenberg (Tour 23)

Hallen- und Freibad in Peißenberg und Schongau. Stadtmuseum Schongau, Museum Peiting, Bergbaumuseum Peißenberg. Im Winter Langlaufloipen.
Tourismusinformationen: hohenpeissenberg.de, Tel. +49 8805 9210-44; peissenberg.de, Tel. +49 8803 690-147; peiting.de, Tel. +49 8861 599-61; schongau.de, Tel. +49 8861 214181.

Rottenbuch, Steingaden (Touren 24–25)

Bademöglichkeiten am Schwaigsee Richtung Wildsteig und am Bismarckweiher in Steingaden. Im Winter Langlaufloipen.
Tourismusinformationen: rottenbuch.de, Tel. +49 8867 911018; steingaden.de, Tel. +49 8862 200.

Telefonnummern und Internetadressen

Alpine Wetterberichte
- Alpenvereinswetterbericht, alpenverein.de
- Deutscher Wetterdienst, Südbayern, dwd.de

Notruf
- Europäische Notrufnummer Tel. 112

Fahrplanauskunft
- Deutsche Bahn (DB), Tel. +49 30 2970 und Tel. +49 30 65212888 (Mobilitätsservice-Zentrale), bahn.de
- Oberbayernbus (RVO): Tel. +49 89 551640, rvo-bus.de

Allgemeine Hinweise zu den Touren

Ausgangspunkt

Angegeben wird immer der Ausgangspunkt der Tour. Beschrieben wird die Anreise per Pkw und öffentlichem Personennahverkehr (ÖPNV). Insbesondere die Bahnlinien bieten eine gute Anbindung bei vielen Touren, während auf den Straßen, insbesondere am Autobahnende der A 95 Richtung Garmisch, an schönen Tagen oft Staus herrschen. Die Frequenz auf den Buslinien ist hingegen verbesserungswürdig. Die ÖPNV-Anreise bietet in jedem Fall immer die umweltfreundliche Alternative!

Gehzeiten

Es ist immer die reine Gehzeit ohne Pausen angegeben, zusätzlich die Streckenlänge in Kilometern. Die Gehzeit ist stets großzügig bemessen und berücksichtigt Innehalten und Schauen, nicht jedoch längere Aufenthalte an bestimmten Sehenswürdigkeiten oder Eintritte. Auf die Zahl möglicher Eintritte wird aber unter »Sehenswürdigkeiten« hingewiesen. Die entsprechende Verweildauer bei diesen Eintritten ist jedoch individuell sehr verschieden. Eine Kontaktaufnahme mit dem jeweiligen Museum oder Ort lohnt sich daher, um die Besuchszeit im Hinblick auf die eigene Interessenstiefe oder/und mögliche Führungen abzuschätzen (und die aktuellen Öffnungszeiten zu überprüfen, die sich seit Druck des Buches geändert haben können).

Höhenunterschied

Etwa ein Drittel der beschriebenen Touren sind Talwege oder Ortsrundgänge mit geringen Höhenunterschieden (weniger als 100 Meter). Ein weiteres Drittel sind talnahe Wanderungen mit Höhenunterschieden von wenigen Hundert Metern. Des Weiteren enthält das Buch einige Bergwanderungen, bei denen Höhenunterschiede von 500 bis über 1000 Metern überwunden werden.

Anforderungen

Dieser Führer verzichtet bewusst auf eine Schwierigkeitsskala, denn viele Touren stellen keine besonderen bergsteigerischen Anforderungen. Dafür wird pro Tour konkret beschrieben, welcher Art die Wege sind (z. B. Teerstraßen, Forstwege, steilere Steige), um die Anforderungen bzgl. Schuhwerk, aber auch der Eignung für Kinderwägen oder für ältere Wanderer abschätzen zu können.

Einkehrmöglichkeiten

Jede Tour enthält einen Hinweis auf die Einkehrmöglichkeiten. Werden Ortschaften durchquert, gibt es naturgemäß mehr Einkehrmöglichkeiten. In diesem Fall werden einige Beispiele genannt, die besonders nahe an der Wegroute liegen oder/und die der Autor persönlich empfehlen kann. Diese Empfehlungen sind subjektiver Natur, können sich ändern und schließen nicht aus, dass in Routennähe weitere lohnende Einkehrmöglichkeiten bestehen.

Eine Übernachtung ist bei keiner der Touren erforderlich, sollte sie individuell gewünscht sein, helfen die Internetseiten und Tourismusbüros der Talorte.

Sehenswürdigkeiten

Die angegebenen Öffnungszeiten und Eintrittsgebühren können sich jederzeit ändern. Zur Sicherheit sind bei jeder Tour Telefonnummern und, wenn vorhanden, Internet-/E-Mail-Adressen angegeben, um nachzufragen. Viele Museen sind montags geschlossen – sofern der Montag ein Feiertag ist, ist aber oftmals geöffnet (bitte ggf. nachfragen). An Tagen wie Weihnachten oder Silvester ist meist geschlossen (nicht immer ist dies explizit erwähnt).

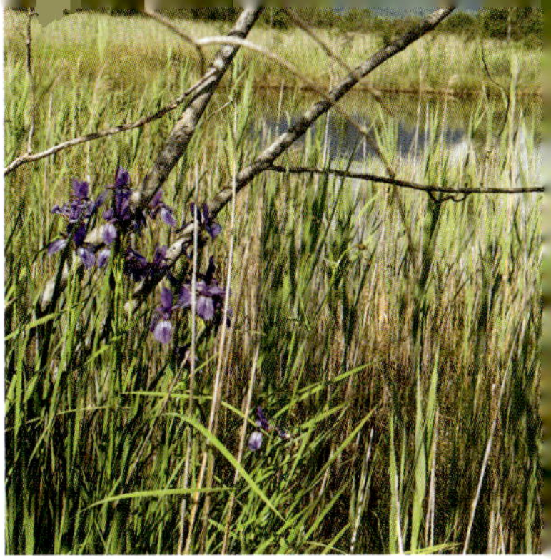

Die Schwertlilie ist eine der schützenswerten Kostbarkeiten im Murnauer Moos.

Ausrüstung

Bei Ortsrundgängen und kurzen talnahen Wanderwegen ist im Regelfall keine Bergwanderausrüstung vonnöten. Jedoch sind wandertaugliche Schuhe, Trinkwasser, Regen-/Sonnenschutz und Verbandszeug bei allen Touren empfohlen.

Zitate/Literaturhinweise

Bei Zitaten/Geschichten von Künstlern weisen die Pfeile ▶ auf weitere Literaturempfehlungen hin. Auf die zugehörigen Bücher und weitere Informationsquellen wie das Landesamt für Denkmalpflege wird im Literaturverzeichnis auf Seite 13 des Buches verwiesen.

Jahreszeit

Viele talnahe Wege werden auch im Winter eingegangen oder geräumt. Es lohnt sich aber beim Tourismusverein im Ort nachzufragen, wie der aktuelle Zustand ist. Besonders schöne Stimmungen und stabile Wetterlagen bringen der Spätsommer, Frühherbst und zum Teil auch das Frühjahr. In den Sommermonaten lohnt es, Badeausflüge oder weitere Bergtouren zu verbinden, auf die Gewittergefahr besonders nachmittags sollte aber immer geachtet werden!

Umgang mit Natur und Bauwerken

Als Freunde schöner Kulturlandschaften kann auf den achtsamen Umgang mit der Natur nicht oft genug hingewiesen werden (keine Abfälle zurücklassen, Absperrungen achten, Flora schützen). Doch auch in den Sehenswürdigkeiten und Bauten ist den Hinweisen bzgl. beispielsweise Berührverbot von Objekten oder Verzicht auf Blitzlichtfotografie Folge zu leisten, um Rücksicht auf die Mit- und Nachwelt zu üben.

Karten

In den enthaltenen Kartenausschnitten sind mit Hilfe von Nummern die im Text fett hervorgehobenen Sehenswürdigkeiten und Etappenziele bezeichnet. Darüber hinaus empfiehlt sich die Mitnahme von Karten (1:50.000):

- ▶ Freytag & Berndt: WK 322 Wetterstein, Karwendel (Süden).
- ▶ Karten des Landesamts für Digitalisierung, Breitband und Vermessung: UK 50-49 Pfaffenwinkel (Westen/Norden), UK 50-52 Tölzer Land (Osten).

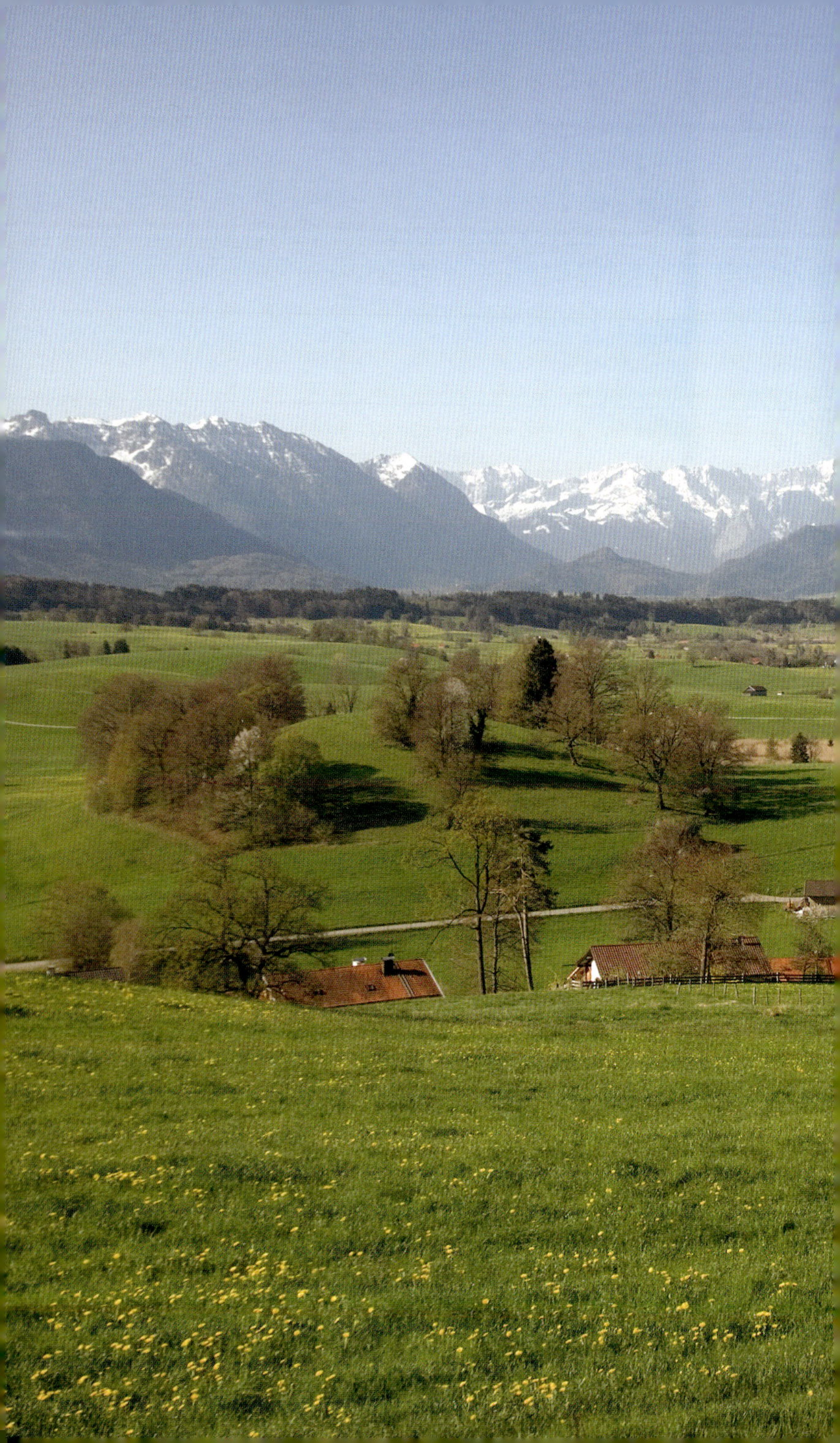

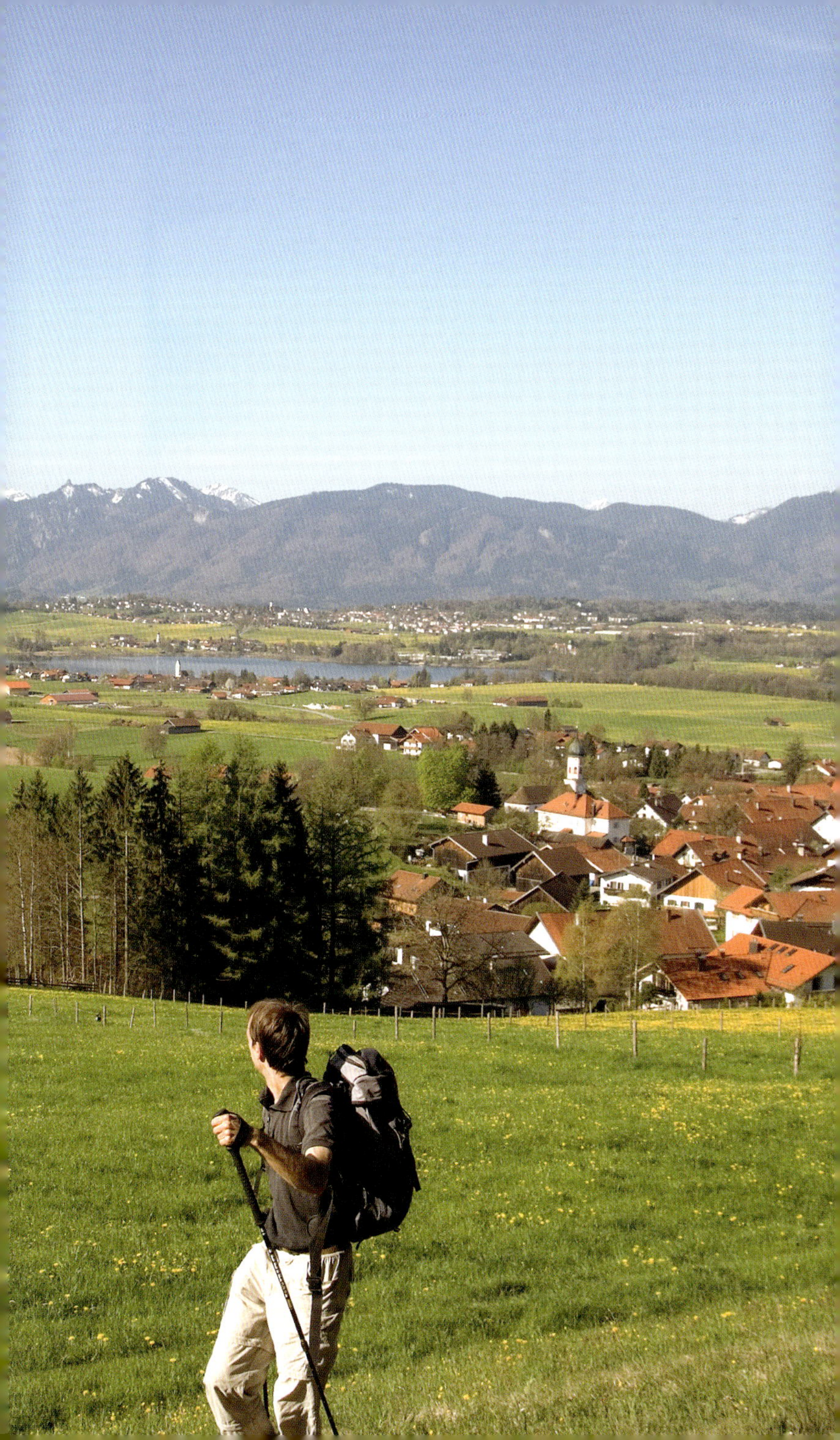

1 Künstlerspaziergang durch Murnau

Ödön von Horváth und der Blaue Reiter

Der Schriftsteller Ödön von Horváth und die Maler Wassily Kandinsky und Gabriele Münter liebten Murnau, die Marktstraße, das Umland und Panorama. Diese Rundtour führt uns zu den liebsten Schauplätzen der Künstler und den ihnen gewidmeten Museen.

KURZINFO

Ausgangspunkt: Parkplatz P5, Kellerstraße, 82418 Murnau.
Anreise Pkw: Über die B 2 Weilheim–Garmisch oder A 95 München–Garmisch, Ausfahrt: Murnau/Kochel, nach Murnau. An der Umgehungsstraße/B2 (oberhalb des Tunnels) liegt am Rewe-Markt der freie Parkplatz P5 (unterer Teil, oben Supermarktparkplatz). Anreise ÖPNV: Bahnlinie München–Garmisch/Innsbruck, Bahnhof Murnau. Von dort Richtung Ortszentrum und nach der Brücke links hinauf zum Parkplatz P5.
Gehzeiten/Streckenlänge: 2.30–3 Std./8,5 km.
Höhenunterschied: 200 Meter.
Anforderungen: Gute breite Geh- und Fußwege. Am Drachenstich steileres Stück mit Stufen.
Einkehrmöglichkeiten: Im Ortszentrum am Rathaus Gaststätten und gute Eiscafés. Am Kurpark Restaurant »Auszeit« mit Terrasse. Neben der St.-Georgs-Kirche Gasthaus »Ähndl« mit herrlichem Biergarten. Kurz nach Tourbeginn Gaststätte Griesbräu mit schönem Brauhaus. Am Ende Kiosk und Strandlokal am Staffelsee.
Sehenswürdigkeiten: *Schlossmuseum:* Geöffnet ganzjährig Dienstag–Sonntag 10–17 Uhr. An Sommerwochenenden bis 18 Uhr. Eintritt: 6 €, mit Sonderausstellung 11 €, Kinder ab 6 Jahre: 2,50 €. Schlosshof 2–5, Tel. +49 8841 476201, schlossmuseum@murnau.de, schlossmuseum-murnau.de. *Münterhaus:* Geöffnet ganzjährig Dienstag–Sonntag 14–17 Uhr. Eintritt: 3 € für Personen über 25 Jahre. Kottmüllerallee 6, muenter-stiftung.de/de/das-munterhaus-2, Tel. +49 8841 628880.

Marktstraße in Murnau.

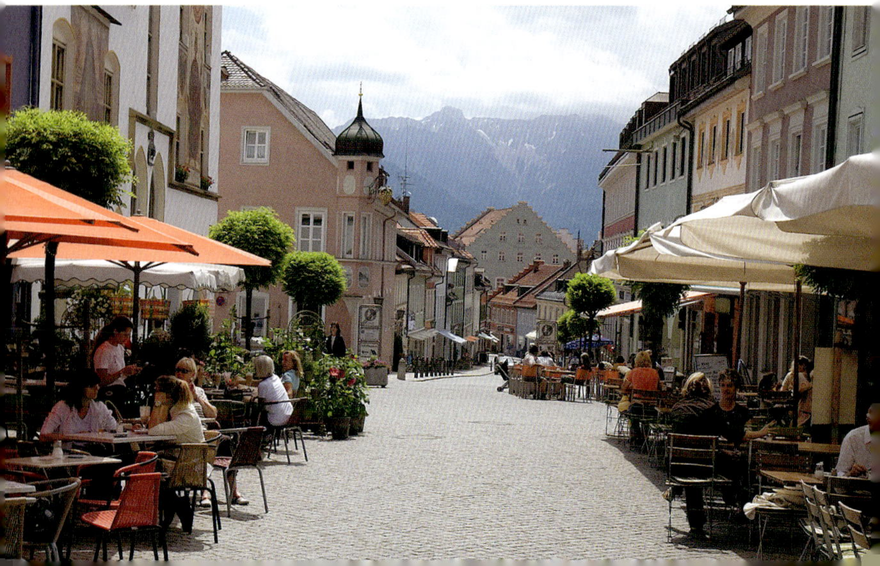

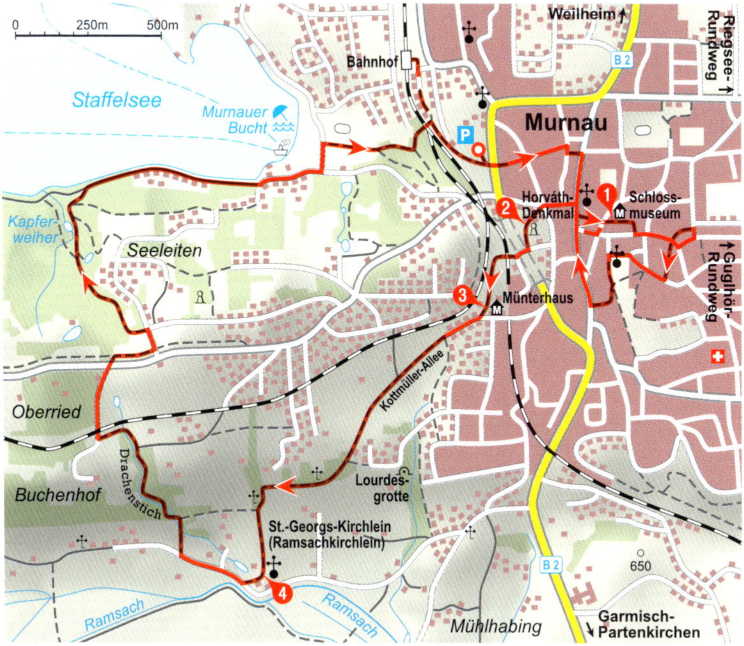

Vom Ende des Parkplatzes folgen wir der Beschilderung »Ortszentrum« und gehen links über die Brücke. Wir steigen dahinter die Stufen rechts hinunter und folgen dem Ödön-von-Horváth-Weg links Richtung Zentrum (nicht rechts abwärts). Dann kreuzen wir die Bahnhofstraße und gehen in die Griesbräustraße.

Nach einem kurzen Abstieg spazieren wir durch den Hof der über 300 Jahre alten und im Jahr 2000 wieder eröffneten Brauerei und Gaststätte Griesbräu hinab in den Obermarkt. Wir gehen links kurz bergauf und sehen auf Höhe von Obermarkt 40 links und rechts zwei Tafeln, die uns erste Murnauer Motive von Wassily Kandinsky 1908 und Gabriele Münter 1909 zeigen. Wir gehen dann den Obermarkt hinab in die Fußgängerzone. Bei der Mariensäule aus dem 18. Jahrhundert erblicken wir links die Maria-Hilf-Kirche von 1655. Dem Münchner Architekten Emanuel von Seidl, der in Murnau ein Landhaus besaß, sind die heute denkmalgeschützten, farbenfrohen Häuserfassaden des Murnauer Marktes zu verdanken. Im Rahmen seiner Ortsverschönerung 1906–13 erhielt auch die Maria-Hilf-Kirche das heutige Aussehen. Unmittelbar nach der Kirche biegen wir links in die Grüngasse ein. Eine Tafel bei Hausnummer 4 verrät mehr über Kandinskys Bild »Grüngasse« von 1909. Wir gehen die Gasse geradeaus weiter, rechts in die Pfarrstraße und links die Stufen hinauf in den Hof des ehemaligen Schlosses von Murnau.

*Das Gebäude des **Murnauer Schlossmuseums (1)** mit seinem rund 800 Jahre alten Wohnturm aus Wittelsbacher Zeiten war lange Zeit klösterliches Gericht (Kloster Ettal), im letzten Jahrhundert Schule und seit 1993 beher-*

bergt es das großzügige Museum. Eine umfangreiche Sammlung von Werken Gabriele Münters und des Blauen Reiters sowie vielerlei Lehrreiches zur Kultur und Natur des umliegenden Alpenvorlands, zum Beispiel zur Hinterglasmalerei, machen es zu einem kulturellen Schatzkästchen. Regelmäßig finden überregionale Sonderausstellungen statt.

Vom Schlossmuseum aus laufen wir zum Ende des Schlosshofes (dort weitere Tafel zu Kandinskys Schlosshof-Bild). Wir gehen rechts, links und anschließend die Schloßbergstraße rechts bergauf. Weiter oben geht es links in den Lindenburgweg und zu einer Tafel über Gabriele Münters Lindenburg-Gemälde. Wir halten uns links, dann links in den Fußweg. Über ihn und danach links erreichen wir wieder die Schloßbergstraße, der wir kurz nach rechts folgen, bei Haus Nr. 30 biegen wir links in den Ainmillerpark. Nach dem Park spazieren wir rechts hinab zur sehenswerten barocken Pfarrkirche St. Nikolaus (18. Jahrhundert). Wir gehen unten links um die Kirche herum und danach geradeaus (Richtung Berge) aus dem Friedhof hinaus. An der Friedhofsmauer befindet sich eine weitere Kandinsky-Tafel, anschließend wenden wir uns steil bergab nach rechts. Unten studieren wir eine Gabriele Münter-Tafel und gehen dann den Untermarkt rechts bergauf.
Oben passieren wir rechter Hand das ehemalige Weinhaus Kirchmeir (Haus von 1840, mit goldener Traube am Turmerker, Tafel zur interessanten Vergangenheit und zum Schriftsteller Ödön von Horváth). Dahinter sehen wir das Rathaus mit dem Fresko Kaiser Ludwigs des Bayern (der Murnau 1322 das Marktrecht verliehen hatte). Wir verlassen bei der Mariensäule den Markt und spazieren linker Hand aufwärts über die Postgasse zum Murnauer Kultur- und Tagungszentrum. Wir überqueren die Straße, vor dem Gebäude wenden wir uns erst links, dann rechts abwärts in den Murnauer KulturPark. Einige Meter weiter erinnert ein **Denkmal (2)** in Form eines überdimensionalen roten Hutes an den Schriftsteller Ödön von Horváth.

Das Murnauer Schlossmuseum.

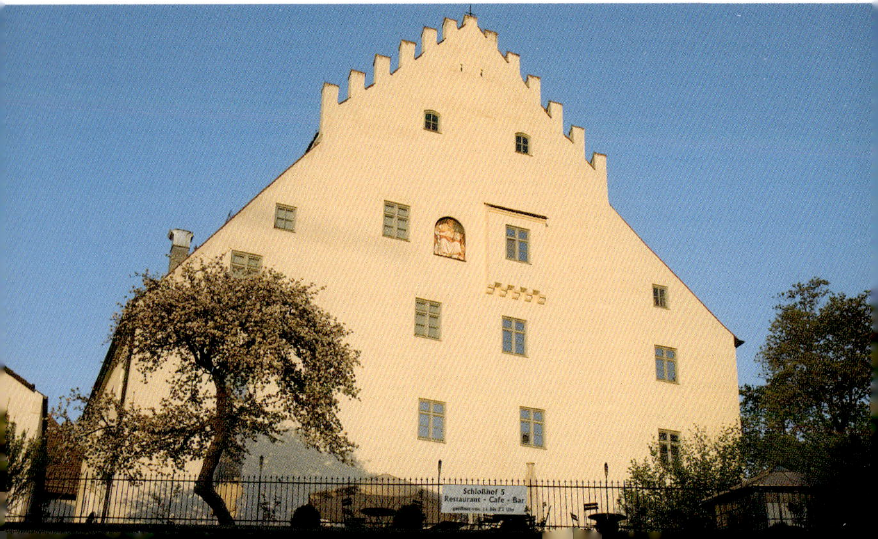

__Ödön von Horváth__ machte von 1924 bis 1933 Murnau zu seiner Wahlheimat. Er ließ sich von den Einheimischen, Gaststätten und Biergärten ebenso inspirieren wie von den nahen Bergen, die er selbst leidenschaftlich gerne bestieg. So entstanden in dieser Zeit so bekannte Werke wie »Zur schönen Aussicht«, »Italienische Nacht« und »Kasimir und Karoline«. Den Murnauer Höhenrücken, mit Blick auf Moos, See und Berge, hat Horváth einmal als den »schönsten Punkt am nördlichen Rande der bayerischen Alpen« bezeichnet. ▶ Tworek

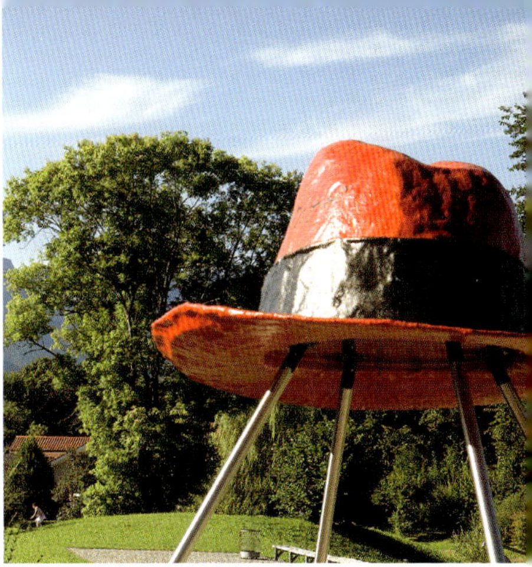

Ödön-von-Horváth-Denkmal der Murnauer Künstlerin Petra Hebeisen.

Wir gehen an dem Hut vorbei und folgen dann links einem Weg (Wegweiser Münterhaus) zu einem kleinen Teich hinab. Dahinter biegen wir rechts in einen Teerweg ein (Wegweiser »Drachenstich-Rundweg«). Auf diesem überqueren wir die Bahngleise und steigen zwischen wunderschönen alten Laubbäumen steiler bergauf. Der Weg wendet sich nach links und erlaubt Ausblicke auf Murnau mit Kirche und Schloss. Wieder finden wir zwei Tafeln, die daran erinnern, dass dieser Ausblick beliebtes Motiv von Gabriele Münter und Wassily Kandinsky war. Letzterer malte den Blick auf Kirche und Ort um 1910 viele Male, was ihm maßgeblich half, den Schritt von der gegenständlichen in die abstrakte Malerei zu vollziehen. Einige Meter weiter erreichen wir links abwärts über Stufen das ehemalige Haus des Künstlerpaars.

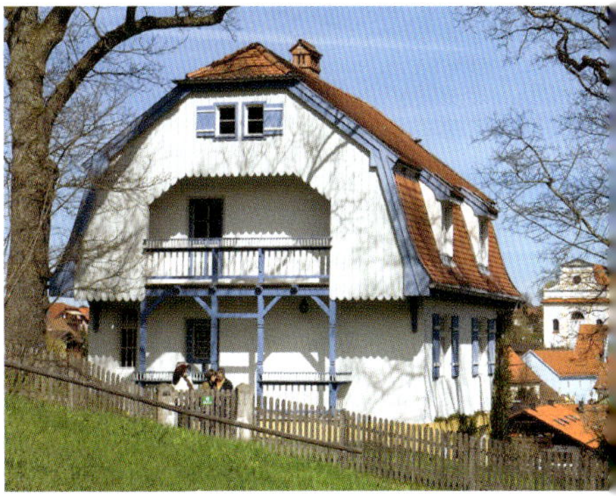

Münterhaus.

Das heutige __Münterhaus (3)__ bewohnten Gabriele Münter und Wassily Kandinsky von 1909 bis 1914. In dieser Zeit begründeten sie mit Franz Marc die Künstlergemeinschaft »Der Blaue Reiter«. Nach der Trennung während des Ersten Weltkriegs kehrte Gabriele Münter später in das Haus zurück und bewohnte es von 1931 wieder bis zu ihrem Tod 1962 (mehr bei ▶ Tworek). Wie damals, so ist auch heute das Haus von bunten Blumenbeeten und groß gewachsenen Bäumen gesäumt. Die vom Künstlerpaar selbst bemalten Möbel sowie Grafiken, Gemälde und inspirierende Volkskunst locken heute viele Besucher in das kleine Museum.

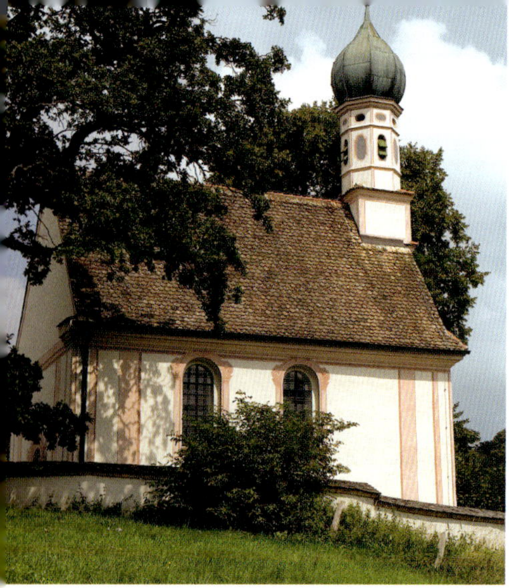

St.-Georgs-Kirche.

Wir gehen vom Haus wieder hinauf zu unserem Weg und folgen ihm halblinks weiter (Wegweiser »Drachenstich-Rundweg«). Wir erreichen die Kottmüller-Allee, einen von alten Eichen umsäumten Fußweg, der uns inmitten von Wiesen bergab führt. Nach einem kurzen Wäldchen ermöglicht eine Ruhebank einen wundervollen Panoramablick auf das Murnauer Moos, das größte Moorgebiet seiner Art in Mitteleuropa (siehe Tafel C), und die Gebirgsketten dahinter. Der Weg führt uns weiter abwärts, zum St.-Georgs-Kirchlein (»Ramsachkirchlein«).

*Die **St.-Georgs-Kirche (4)** mit dem Beinamen »Ähndl« (»Ahne«) zeugt von der uralten Herkunft der Kirche am Rand des Murnauer Mooses. Der heutige Bau wurde 1740 errichtet. Die Ursprünge der Kirche und der Glocke sollen bis auf das 8. Jahrhundert zurückgehen.*

Von der Gaststätte neben der Kirche folgen wir einer Teerstraße Richtung Westen (Wegweiser »Westried/Moosrain/Berggeist«) und verlassen sie wieder bei der nächsten Abzweigung nach rechts (links eine Bank). Der Weg führt aufwärts in den Wald und zur kleinen Waldschlucht »Drachenstich«, die namentlich auf die Sage vom Murnauer Drachen zurückgeht und in der Anfang des 20. Jh. kleine Aufführungen von Festspielen stattfanden. Unser Weg führt links aufwärts über steilere Stufen am Rand der Schlucht. Oben wird der Weg wieder flacher und wir folgen weiter links haltend dem Schild »Drachenstich-Rundweg«. Bald überqueren wir die Bahngleise und erreichen über einen Forstweg die Autostraße. Auf der gegenüberliegenden Seite führt uns ein Fuß- und Radweg nach rechts. Bei der nächsten Abzweigung biegen wir links ab (»Klinik Hochried/Untere Einfahrt«). Kurz darauf halten wir uns wieder links (»Zum Staffelsee/Drachenstich-Rundweg«) und spazieren auf einem schönen schattigen Weg steiler bergab zum Staffelsee. Rechts an seinem Ufer folgen wir dem Seewaldweg. Bei der nächsten Abzweigung (links die »Murnauer Bucht« mit Freibadestelle und Kiosk, daneben das Strandbad mit Einkehr) folgen wir links der Straße Richtung Seehausen und nach dem Parkplatz rechts einem Kiesweg, der zwischen einem Fußball- und einem Minigolfplatz aufwärtsführt. Wir halten uns links, erreichen über eine steilere Serpentine die Anhöhe und gehen durch die Bahnunterführung. Bahnfahrer bleiben nun auf dem Weg direkt zum Bahnhof. Ansonsten geht es rechts über die Brücke, weiter Richtung Zentrum und bald links hinauf zum Parkplatz.

WEITERE KULTURWEGE UM MURNAU

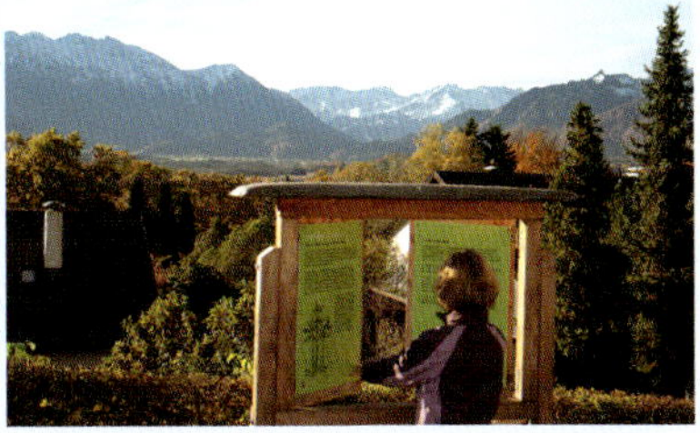

▶ **Königsweg** (4 km, 1.30 Std., 100 Höhenmeter). Informativ ausgeschilderter und aussichtsreicher Weg über die königliche und kulturelle Geschichte Murnaus und seiner Landschaft. Vom Kultur- und Tagungszentrum den Schildern mit der Krone nach, durch die Bahn- und Straßenunterführung. Von der Tafel »Altwasser« links die Stufen hinauf, auf die Luitpold- und Ludwigshöhe, über die Staatsstraße und bergauf zum Dünaberg mit dem »Aussichtsfenster«. Die Stufen bergab, rechts, an der Straße kurz links, dann über Maria-Antonien-Weg zum Gedenkpavillon für James Loeb. Bergab zum Staffelsee, an der Kioskbucht rechts und bergauf zurück zum Hinweg an der Unterführung.

▶ Im Osten Murnaus laden schmucke Dörfer um den Riegsee und den kleinen Froschhauser See dazu ein, weitere Motive von Gabriele Münter und Wassily Kandinsky zu entdecken:
Guglhör-Rundweg (12 km, 3.30 Std., 150 Höhenmeter). Vom Murnauer Schlossmuseum über Schlossbergstraße und Hagener Leite zum Beginn der Beschilderungen. Höhepunkte sind das Dörfchen Hagen (Abstecher in den Ort zur schönen Kirche St. Blasius und zu Christine Meiers Aquarellschule am Unterfeld, tourismus.murnau.de/kunst/kunst-erleben → selbst kreativ werden, Tel. +49 8841 9228) und Gut Perlach (Hof im Kern aus dem 18. Jh.). Gabriele Münter malte ihren bekannten »Blick aufs Gebirge« (1934) vom Hagener Höhenrücken aus. Einkehr an der Bergwirtschaft Guglhör mit grandioser Aussicht. Von dort gibt es einen neuen offiziellen Wegverlauf über Lothdorf (der alte schönere Weg durch das Hagener Moos ist für Ortskundige noch gangbar).
Riegsee-Rundweg (9 km, 2.30–3 Std., 100 Höhenmeter). Ausgehend von der St. Leonhard-Kirche in Froschhausen (ca. 1,5 km nordöstlich von Murnau) über Egling, Hofheim und Riegsee. Höhepunkte sind die Dorfkirchen (Kandinsky malte die Riegseer Kirche 1908, prächtiges Spätrokoko in der Leonhardskirche von Froschhausen). Schöner Abstecher von der Seenordspitze hinter Hofheim jenseits der Straße hinauf zur Mesnerhauskapelle. Der Riegsee-Rundweg bietet eine traumhafte Aussicht und die beiden Seen herrliche Badegelegenheiten.
Infos zu den Touren: dasblaueland.de/wandern (nach unten scrollen).

▶ **Aidlinger Höhe**. In Aidling nördlich vom Ort Riegsee kurze Wanderung ab Gasthof Post: nach der Kirche links in die Lichteneggstraße, bergauf, oben hinter dem letzten Haus rechts auf die Aidlinger Höhe mit Kreuz, weiter auf Pfad auf dem Höhenrücken und die nächste Straße rechts hinab (ca. 3 km, 1 Std., Traumpanorama, siehe großes Bild auf S. 20/21).

2 Der »Blaue See«

An den geschichtsträchtigen Ufern und Inseln des Staffelsees

Seehausen ist der dörfliche Nachbar von Murnau und die ureigentliche »Staffelseegemeinde«. Zu Fuß und auf dem Boot erkunden wir die Traditionen der Fischer und die uralte Geschichte der größten Staffelseeinsel Wörth.

KURZINFO

Ausgangspunkt: Parkplatz am Staffelseeufer (Johannisstraße) in Seehausen.
Anreise Pkw: Wie bei Tour 1 nach Murnau. Im Ort der Beschilderung folgend nach Seehausen, dort links in die Dorfstraße neben der Kirche und zum Parkplatz am Seeufer.
Anreise ÖPNV: Bahnlinie München–Garmisch/Innsbruck, Bahnhof Murnau. Vom Bahnhof links über den Parkplatz, links auf Gehweg neben der Autostraße durch eine Unterführung und abwärts nach Seehausen. Dort links in die Seestraße und beim Heimatmuseum in die Tour einsteigen! (1 km einfache Gehstrecke).

Gehzeiten/Streckenlänge: 45 Min./2,5 km im Ort und auf der Insel. Zusätzlich ca. 1 km Weg mit dem Ruderboot auf dem See.

Höhenunterschied: Unerheblich.

Anforderungen: Teerstraßen und Fußwege im Ort. Auf der Insel Wörth Wiesenpfad. Fahrt zu den Inseln mit Ruder-, Tret- oder Elektroboot. Ausleihen direkt am Ufer hinter dem Parkplatz (in den Sommermonaten ganztags bei guter Witterung, Stundentarif ab 10 € je nach Bootsklasse plus Kaution!).

Einkehrmöglichkeiten: Gasthäuser im Ort (»Stern« neben der Kirche, »Al Lago« im Strandbad am Seeufer, jeweils schöner Biergarten).

Sehenswürdigkeiten: *Staffelseemuseum Seehausen:* Geöffnet ganzjährig außer März und November: von Donnerstag bis Sonntag und an Feiertagen 14 Uhr bis 18 Uhr, Eintritt ab 16 Jahre: 3 €. Tel. +49 8841 672858, staffelseemuseum.de

Tipp für Kinder: Die kleine St. Jakobsinsel liegt bei unserer Bootsfahrt direkt am Weg.

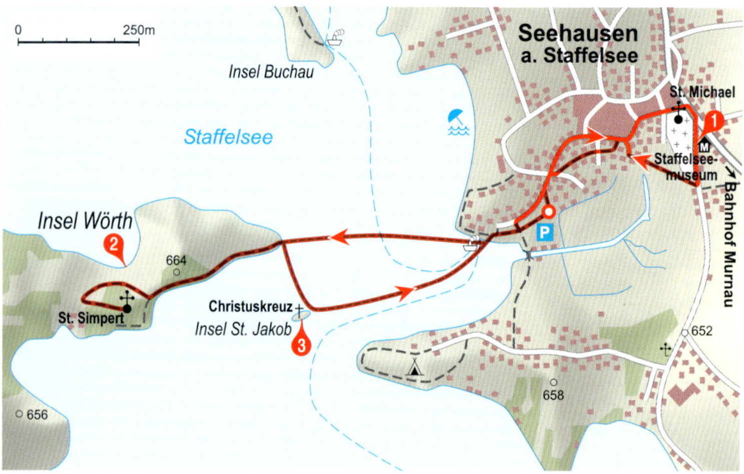

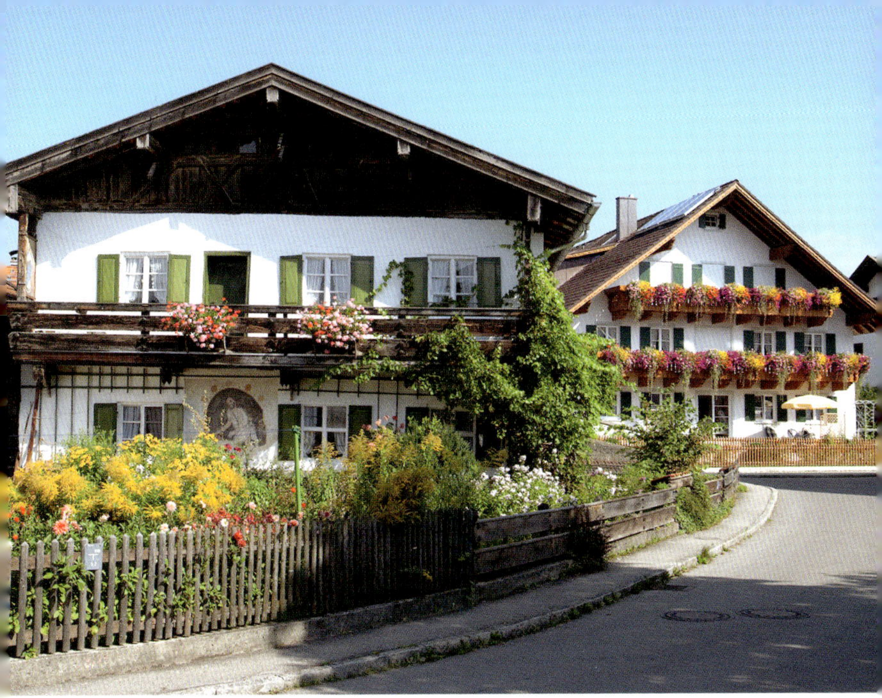

Blumenschmuck und geschichtsträchtige Häuser in der Seehauser Dorfstraße.

Bevor wir uns auf den See wagen, lohnt eine kurze Runde durch den Ort Seehausen. Wir folgen der Johannisstraße zurück und der anschließenden Dorfstraße in den Ort. Wir passieren schmucke geschichtsträchtige Häuser (▶ Bäuml): Bei Nr. 6 das Haus »Kramerl«, ursprünglich von 1675. Erst in neuerer Zeit wurde an seiner Südfassade eine alte Freskenmalerei des »Gegeißelten Heiland« wieder entdeckt, die Kirchenmaler Paul Gege vermutlich vor über 200 Jahren geschaffen hatte. Besonderes Talent aber brachten seine Nachkommen in der örtlichen Hinterglasmalerei hervor. Ähnlich alt ist das Haus bei Nr. 8. Sein zur Straße hin zeigendes Fresko der Heiligen Dreifaltigkeit entstand um 1750. Das Votivbild an der Westfassade von Josef Gege (1913) zeigt den einstigen Steg zwischen der Gemeinde und der Insel Wörth, über den wir später mehr erfahren. Wir gehen weiter, am Gasthof zum Stern und an der 1774–76 errichteten barocken Pfarrkirche St. Michael vorbei, zur Durchgangsstraße. An dieser geht es kurz rechts, dann rechts ab in die Seestraße.

Bald befindet sich linker Hand im Pfarrhof das ***Staffelseemuseum Seehausen (1)****. Mehrere Räume laden ein, der Geschichte der Insel Wörth, die wir später besuchen wollen, nachzuspüren. Interessantes erfahren wir auch über die Entstehung sowie Flora und Fauna des Staffelsees, die Fischereitradition von Seehausen, ortsansässige Trachten und die Tradition der Hinterglasmalerei. Sehenswert sind auch die wechselnden Sonderausstellungen.*

Nach der Friedhofsmauer folgen wir einem Fußweg rechts abwärts. Nach einem Wassertretbecken geht es bald nach rechts (Schild »Zum See«) und wir erreichen wieder kurz die Dorfstraße. Wir halten uns links und folgen vor dem Lebensmittelgeschäft einem linker Hand abzweigenden Weg. Wir kreuzen eine Straße und gehen geradeaus (Schild »Zum See«) auf einem Fußweg an wunderschönen Bauerngärten vorbei. Rechts über der Haustür des Fischer- und Bauernhauses »Franz« sehen wir ein über 500 Jahre altes, denkmalgeschütztes Steinrelief.
Am Ende des Wegs gehen wir links zurück zum Parkplatz. Hier finden wir direkt am Seeufer den Bootsverleih. Seit 1935 startet hier alljährlich zu Fronleichnam die einzige Seeprozession in Bayern – ein sehenswertes Ereignis. Auch wir leihen ein Boot und fahren in westlicher Richtung zur Insel Wörth. Wir landen an der östlichen, von Seehausen aus nächsten Spitze der Insel, die durch ein großes Bootsunterstandshaus schon von Weitem erkennbar ist. Von dort aus wählen wir den Pfad, der sich immer links am Ufer entlanghält (wenn abgesperrt, führt ein Weg durch die Wiesen Richtung Kirchhügel). Beide Routen führen zu einem kleinen Denkmal (unterhalb des Kirchhügels) für die 25 Mönche des ehemaligen Klosters, die beim Ungarnsturm im 10. Jahrhundert ermordet worden sein sollen. Hinter dem Denkmal folgen wir dem rechten Pfad, der in einem Bogen auf den Kirchhügel hinaufführt.
Auf dem Hügel erklären Lehrtafeln die verschiedenen Mauerreste rund um die heutige Kirche, ein Beweis der über 1500 Jahre alten Inselgeschichte.

*Die **Insel Wörth (2)** ist mit rund 40 Hektar Fläche und einem mehr als 30 Meter hohen Hügel die größte Staffelseeinsel. Schon in vorchristlicher Zeit hatten Menschen sie besiedelt und Landwirtschaft betrieben. Zwi-*

Bootsfahrt zur Insel Wörth.

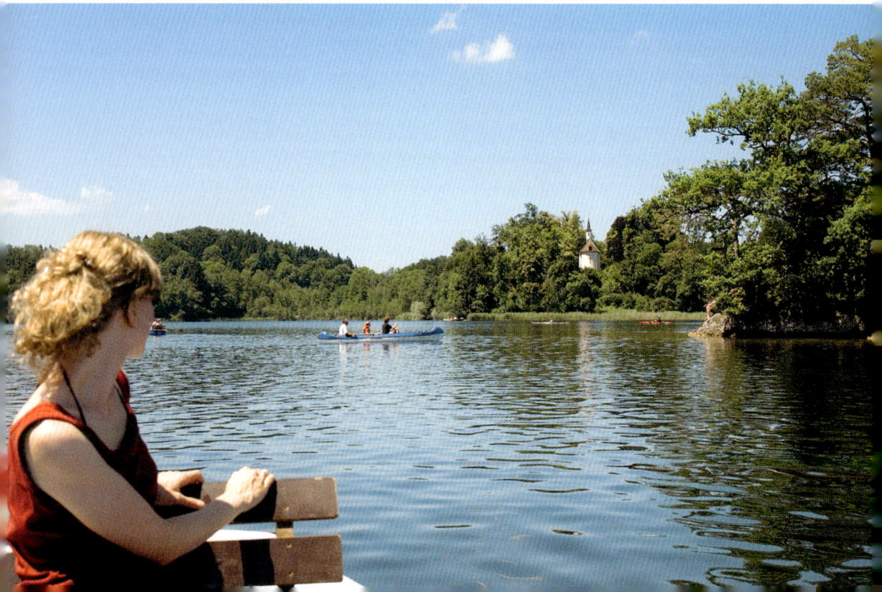

schen dem 3. und 5. Jahrhundert war die Insel vermutlich einer der Römerstützpunkte in der Nähe der Alpenstraßenverbindung Via Raetia. Um 630 errichtete ein bajuwarischer Adeliger einen Hof mit einer kleinen Steinkapelle. An ihrer Stelle entstand im 8. Jahrhundert eine größere Kirche, welche zu einem Kloster von 25 Benediktinermönchen gehörte. Um 800 ist dort wahrscheinlich das Wessobrunner Gebet entstanden, eines der ältesten deutschen Schriftzeugnisse. Im 11. Jahrhundert wurde das Kloster wieder aufgelöst. Die Kirche aber blieb offizielle Seehauser Pfarrkirche. Die Menschen erreichten sie mit Booten oder auf einem schmalen 400 Meter langen Steg, der von der Halbinsel Burg südlich von Seehausen über die Jakobsinsel zur Insel Wörth führte. 1773 wurde zur Erleichterung der Menschen die Kirche abgebrochen und Teile zur Errichtung der heutigen Pfarrkirche St. Michael im Ort verwendet. Im 19. Jahrhundert erwarb die Seehauser Familie Utzschneider die Wörth und ließ zur Erinnerung an die reiche Historie der Insel das heutige Kirchlein St. Simpert erbauen. Freiherr Carl Franz von Pechmann schmückte das Innere mit wunderbaren Fresken. Nur wenige wissen, dass das Schloss Ludwigs II., das heute auf der Chiemseeinsel Herrenchiemsee steht, auf der Insel Wörth hätte entstehen sollen. Doch der Münchner Brauereibesitzer Brey, der mittlerweile Inseleigentümer geworden war, ließ sich nicht zu einem Verkauf an den Monarchen bewegen.

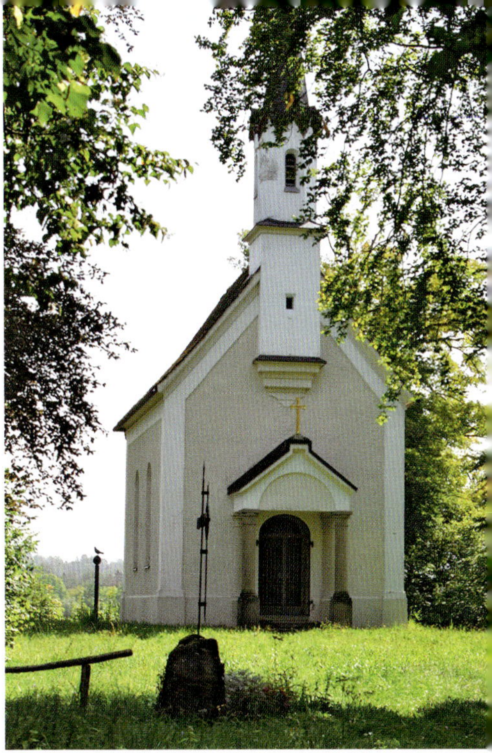

Die St.-Simpert-Kirche im Zentrum der Insel Wörth: Hier standen einst römische und mittelalterliche Bauten.

Wer nach dem Inselbesuch mehr rudern möchte, kann die Wörth umrunden (ca. 4 km). Besonders an der Westspitze gibt es wunderschöne Buchten. Ansonsten lohnt sich auf der Rückfahrt zum Bootsverleih ein kurzer Besuch auf der kleinsten **Staffelseeinsel St. Jakob (3)**, die wir fast direkt passieren. Auf ihr steht seit 2007 ein von Papst Benedikt XVI. gesegnetes großes Christuskreuz. Als früher der Steg zur Insel Wörth über St. Jakob führte, hatte auf ihr auch eine kleine Kapelle gestanden.
Zurück am Seeufer treten wir die Rückreise an oder verbringen noch Zeit im unweit entfernten schönen Seehauser Strandbad.

Ein Juwel oberbayerischer Heimatgeschichte:

A Freilichtmuseum Glentleiten

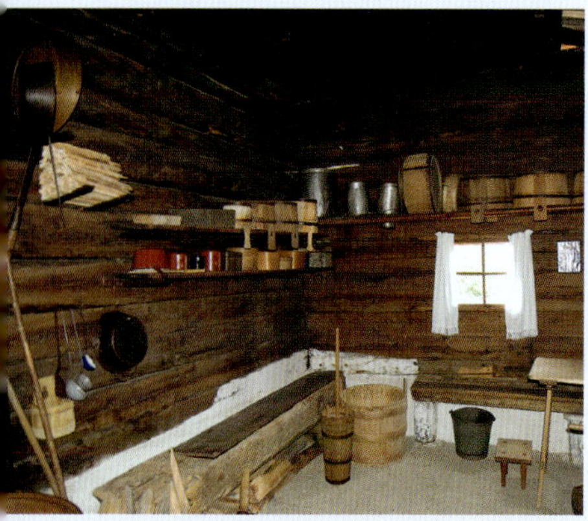

Alte Almkäserei auf der Glentleiten.

Auf den wunderschönen Bergwiesen oberhalb von Großweil, direkt am Fuß von Herzogstand und Heimgarten, liegt seit 1976 das Freilichtmuseum Glentleiten. Pro Jahr besuchen ca. 130.000 Besucher das Gelände und die fast 70 Bauten, die sich von teils über 500 Jahre alten Bauernhäusern und Werkstätten bis hin zu Mühlen und Almgebäuden erstrecken. All diese Bauten wurden auf dem Museumsgelände originalgetreu wieder so errichtet, wie sie an ihren ursprünglichen Plätzen gestanden hatten. Wer über die Glentleiten spaziert, kann sich aber auch an historischen Bauerngärten, sattgrünen Viehweiden, Obstbaumwiesen und wunderbaren Ausblicken auf den Kochelsee und das Kloster Schlehdorf sowie die dahinter liegenden Berge erfreuen. Besonders beliebt sind die regelmäßigen Sonderausstellungen und Veranstaltungen, wie Handwerker- und Volksmusiktage, und die sehenswerten Märkte, unter anderem an Kirchweih und im Advent. Neu ist die Schaubrauerei mit neuer Aussichtsterrasse. Für Kinder und Familien gibt es besondere Angebote wie das »Haus zum Entdecken«, Kinder- und Familienmuseumsführer und eine wirklich tolle Wald-Kugelbahn.

Der Mesnerhof aus Siegertsbrunn.

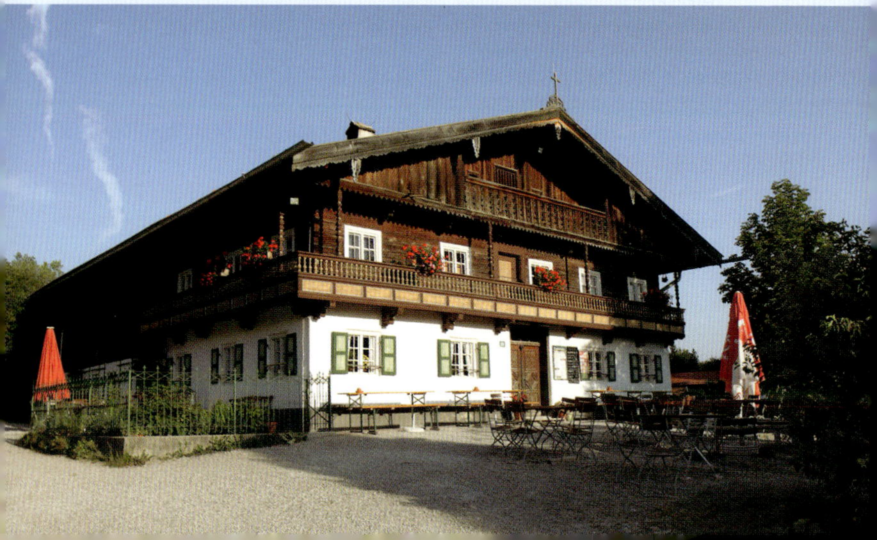

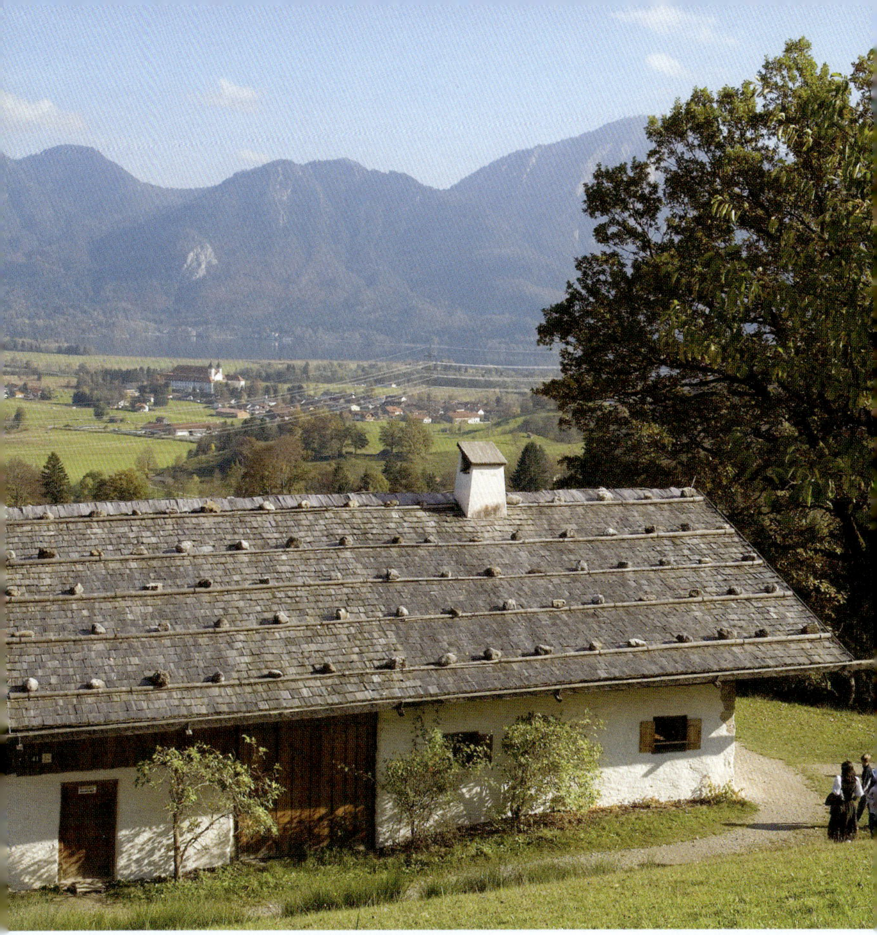

Die Glentleiten – ein Museum mit Ausblick.

Anfahrt: Pkw: Großweil liegt unmittelbar östlich der Autobahnausfahrt »Murnau-Kochel« an der A 95 München–Garmisch. Im Ort zweigt die kleine, etwas steile Straße hinauf zum Museum ab. ÖPNV: Die Buslinie zwischen dem Bahnhof Murnau und Bahnhof Kochel fährt im Sommer direkt über die Glentleiten.

Kleine Wanderung: Ab Schlehdorf (A 95 Ausfahrt Murnau/Kochel, Richtung Kochel, siehe auch Tour 3). Parken an der Abzweigung Seestraße und von dort über die Karpfseestraße und Reuterbühler Straße zum beschilderten Anstiegsweg. Knapp 200 Höhenmeter, 1–1.30 Std. für Auf- und Abstieg.

Öffnungszeit: Von Josefi bis Martini, 19.3.–12.11., immer Dienstag bis Sonntag 10–17 Uhr, im Sommer 9–18 Uhr. An Feiertagen und an Kirchweih auch montags geöffnet. Am ersten Adventswochenende Sonderöffnungszeit (Christkindlmarkt). Eintritt: 9 €, Kinder bis 15 Jahren frei. Familienkarten sowie Führungen möglich.

Adresse: Freilichtmuseum Glentleiten des Bezirks Oberbayern: An der Glentleiten 4, 82439 Großweil, Tel. +49 8851 1850, freilichtmuseum@glentleiten.de, glentleiten.de.

3 Rund um den Kochelsee

Wahlheimat von Franz Marc

Rund um den Kochelsee reihen sich Sehenswürdigkeiten unterschiedlichster Art aneinander. Beginnend mit dem großzügigen Franz Marc Museum besuchen wir das noch aktive Industriedenkmal des Walchensee-Kraftwerks und schließlich Kloster Schlehdorf mit seiner langen Geschichte.

KURZINFO

Ausgangspunkt: Parkplatz am Bahnhof in 82431 Kochel.
Anreise Pkw: Über die A 95 München–Garmisch, Ausfahrt: Murnau/Kochel. Der Weg zum Ort und Bahnhof ist ausgeschildert.
Anreise ÖPNV: Mit der Bahnverbindung München-Tutzing-Kochel zum Bahnhof Kochel.
Gehzeiten/Streckenlänge:
4–4.30 Std./13,4 km, plus Zeit für die Schifffahrt einrechnen, da zwischen Schlehdorf und Kochel Rückfahrt mit dem Schiff empfohlen. Die Schiffe verkehren von April/Mai bis Oktober nachmittags ca. alle 1.30 Std., Tarif 6,50 €, motorschifffahrt-kochelsee.de, Tel. +49 8851 7241. Alternativ: Busfahrt von Schlehdorf nach Kochel oder Fußweg an der Straße (ca. 3 km/50 min. Gehzeit extra).
Höhenunterschied: 200 Meter.
Anforderungen: Überwiegend wenig befahrene Teerstraßen und gute Fußwege, streckenweise aber auch rauere und etwas steilere Wege im Wald und am felsigen Seeufer. Gutes Schuhwerk!
Einkehrmöglichkeiten: Im Ortszentrum von Kochel mehrere Restaurants und Gasthöfe. Restaurant am Franz Marc Museum. Auf dem Weg Einkehrmöglichkeit am Walchensee-Kraftwerk. In Schlehdorf gute Einkehr in Klosterbräu und Fischerwirt (an der Hauptstraße).
Sehenswürdigkeiten: *Franz Marc Museum Kochel:* Geöffnet Dienstag–Sonntag und an Feiertagen: April–Oktober 10–18 Uhr, November–März 10–17 Uhr. Eintritt: 9,50 €, Kinder 7–16 Jahre 3,50 €. Franz Marc Park 8–10, Tel. +49 8851 924880, info@franz-marc-museum.de, franz-marc-museum.de.
Erlebniskraftwerk Walchensee: Geöffnet April–Anf. November Dienstag–Sonntag 10–17 Uhr, Eintritt frei, Gruppenführungen nach Vereinbarung, Tel. +49 8851 77225, uniper.energy/de/deutschland/kraftwerke-deutschland/kraftwerksgruppe-isar/walchenseekraftwerk.
Tipp für Kinder: Interaktives Informationszentrum am Walchensee-Kraftwerk.

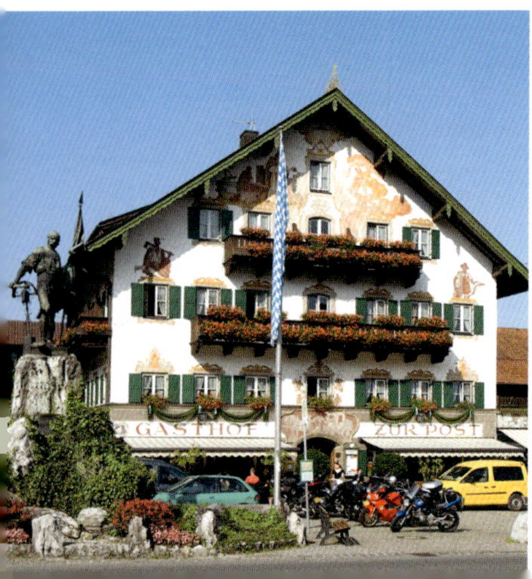

Vom Bahnhof aus folgen wir der Bahnhofstraße in das Ortszentrum am Schmied-von-Kochel-Platz. Das Denkmal von 1900 zeigt die Gestalt des Schmied von Kochel, der im 17. Jh. ein legendärer Kriegsheld gewesen sein soll.
Wir gehen ein wenig weiter die Hauptstraße entlang, und biegen dann links in den Herzogstandweg ein. Ihm und den Beschilderungen zum Franz Marc Museum folgen wir.

Schmied-von-Kochel-Denkmal.

Franz Marc Museum.

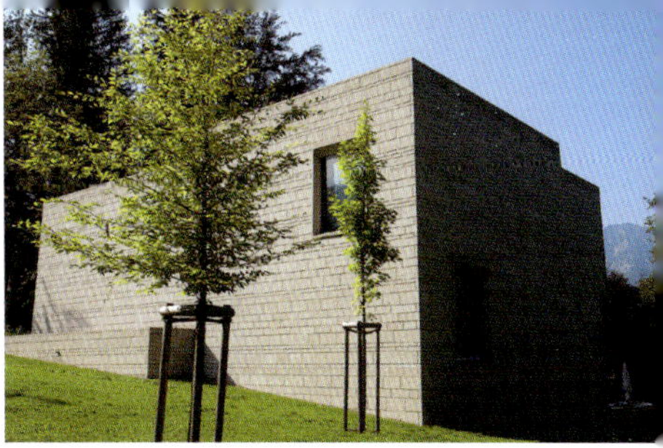

Zuletzt geht es auf einem schmäleren Fußweg links hinauf auf den Hügel, auf dem das alte und neue Museumsgebäude stehen.

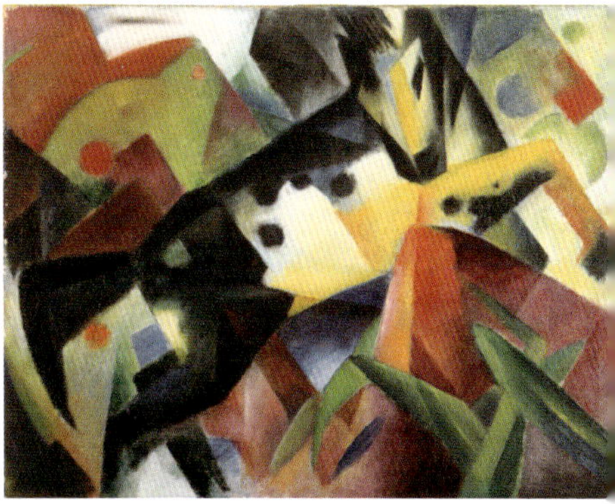

»Springendes Pferd« von Franz Marc.

*Das **Franz Marc Museum Kochel (1)** besteht seit 1986 und wurde 2008 durch den architektonisch bemerkenswerten Neubau (mit einem tollen Panorama- bzw. Aussichtsraum) erweitert. Auf rund 700 Quadratmetern werden nun, ausgehend vom Werk des Kocheler Wahlbürgers Franz Marc, Zusammenhänge in der Malerei des 20. Jahrhunderts erläutert. So werden Bilder von Franz Marc und dem Blauen Reiter Werken der etwa zeitgleich in Dresden und Berlin bestehenden expressionistischen Künstlergruppe »Brücke« gegenübergestellt. Gemälde aus der abstrakten deutschen Nachkriegsmalerei, wie der Gruppe »Zen 49«, und Wechselausstellungen komplettieren den sehenswerten Bestand.*

Vom Museum spazieren wir anschließend durch den kleinen Park Richtung Seeufer und Hauptstraße abwärts. Kurz vor der Straße biegen wir links in die kleine Straße des Erlengrundes ein (Wegweiser Jochberg). Ihr folgen wir und anschließend einem etwas steileren Fußweg links aufwärts. Er führt uns zum »Tiroler Kreuz«, das an die erfolgreiche Abwehrschlacht der Bayern gegen die Tiroler 1809 erinnert. Von hier haben wir einen schönen Blick auf den Kochelsee hinunter und auf das Bergmassiv des Herzogstand dahinter.

Wir folgen hinter dem Kreuz dem Teerweg nach rechts abwärts. Beim Schild »Bombenhölzl« gehen wir links, kurz danach rechts hinunter zum Bach. Wir überqueren ihn auf einer Holzbrücke und gehen jenseits auf dem Weg rechts aufwärts an einer Bank vorbei. Der Weg führt uns durch Wald, quert eine Forststraße und durchzieht einen Hang mit häufig feuchtem Strauchwerk.

Von nun an leiten uns rot-weiße Markierungskreise an den Bäumen. Sie führen uns auf eine Forststraße, auf dieser geht es links, bald etwas steiler aufwärts. Auf dem dann wieder schmäleren Weg durchqueren wir einen unwegsamen Wald (viele umgestürzte Bäume und Krummholz, Weg führt stets im oder etwas oberhalb des Tälchens). Nach einem steileren Abstieg treffen wir auf die schon länger hörbare Kesselbergstraße. Diese überqueren wir und gehen direkt gegenüber am Rand einer kleineren Teerstraße zum Walchensee-Kraftwerk.

*Das **Walchensee-Kraftwerk (2)** wurde 1918–1924 unter Leitung des Ingenieurs Oskar von Miller (Gründer des Deutschen Museums München) erbaut und ist noch heute eines der größten Hochdruck-Speicherkraftwerke Deutschlands. Vom weit oberhalb sichtbaren Wasserschloss schießt das Wasser des Walchensees durch sechs große Rohre rund 200 Meter tiefer zum Kochelsee. Seit 1983 ist das Kraftwerk geschütztes, doch weiter aktives Industriedenkmal. Besichtigt werden können das großzügige, multimedial ausgestattete Informationszentrum und die Maschinenhalle mit den acht großen, entsprechend lauten Turbinen und Generatoren zur Erzeugung von Elektrizität für das Stromnetz und für die Bahn.*

Wir folgen anschließend der Forststraße, die zwischen dem Infozentrum und der Maschinenhalle beginnt. In einem Rechtsbogen führt sie uns auf das Seeufer zu. Etwas östlich stand auf dem Felskegel der »Birg« bei Altjoch, eine vorgeschichtliche befestigte Siedlung. Bereits 1600 vor Christus begann dort die Geschichte Kochels!
Kurz vor dem Seeufer weist uns ein Schild »Schlehdorf Felsenweg« auf einen Forstweg nach links. Dieser leitet erst aufwärts, dann wieder hinab ans felsige Ufer. An diesem führt der nun schmale, durch Drahtseilgeländer gesicherte Weg entlang. Nach diesem abenteuerlichen Abschnitt erreichen wir eine kleine Straße, die uns durch Wiesen und die Häuser von Raut führt. Wir haben nun schon Schlehdorf und sein Kloster im Blick, welches wir rechts haltend an der Teerstraße erreichen. Im Ort können wir rechter Hand einem Fußweg entlang schöner Bauerngärten folgen und gelangen bald zur Hauptstraße. Direkt gegenüber liegt das Kloster.

***Kloster Schlehdorf (3)** geht in seiner Urform auf eine Gründung am Kochelseeufer im Jahr 763 zurück. Nach vermutlicher Zerstörung des Benediktinerklosters durch die Ungarn im 10. Jh. wurde an anderer Stelle ein Augustiner-Chorherrenstift gegründet. Im 18. Jh. entstanden das heutige Kloster, das von 1904 bis 2019 von Dominikanerinnen geführt wurde und heute Räume zum Wohnen, Arbeiten und für öffentliche Veranstaltungen enthält. Zugänglich sind die barocke Kloster- und heutige Pfarrkirche St. Tertulin, der Garten, ein Stein- und Wiesen-Labyrinth, und der Hofladen mit Café.*

Für den Rückweg von Schlehdorf nach Kochel wählen wir am besten das Schiff.
Der Zugang zur Ablegestelle erfolgt beim Gasthof Klosterbräu auf einem Fußweg Richtung Ufer, dann linkshaltend. Nach der Schifffahrt gehen wir von der Anlegestelle in Kochel links und folgen dem Kocheler Kunstspaziergang der auf Tafeln Malermotive von Franz Marc zeigt (gleich zu Beginn Tafel 8). Vorbei am Schwimm-

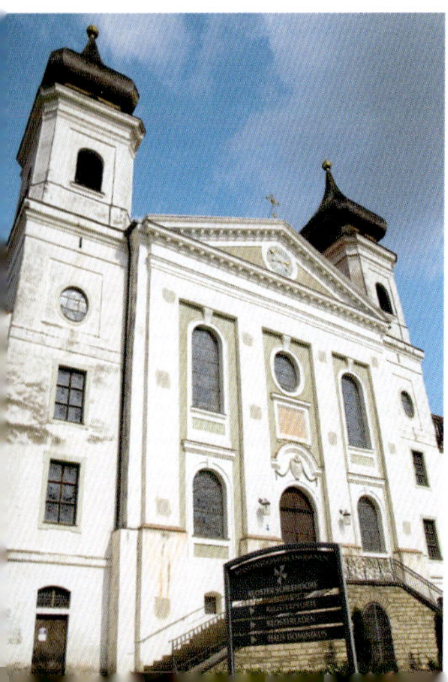

Kloster Schlehdorf.

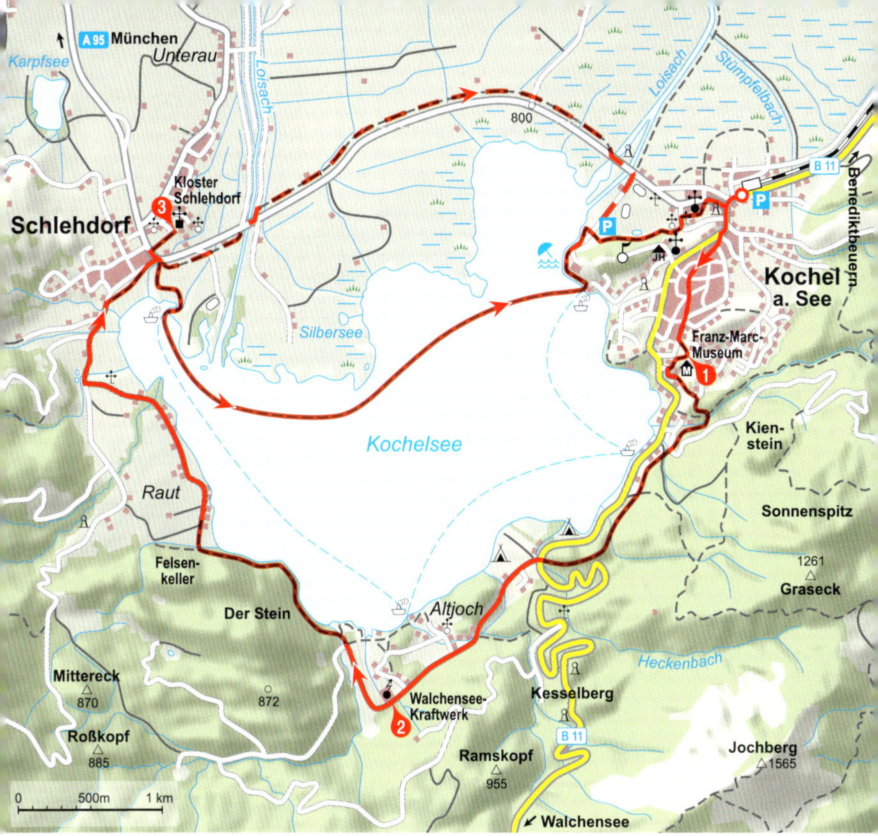

bad Trimini bleiben wir immer auf dem Weg am Ufer bis zur Tafel 7. Dann gehen wir rechts über Gras zum Parkplatz und queren ihn schräg links bis zu einem Fußweg am Bergfuß, dem wir links folgen. Nach Tafel 6 erreichen wir einen Teerweg, dann links und kurz danach rechts die Kirche. Wir gehen links in den Friedhof hinein (dort gleich rechts Tafel 5 am Grab von Franz Marc). Weiter gehen wir rechts an der Kirche vorbei und verlassen den Friedhof am zweiten Ausgang nach rechts. Geradeaus erreichen wir über den Pfarrer-Hartmann-Weg Tafel 4. Dann geht es links zur Durchgangsstraße und an dieser rechts zur Kreuzung, von dort links zum Bahnhof. (die restlichen drei Stationen und mehr Infos zum Kocheler Kunstspaziergang: zwei-seen-land.de/kunstspaziergang-1). (Ein Franz-Marc-Kunstspaziergang befindet sich auch in Sindelsdorf, s.Tafel E.)

Wer außerhalb der Fahrplanzeiten nicht das Schiff von Schlehdorf nach Kochel wählen kann, hat die Möglichkeit, ab Gasthof Klosterbräu den Bus oder den knapp drei Kilometer langen Fußweg an der Straße nach Kochel zu nehmen. Am Ortsbeginn (dort auch die Bushaltestelle Loisachbrücke/Trimini) dann rechts Richtung Trimini abzweigen. Rechts des Parkplatzes am Seeufer Tafel 7. Von dort hinüber zum Parkplatz und zum Fußweg am Bergfuss wie oben.

4 Walchensee

Eine tiefblaue Quelle der Inspiration

Die wildromantische Lage des tiefblauen, zwischen Bergen eingebetteten Walchensees inspirierte Künstler wie Johann Wolfgang von Goethe und Lovis Corinth. Unsere Runde über die Halbinsel Zwergern führt uns zu den Zeugnissen einer viele Jahrhunderte alten Geschichte des Sees und seiner Menschen.

KURZINFO

Ausgangspunkt: Parkplatz hinter dem Campingplatz in 82432 Walchensee.
Anreise Pkw: Von Kochel (Tour 3) südwärts zum Ort Walchensee (oder von Süden über Krün und Wallgau dorthin). Ein wenig südlich des Orts zweigt eine kleine Straße ab, Schild mit Campingplatzsymbol und Schild »Klösterl«. Auf der Straße zum Campingplatz und kurz dahinter rechts am Wald parken.
Anreise ÖPNV: Busverbindung Kochel–Garmisch-Partenkirchen. Haltestelle Lobisau, von dort zum Campingplatz und Parkplatz.
Gehzeiten/Streckenlänge: 1.30 Std./5 km.
Höhenunterschied: 75 Meter.
Anforderungen: Wenig befahrene Teer- und Forststraßen, auf Radler achten. Beim Rückweg steilere Schotterstraße, auch für »sportliche Kinderwägen«.
Einkehrmöglichkeiten: Am Weg keine. Gaststätten im Ort Walchensee (wunderschön: Strandcafé Bucherer) und in Urfeld am Anfahrtsweg (zu verbinden mit einem Besuch im Walchenseemuseum).
Sehenswürdigkeiten: *Walchenseemuseum:* Liegt nicht an der Route, sondern in Urfeld (5 km nördlich, wird bei der Anreise von Norden passiert). Geöffnet: Mitte Juni–Ende Sept., aktuelle Infos und Eintrittspreise unter walchenseemuseum.de, Tel. +49 89 92860092 und +49 8851 1486.
Tipp für Kinder: *Wikingerdorf »Flake«* im Ort Walchensee (auf Basis des Bully-Herbig-Films »Wickie«, der zum Teil am Walchensee gedreht wurde). 2023 geschlossen, aktuelle Informationen unter: zwei-seen-land.de/flake.

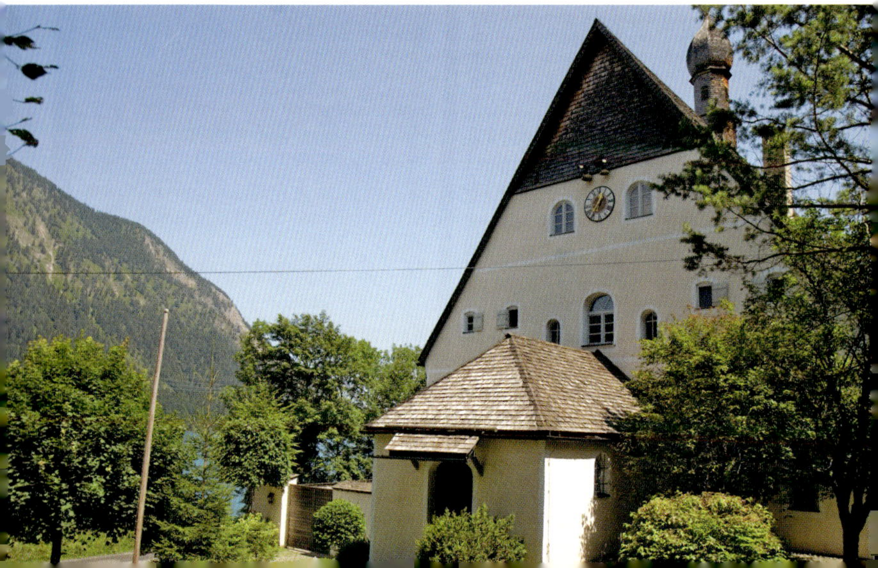

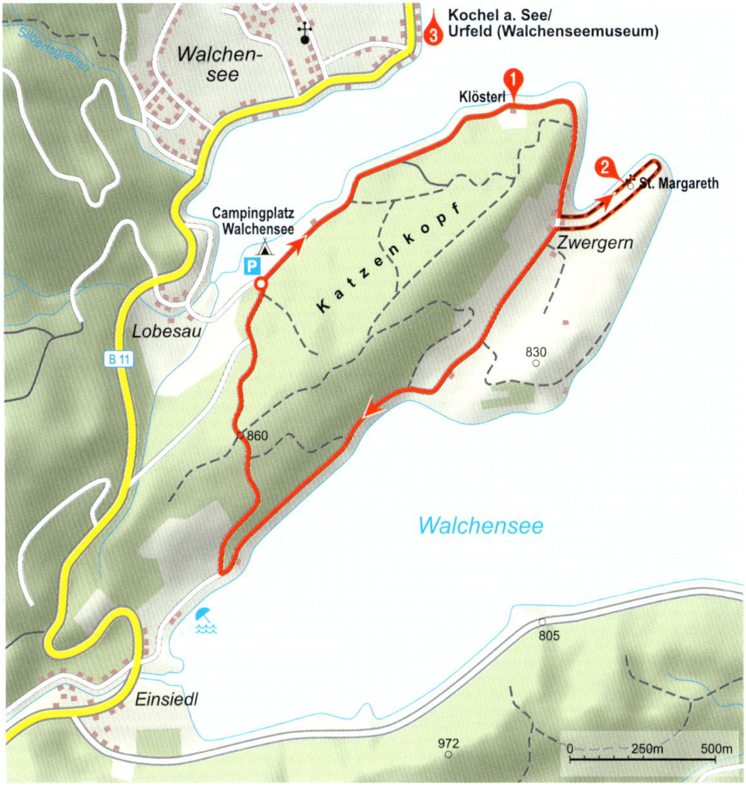

Vom Parkplatz folgen wir dem Teersträßchen entlang der Halbinsel am Walchenseeufer weiter. Bald passieren wir das von einer Mauer umschlossene, mit einem Turm besetzte Klösterl rechter Hand.

Das ***Klösterl (1)*** *geht auf ein kleines Kloster zurück, das Pater Onuphrius aus dem Orden der Hieronymiten 1689 begründete. 1719 wurde es vom Kloster Benediktbeuern übernommen, nach der Säkularisation 1803 diente es bis 1968 als Pfarrerswohnung. Das anschließend verwaiste Gebäude wurde leider durch diverse Einbrüche ausgeplündert, ehe 1979/80 die Diözese Augsburg ein Bildungs- und Jugendhaus daraus machte.*

Das Sträßchen führt uns weiter zum schmucken Dörfchen von Zwergern. Das Geschlecht der Zwerger geht bis auf das 12. Jh. zurück, damals wurden sie vom Besitzer der Halbinsel, dem Kloster Schlehdorf, zur Fischerei angesiedelt. Vor dem ersten Haus auf der linken Seite biegen wir links in einen Wiesenweg ein, der uns anschließend in einer Linkskurve zu einer Kapelle führt.

Das Klösterl am Walchensee.

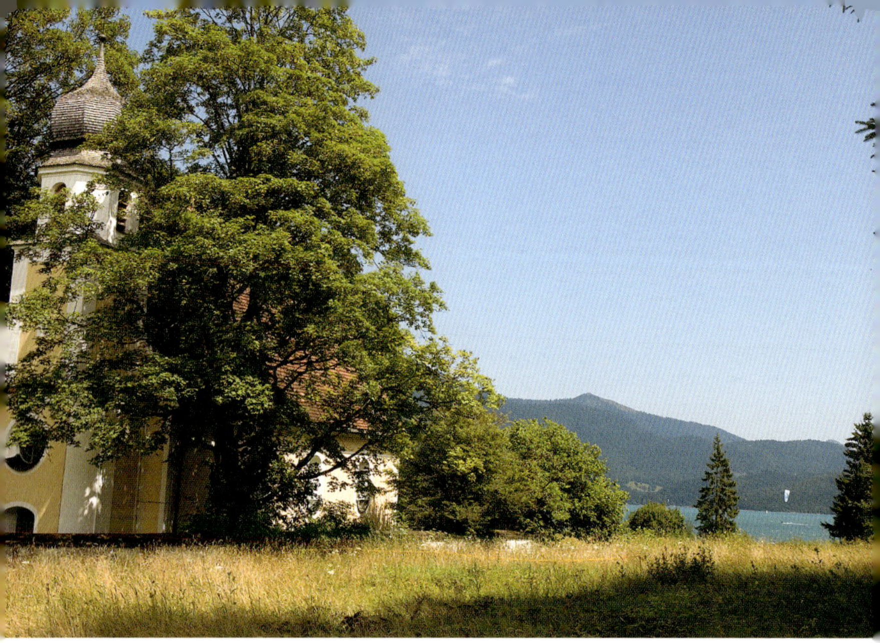

St. Margareth am Walchensee.

> *Das Kirchlein* **St. Margareth (2)** *entstand 1344 und erhielt ab 1670 in der Barockzeit seine heutige Gestalt. Bei der Säkularisation 1803 sollte es abgerissen werden, doch gottlob kauften die Bauern aus Zwergern das Kirchlein vom Staat und erhielten es.*

Es lohnt sich, links der Kirche noch einige Meter bis zum Ufer an der Halbinselspitze zu spazieren. Bei gutem Wind, der am Walchensee häufig ist, kann man dem wilden Treiben der vielen bunten Surfer, Kite-Surfer und schwebenden Wingsurfer, dem neuesten Trend, zusehen, die sich hier auf dem tiefblauen Wasserspiegel vor der Bergkulisse tummeln. Im Anschluss daran spazieren wir auf dem Wiesenweg wieder zurück nach Zwergern und folgen dem Teersträßchen nach links. Erst geht es durch Wiesen, dann wieder an das Seeufer, wo sich ruhigere Badeplätze bieten. In der Bucht südwestlich von uns erblicken wir Einsiedl. Johann Wolfgang von Goethe begegnete dort auf seiner Italienreise 1786 einem Harfenspieler und seiner Tochter, die ihn zur literarischen Gestalt der Mignon in seinem Roman »Wilhelm Meisters Lehrjahre« inspirierte.
Knapp einen Kilometer geht es am Seeufer entlang, dann zweigt rechts eine Forststraße ab (Wegweiser »W1 zum Campingplatz« bzw. »Rundweg Zwergern«). Die Schotterstraße führt uns erst etwas steiler bergauf bis zur waldigen Anhöhe des Katzenkopfes. Anschließend geht es wieder abwärts, vorbei am kleinen Skilift und wieder zurück zu unserem Ausgangspunkt am Parkplatz.
Vor oder nach der Tour empfiehlt es sich, im Ort Urfeld anzuhalten. Dort befindet sich zwischen Straße und Seeufer am nördlichen Ortsende das Walchenseemuseum.

*Das **Walchenseemuseum (3)** befindet sich im Gebäude des ehemaligen Hotels Post in Urfeld. Mit großem Aufwand und Liebe zum Detail hat Friedhelm Oriwol 2008 ein Museum eingerichtet. Auf drei Stockwerken zeigt es viele Bilder und Grafiken des Walchensees und seiner Umgebung von bekannten und unbekannteren Malern. Im Mittelpunkt steht das künstlerische Schaffen von Lovis Corinth (1858–1925), einem der bedeutendsten deutschen Impressionisten. 1918 verbrachte er mit seiner Familie zum ersten Mal den Sommerurlaub am Walchensee. Begeistert von der Stimmung am See und seiner Bergwelt ließen die Corinths ein eigenes Haus in Urfeld bauen, in dem sie bis zu Lovis Corinths Tod regelmäßig Sommer- und Winterferien verbrachten. Am Walchensee entstanden die eindrucksvollsten und erfolgreichsten Bilder von Corinth. Das Museum zeigt auch alte Dokumente und Objekte aus der Heimatgeschichte der Region sowie mancherlei aus dem Kreise der Künstler des Blauen Reiters, unter anderem Webstücke von Maria Marc.*

*Ein 2,5 km langer **Kunstspaziergang zu Lovis Corinth** mit sieben Stationen beginnt am »Cafe am See« in Urfeld.*

EIN SEE VOLL DIAMANT

Lovis Corinth über den Walchensee:

»Der See selbst wechselt in rätselhaften Farben und Stimmungen. Bald blitzt er wie ein Smaragd, bald wird er blau wie ein Saphir, und dann glitzern Amethyste im Ring mit der gewaltigen Einfassung von alten, schwarzen Tannen, die sich noch schwärzer in dem klaren See widerspiegeln …«

Mondmalerei – Charlotte Berend-Corinth über ihren Mann: »An manchem Abend saß er in Urfeld und wartete den Mond ab, um ihn zu malen. Er wartete nie vergebens, überhaupt selten spielte ihm das Wetter einen Streich. Alles war für die Mondmalerei vorbereitet, die Leinwand stand mit der Staffelei oder dem Holzbrett da, die Palette war voller Farben. Dann trat der Mond über den Jochberg und Lovis stürzte sich in die Arbeit hinein wie jemand, der ins Wasser springt, und die Wellen schlagen über ihm zusammen …«

▶ Tworek

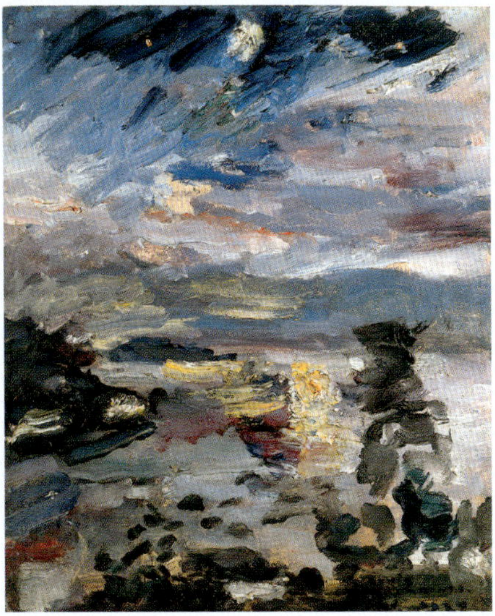

Lovis Corinth: Mondnacht am Walchensee.

5 Altlacher Hochkopf

Refugium von König Ludwig II. und Richard Wagner

Über den Südufern des Walchensees thront ein unscheinbarer Waldberg, der Altlacher Hochkopf. Oben auf dieser einsamen und aussichtsreichen Anhöhe steht noch immer die Hütte, welche im 19. Jahrhundert eine Oase der Ruhe für den König und seinen Künstlerfreund Richard Wagner war.

KURZINFO

Ausgangspunkt: Wanderparkplatz bei 83676 Altlach am Walchensee.
Anreise Pkw: Wie bei Tour 4 zum Walchensee. Am Südufer bei Einsiedl in die Mautstraße nach Jachenau (Gebühr: 5 €, Stand 2023). Nach ca. 3 km links auf einer Wiese steht das ehemalige Forsthaus Altlach. Kurz danach rechts parken. [Alternativ über Bad Tölz und Lenggries (B 13) nach Jachenau und von dort nach Altlach.]
Anreise ÖPNV: Busverbindung Kochel–Garmisch-Partenkirchen. Haltestelle Einsiedl. Von dort 3 km entlang der Mautstraße zum Parkplatz.
Gehzeiten/Streckenlänge: 3.30 Std.–4 Std./10 km.
Höhenunterschied: 540 Meter.
Anforderungen: Gute Bergwege, teils steinig. Einige Holzstufen und Bachübertritte, daher gutes Schuhwerk nötig!
Einkehrmöglichkeiten: Keine, aber schöne Brotzeitbänke an der Hochkopfhütte 30 m unterhalb des Gipfels.
Sehenswürdigkeiten: Das ehemalige Jagdhaus gehört heute zur Alpenvereinssektion Vierseenland und ist nur für Mitglieder zugänglich (dav-vierseenland.de). Ein Abstecher zum Walchenseemuseum und Wikingerdorf (siehe Tour 4) ist empfehlenswert.
Tipp für Kinder: Hübsche Gumpen am Wildbach beim Auf- und Abstieg.

Forsthaus Altlach.

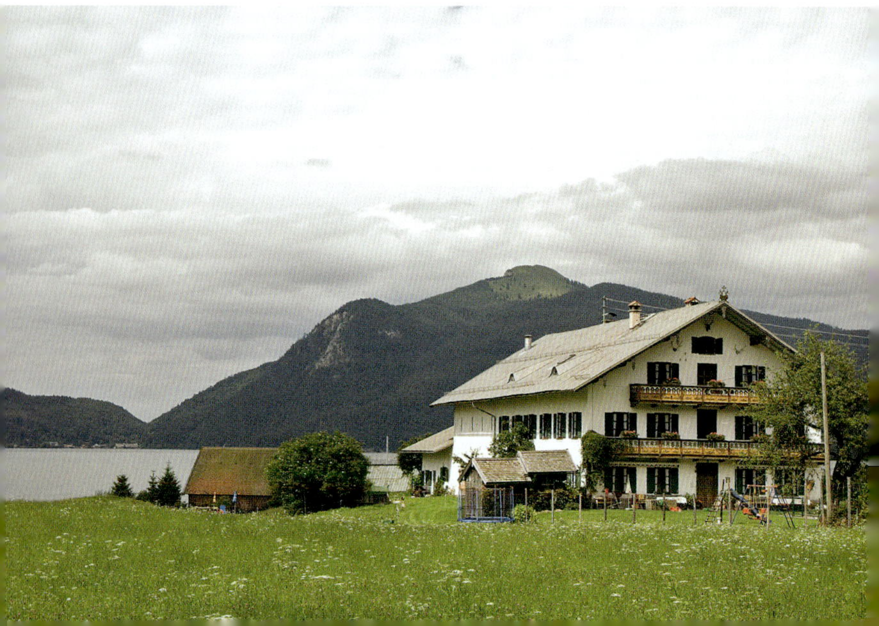

Vom Parkplatz folgen wir ein kurzes Stück der Mautstraße zurück und spazieren an dem stattlichen Haus rechts am Seeufer vorbei.

*Dieses ehemalige **Forsthaus Altlach (1)** stammt im heutigen großzügigen Bau von 1843. König Ludwig II. nutzte die Räumlichkeiten zum Frischmachen, bevor er sich zum Hochkopf aufmachte. Auch über eine Übernachtungsgelegenheit soll er hier verfügt haben. Auf der Wiese vor dem Haus ließ der König gar Kabinettssitzungen im Freien abhalten. Heute ist der Hof eine Pension.*

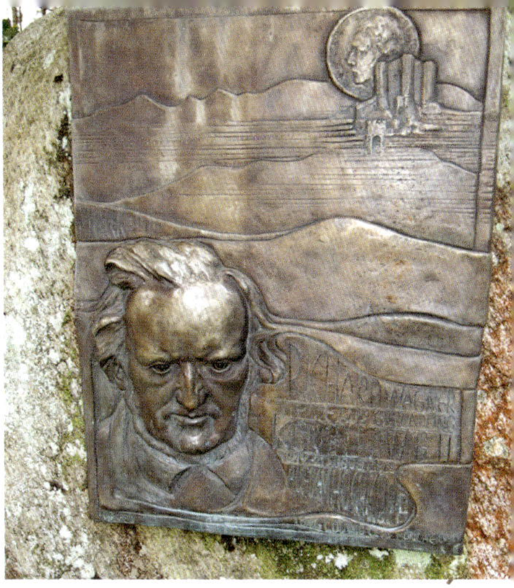

Richard-Wagner-Denkmalplatte.

Bald nach dem Haus zweigt links eine Forststraße ab. Rechts erinnert eine Denkmalplatte an einem Felsen an den Besuch Richard Wagners auf der Hochkopfhütte 1865. Dieser erfolgte auf Einladung König Ludwigs II., seines Freunds und Förderers. Ein »Ideal von Wald- und Bergeinsamkeit« fand Wagner dort oben und verbrachte 12 Nächte auf dem Hochkopf – einzig begleitet von seinem Diener Franz und seinem Hund. Unter anderem arbeitete er während dieser Zeit an seiner Oper »Parsifal«. Wir folgen weiter der Forststraße und zweigen in einer Rechtskurve links auf einen Fußweg ab (ab hier leiten uns immer wieder Schilder mit der Aufschrift »Hochkopfhütte«, »Hochkopf« oder »H«). Der schöne Steig führt uns sanft aufwärts, in lichtem Wald entlang dem

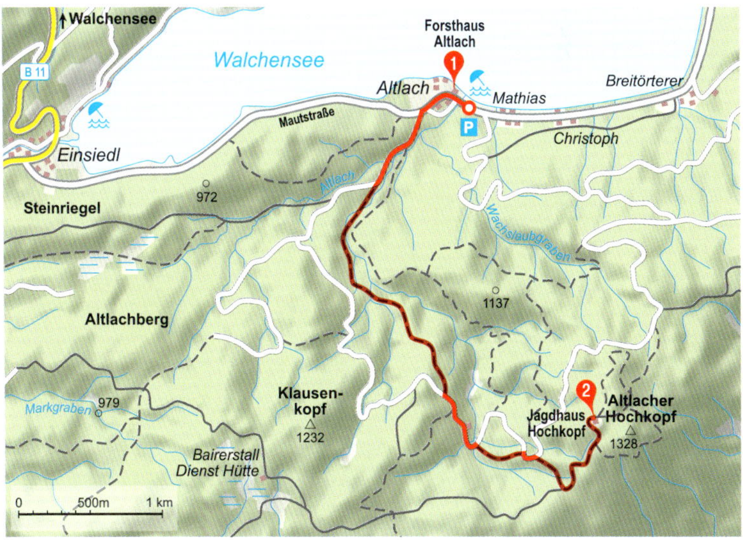

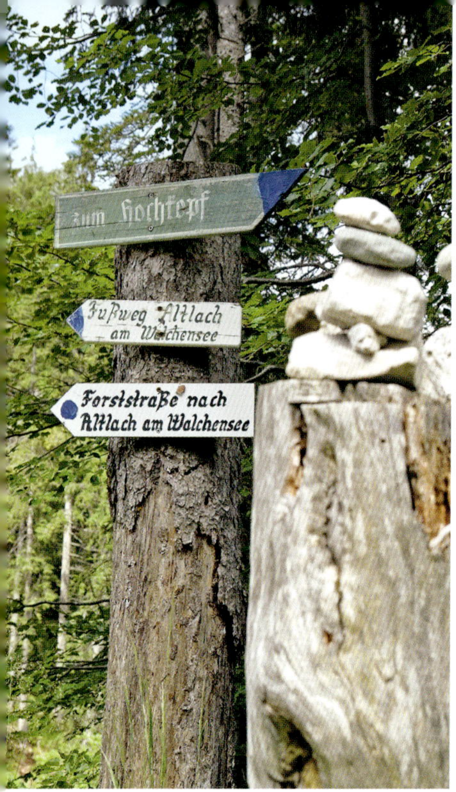

Wegweiser zum Hochkopf.

Zachengraben, einem Wildbach mit vielen hübschen Gumpen und kleinen Wasserfällen. Nach rechts blicken wir immer wieder auf ausgedehnte Waldberge. In diesem Gebiet war 1945 kurz vor Ende des Zweiten Weltkriegs der Reichsschatz versteckt worden, aufgeteilt in viele Depots, unter anderem voller Gold und Juwelen. Doch schon kurze Zeit später machte die US-Armee große Teile des Schatzes ausfindig. Nach einer Weile erreichen wir wieder die Forststraße und folgen ihr nach links, ein Stück weit leicht abwärts. Nach etwa 400 Metern lässt uns der Fußweg wieder nach rechts abzweigen, um die Forststraße bald erneut zu erreichen. Wieder geht es auf ihr nur kurz dahin, dann kürzt rechts ein Steig die nächste Serpentine ab. Die folgende Forststraße weiter und von ihr bald links ab (rechts führt ein Schild nach Wallgau). Noch ein Stück Aufstieg durch den Wald, dann kommen wir zur Hochkopfhütte auf 1299 Metern Höhe.

Das ehemalige königliche ***Jagdhaus auf dem Hochkopf (2)*** *wurde um 1850 unter König Maximilian II. erbaut. Sein Sohn Ludwig II. besuchte das abgelegene Domizil gerne und verbrachte unter anderem zwei seiner Geburtstage dort (1866 und 1878). Ludwig liebte die Ruhe und Bescheidenheit dieses Jagdhauses. 1867 schrieb er an Wagner: »Gestern begab ich mich nach dem geräuschvoll unruhigen Treiben des Tages hierher nach dem abgeschiedenen, trauten Hochkopf, wo ich auflebe in wonniger Einsamkeit fern der Welt, die mich nie und nimmer befreunden will und kann.« Um die Hochkopfhütte soll auch der von Pferden gezogene Gebirgswagen zum Einsatz gekommen sein, den der Hofwagenfabrikant Gmelch für den König konstruiert hatte (▶ Praxmarer/Adam). Das Hauptgebäude des Jagdsitzes wurde im 20. Jahrhundert als Forsthütte erhalten und unter Denkmalschutz gestellt. Mehrere Nebengebäude aus Ludwigs Zeiten, zum Beispiel Stall und Arbeiterhütte, bestehen nicht mehr. Seit 2003 ist die Sektion Vierseenland des Deutschen Alpenvereins für die Hütte zuständig, Mitglieder der Sektion können die Hütte buchen. Wer Glück hat und die Hütte gerade von Vereinsmitgliedern bevölkert vorfindet, kann innen einen Blick auf den Kachelofen aus Ludwigs Zeiten sowie auf die hölzernen Wandverkleidungen mit Edelweiß- und Rosenornamenten werfen.*

Verschiedene Aussichtsbänke um die Hütte laden uns zur Brotzeit ein. Am schönsten ist die Bank direkt an der Giebelseite, von der der Blick weit nach Süden schweift, von der Gipfelgruppe der Soiern (Vorkarwendel) links über das Wettersteingebirge mit der Zugspitze bis zum Estergebirge rechts. Der Aufstieg zum knapp 30 Meter höheren eigentlichen Gipfel des Altlacher Hochkopfes lohnt nicht, da der Pfad verwachsen ist und keinen Mehrwert an Aussicht bietet. Zurück zum Ausgangspunkt folgen wir dem Hinweg (dabei immer wieder auf die Wegabzweigungen von der Forststraße zum Fußweg achten, die Beschilderungen können zum Teil übersehen werden, da sie vorwiegend die Aufstiegsrichtung anzeigen).

Hochkopfhütte.

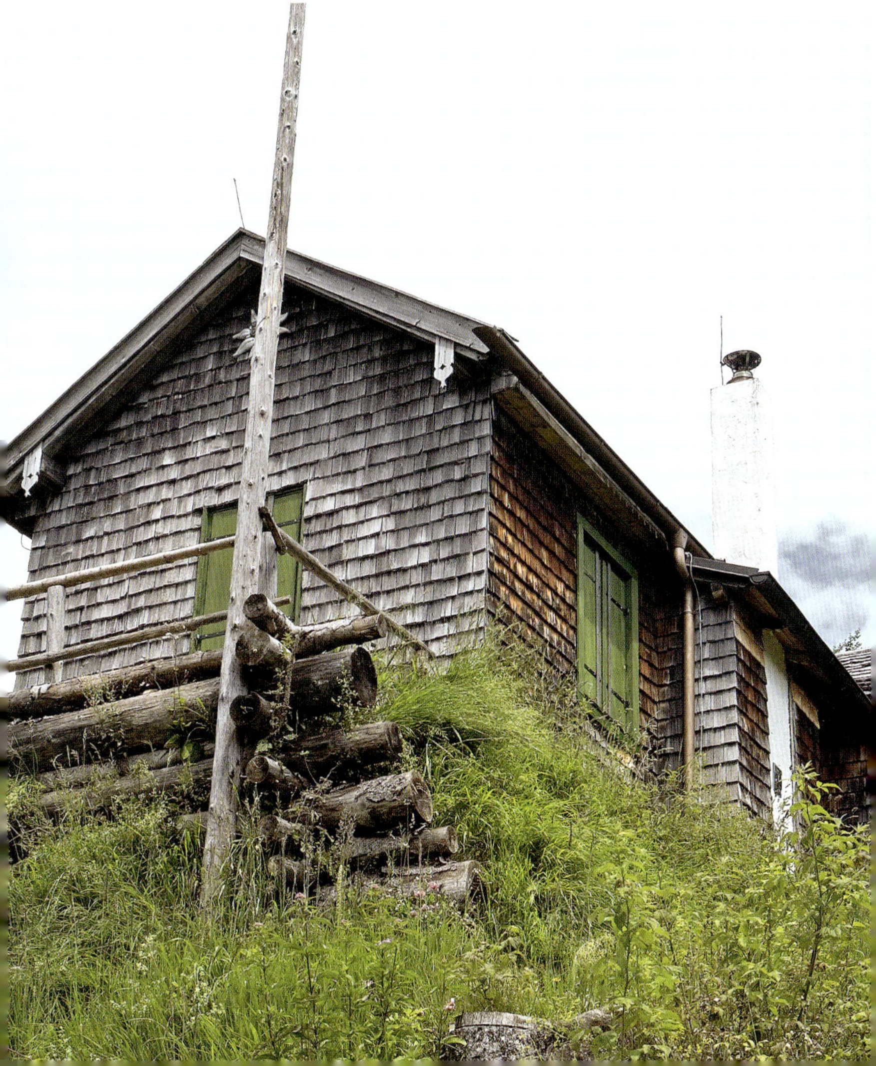

Pferdegestüt mit 1000-jähriger Tradition:

B Bayerisches Haupt- und Landgestüt Schwaiganger

Zwischen Großweil und Ohlstadt, inmitten ausgedehnter Wiesen und Wälder am Fuß des Heimgartenmassivs, liegt das traditionsreiche Pferdegestüt Schwaiganger. 955 erstmals als Besitz eines Ungarn erwähnt, war es im Mittelalter im Besitz von Adeligen und Klöstern. 1780 bis 1790 war Schwaiganger Witwensitz der bayerischen Herzogin Maria Anna. Nach vorübergehender militärischer Nutzung wurde Schwaiganger im 20. Jahrhundert Staatsbesitz, dabei wurden die Gestütsflächen auf heute 750 Hektar »verkleinert«. Seit 2004 gehört Schwaiganger als Lehr-, Versuchs- und Fachzentrum für Pferdehaltung zur Bayerischen Landesanstalt für Landwirtschaft. Pferdezucht (Warmblut, Kaltblut, Haflinger) und -verkauf, Teilnahme am Turniersport, Aus- und Weiterbildung sowie Zucht und Erhalt bedrohter Tierrassen, wie dem Murnau-Werdenfelser Rind oder dem Brillenschaf, sind Aufgaben des Fachzentrums, zu dem auch die Station Guglhör gehört (siehe Guglhör-Rundweg S. 27). Lohnende Führungen zeigen die Stallungen, Reithalle, den Paradeplatz und andere Einrichtungen in Schwaiganger. Jährlich im Herbst finden die sehr sehenswerten Gestütsschauen statt.

Das Gestüt Schwaiganger.

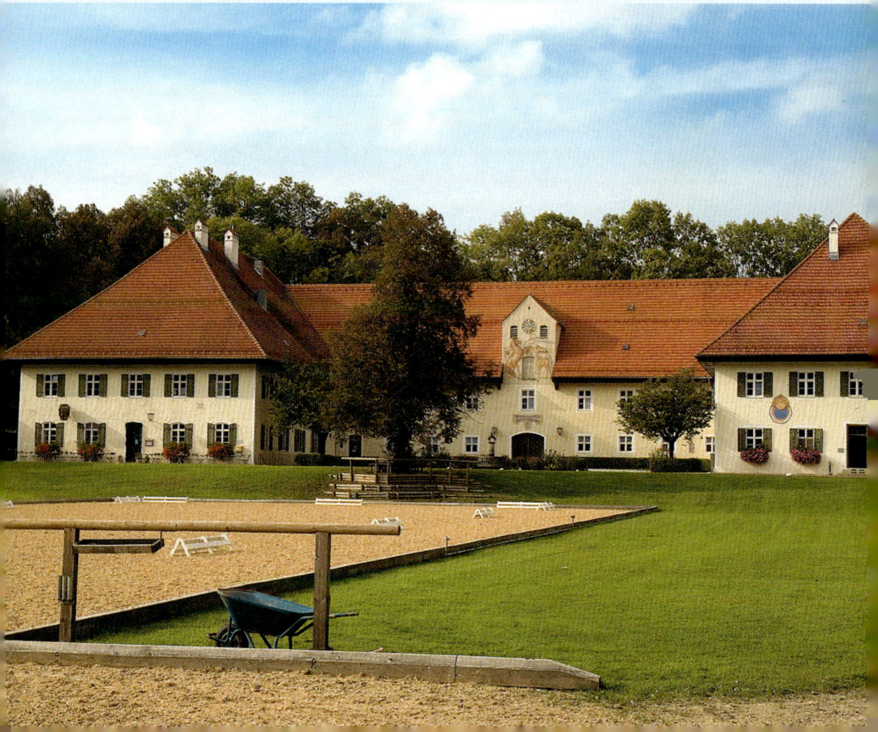

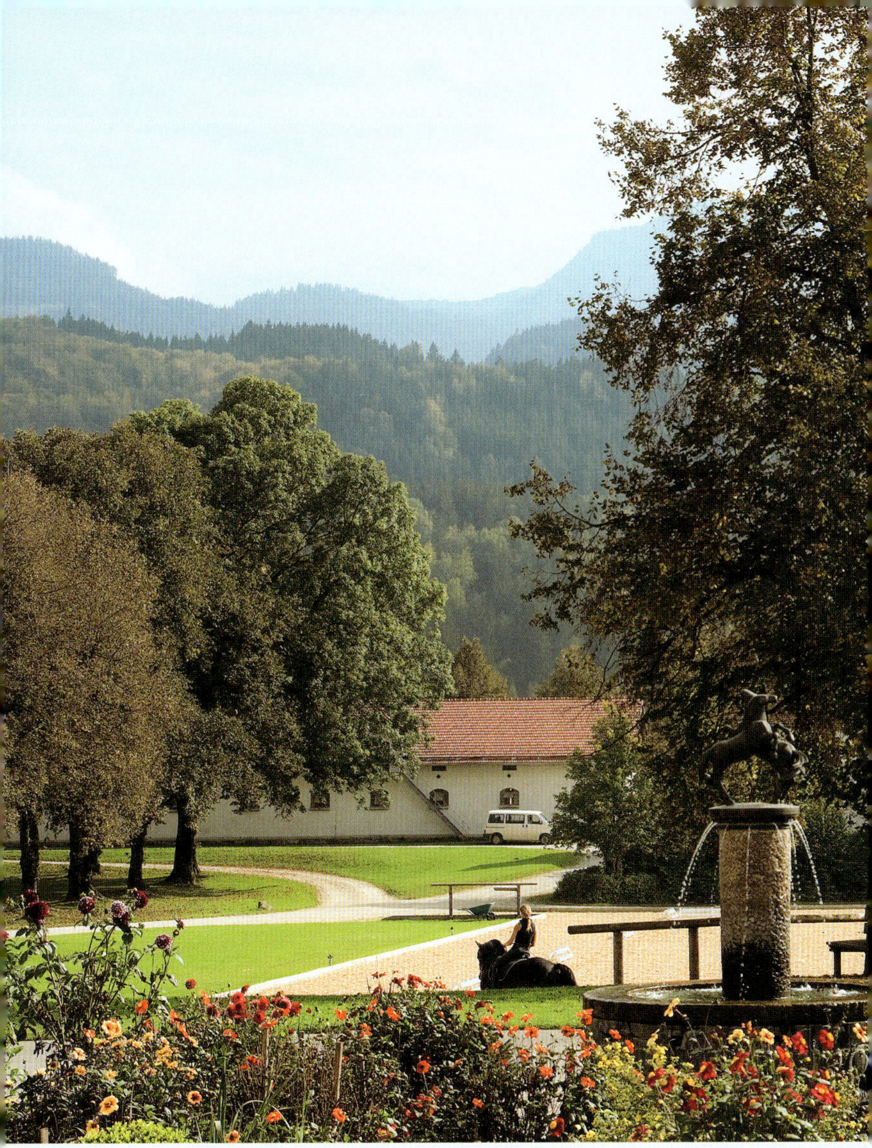

Bergblick vom Landgestüt Schwaiganger.

Anfahrt: Pkw: Schwaiganger liegt zwischen Großweil und Ohlstadt, nahe der Autobahnausfahrt A 95 Murnau–Kochel. ÖPNV: Buslinie Murnau–Kochel.
Öffnungszeiten: Führungen finden von Anfang Mai bis Mitte Oktober jeden Dienstag, Mittwoch und Donnerstag (außer an Feiertagen) um 13.30 Uhr und 15 Uhr statt. Die ca. ein- bis eineinhalbstündige Führung kostet 5 €, für Kinder ist sie frei. Für größere Gruppen können individuelle Termine vereinbart werden. Tel. +49 89 6933442-900, schwaiganger.bayern.de.

6 Rund um Ohlstadt

Raubritter, Handwerker und Künstler belebten den Ort

In den letzten Jahrzehnten wurde Ohlstadt als Heimat erfolgreicher Bobfahrer bekannt. Doch bereits im 19. Jahrhundert hatte der Münchner Malerfürst Friedrich August von Kaulbach den Ort zu seinem Zweitwohnsitz gemacht. Diese Runde führt uns zum Museum in seiner ehemaligen Villa, zu einem Wetzsteinbruch und Wasserfall sowie als Variante zu einer ehemaligen Raubritter-Festung.

KURZINFO

Ausgangspunkt: Ortszentrum (Hauptstraße) in 82441 Ohlstadt.
Anreise Pkw: A 95 München–Garmisch, Ausfahrt: Murnau/Kochel, Richtung Murnau, später Richtung Ohlstadt abzweigen. Im Ort in die Hauptstraße abbiegen, vorbei an der Kirche zu den Parkplätzen um den Rathausplatz.
Anreise ÖPNV: Bahnlinie München–Garmisch/Innsbruck, Bahnhof Ohlstadt. Von dort über den Bahnweg zur Partenkirchner Straße und neben ihr in den Ort. Rechts in die Hauptstraße und wie oben zum Rathausplatz (1,5 km einfache Gehstrecke).

Gehzeiten/Streckenlänge: 1.30–2 Std./5,7 km. Abstecher zur Veste Schaumburg plus 3 km/1–1.30 Std.
Höhenunterschied: 130 Meter, Abstecher zur Veste Schaumburg plus 210 Meter.
Anforderungen: Meist breite, wenig bis nicht befahrene Teer- und Forststraßen (auch für Kinderwagen). Bei den Abstechern zum Wetzsteinbruch und Wasserfall sowie zur Schaumburg schmälere, teilweise steile Steige.
Einkehrmöglichkeiten: Gasthäuser im Ort (»La Locanda«, »Glockenstüberl« und »Post« in der Hauptstraße, Hotel Alpenblick in der Heimgartenstraße).
Sehenswürdigkeiten:
Kaulbach-Villa: geöffnet April–Oktober: Mittwoch und Samstag 16–18 Uhr. 25.12.–10.01.: Samstag 15–17 Uhr und nach Vereinbarung für Gruppen ab 10 Personen. Eintritt inklusive Führung: 4 €. Von-Kaulbach-Str. 22, Tel. +49 8841 671250, ohlstadt.de/de/kaulbachvilla.html.
Im gleichen Gebäude das *Dorfmuseum Ohlstadt*: ebenfalls April bis Oktober, Mittwoch und Samstag 15–17 Uhr geöffnet, ohlstadt.de/de/dorfmuseum.html.
Wetzsteinmühle Simmersbergweg: geöffnet jeden ersten Samstag im Monat 13–17 Uhr (Stand 2023), Infos unter ohlstadt.de/de/schleifmuehle-und-wetzsteinmacherei.html, Tel. +49 8841 671250.

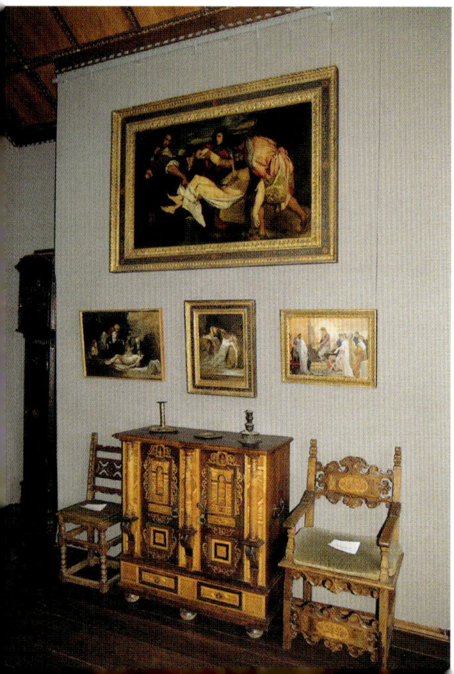

Vom Rathaus gehen wir einige Meter zurück zur Hauptstraße und biegen direkt gegenüber in die Kaulbachstraße ein.

Atelier in der Kaulbach-Villa.

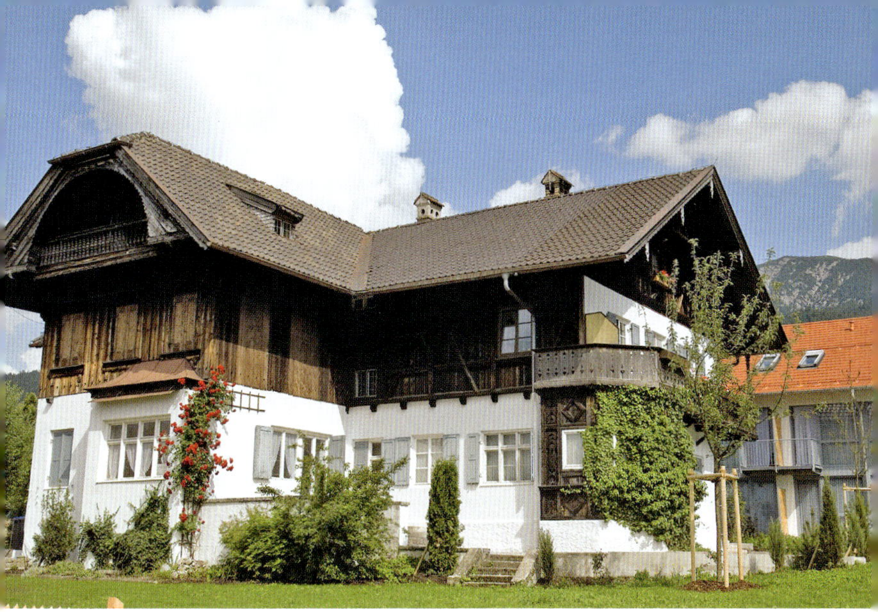

Außenansicht der Kaulbach-Villa.

Nach einer Kurve erblicken wir linker Hand die schmucke, im oberen Bereich holzverkleidete ***Kaulbach-Villa (1)****, an der ein Schild auf das ebenfalls darin befindliche Ohlstädter Dorfmuseum hinweist. Der Maler Friedrich August von Kaulbach (1850–1920) gehörte neben Franz von Lenbach und Franz von Stuck zum wohlhabenden Künstlerkreis der Gründerzeit in München. Portraits adliger Damen ermöglichten ihm ein großzügiges Einkommen und 1893 die Errichtung seines Landhauses in Ohlstadt als Sommerwohnsitz und Stützpunkt für die Jagd (▶ Tworek). Kernstück der für Besucher zugänglichen Räume ist das Atelier des Malers mit verglaster Frontseite und Blick auf die Ohlstädter Kirche. Erhalten sind unter anderem Möbelstücke und etliche Staffeleien mit Gemälden des Künstlers. Im Obergeschoss befindet sich das holzvertäfelte schmucke Studierzimmer mit Balkon, in das Kaulbach sich gerne zurückzog.*

Wir gehen die Kaulbachstraße ein Stück zurück und biegen rechts in die Ledergasse ein. Nach dem Hotel Alpenblick folgen wir rechts der Heimgartenstraße und spazieren entlang einem Bächlein aufwärts, dann links. Das Schild »Wasserfall« weist uns anschließend links in den Simmersbergweg.

An dieser Stelle können Sportliche rechts weiter der Heimgartenstraße und dem Wegweiser »Veste« folgen. In ca. einer Stunde führt uns diese Variante zur ***Veste Schaumburg (2)*** *und wieder zurück. Es geht zunächst auf der Straße Richtung Heimgarten, dann auf steilerem Forstweg und schließlich links auf einem kleinen Felsensteig hinauf auf den 904 Meter hoch gelegenen Felskegel mit Kreuz. Heute sind leider nur mehr Reste von Mauerfundamenten der ehemaligen Burg zu erahnen und Reste von*

Stollen in den tiefen Felsklüften zu erkennen. Vor rund zweitausend Jahren aber nutzten schon Kelten und Römer den Platz zur Verteidigung. Im 5. Jahrhundert stand hier eine germanische Holzburg, ab dem 11. Jahrhundert eine mittelalterliche Ritterburg. 1414 wurde diese in einem Kleinkrieg von Münchner Herzögen zerstört. In den Folgejahren hausten in den Ruinen Raubritter, die aber bald gefasst und in Murnau hingerichtet wurden. 1417 wurde die Burg wieder aufgebaut. 1493 ging sie an das Kloster Schlehdorf und verfiel später zusehends. Nach den legendären Schätzen der Raubritter wurde immer wieder offiziell und inoffiziell gesucht. Leider wurde bei diesen meist erfolglosen Streifzügen auch manche archäologische Spur unwiderruflich zerstört. Der Name Schaumburg stammt von »Schauenburg«, da die Anhöhe eindrucksvolle Ausblicke auf Ohlstadt, das Murnauer Moos und Alpenvorland gewährt. Abstieg wie Aufstieg.

Am Beginn des Simmersbergwegs wurde in den letzten Jahren eine originalgetreue Wetzstein-Schleifmühle aufgebaut, bei Vorführungen läuft sie. Tafeln erklären die alte Tradition der Wetzsteinmacherei, die nun Thema auf unserem Weiterweg ist. Über den Simmersbergweg erreichen wir bald die Hagrainstraße und auf ihr die schmucke kleine **Hagrainkapelle (3)**. 1765 wurde sie zu Ehren des heiligen Stephanus, des Patrons der Wetzsteinmacher, errichtet. Weiter auf der Straße geht es an einem Wegkreuz vorbei und kurz danach weist das Wasserfall-Schild nach rechts auf einen steinigen Forstweg. Diesem folgen wir, um uns dann von den neuen Beschilderungen und kleinen Tafeln des Wetzsteinmacherwegs leiten zu lassen. Diese führen uns immer wieder zu neu installierten Infostationen.

Sie inormieren über die Geschichte des alten ***Steinbruchs der Wetzsteinmacher (4)****, an dem wir entlangsteigen. 600 Jahre lang, von 1350 bis nach dem Zweiten Weltkrieg, wurde hier Gestein abgebaut. Die zurechtgeschnittenen und behauenen Steine wurden schließlich in Mühlen zu Wetzsteinen geschliffen, welche Bauern allerorten zum Schärfen von Sensen, Sicheln und Werkzeugen benötigten. Mehr zur Wetzsteinmacherei findet sich in Unterammergau (siehe Tour 8). Übrigens weist das Wasserrad auf dem Wappen Ohlstadts auf die langjährige Wetzsteinmachertradition hin. Auf dem Wappen findet sich auch ein Pferdekopf, der sich auf das nahe gelegene Gestüt Schwaiganger bezieht (siehe S. 46 im Buch).*

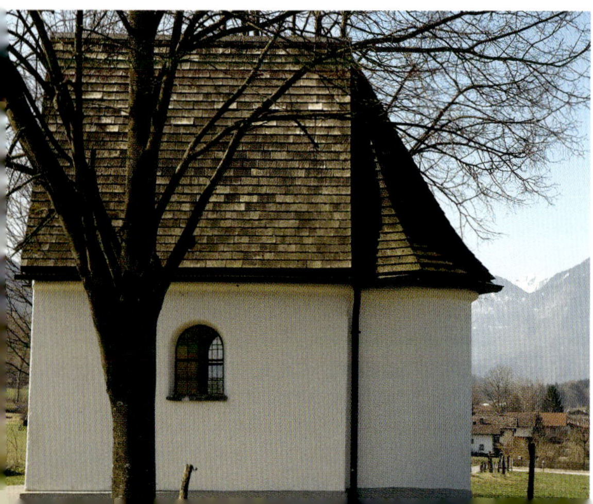

Die Hagrainkapelle …

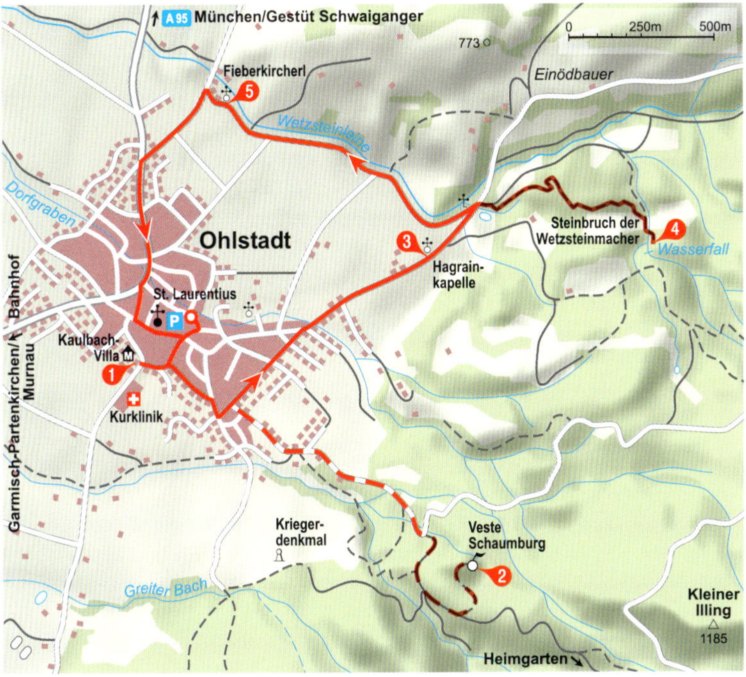

Oben führt ein steiniger Steig am Bach das letzte Stück zum Wasserfall. 40 Meter stürzt sich hier die Wetzsteinlaine eindrucksvoll über eine senkrechte Felswand hinab (siehe Foto S. 15). Nach diesen Eindrücken gehen wir denselben Weg zurück, zuletzt auf der Straße links zum Wegkreuz. Hier wenden wir uns nach rechts auf eine sandige Forststraße mit schönem Blick nach Süden, über Ohlstadt auf die Ammergauer Alpen und den Wetterstein mit der Zugspitze. Bevor wir auf eine betonierte Straße treffen, liegt rechts das **Fieberkircherl (5)**. In der Pestzeit um 1640 wurde es aufgrund eines Gelübdes erbaut. Auf der Straße gehen wir immer links haltend zurück in den Ort. Entlang der Schwaigangerstraße und über die Wundergasse erreichen wir wieder die Hauptstraße, die nach links zur Pfarrkirche St. Laurentius von 1759 und zu unserem Ausgangspunkt am Rathaus führt.

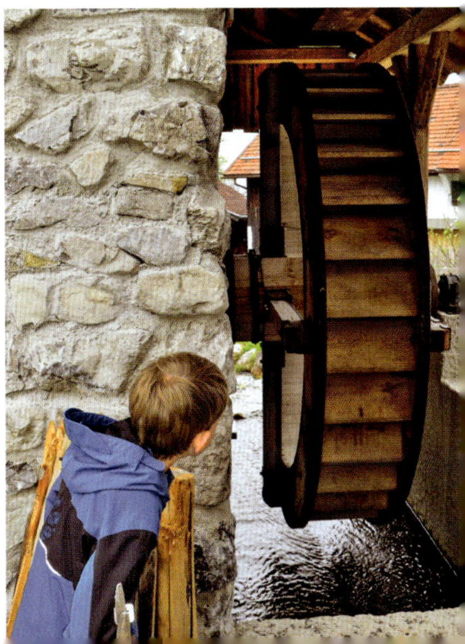

... und die originalgetreue Mühle erzählen zur Wetzsteinmacherei.

Im Herzen des Blauen Landes:

C Naturparadies Murnauer Moos

Wer vom Murnauer Höhenrücken gen Süden blickt, erkennt eine kilometerbreite brettebene Landschaft, hinter der unmittelbar mächtige Bergketten in die Höhe ragen. – Verglichen mit dem sonst hügeligen Alpenvorland ein ungewohnter Anblick.

Als die Gletscher der vergangenen Eiszeiten in das Alpenvorland flossen, schürften sie mit der Zeit dieses Becken aus. Zunächst von einem See gefüllt, verlandete dieser und hinterließ die vielfältige Moorlandschaft des Murnauer Mooses – mit 32 km^2 das größte zusammenhängende Moor Mitteleuropas. Streuwiesen, Nieder- und Übergangsmoore, Quelltrichter, kleine Seen (»Moosaugen«) und voll ausgebildete Hochmoore bilden heute einen geschützten Lebensraum für rund 1000 Pflanzen- und 1800 Tierarten.

Die jüngere Geschichte des Murnauer Mooses ist jedoch auch die einer Kulturlandschaft. Bauern mähten schon vor Jahrhunderten die weniger nassen Flächen und verwandelten sie in blumenreiche Streuwiesen. Anfang des 20. Jahrhunderts schätzten die Maler des Blauen Reiters die landschaftsprägende Wirkung der grünlich-braunen Farbtöne des »warmen« Moores mit den eher kühl blau wirkenden, steil aufragenden und horizontal neben- und hintereinander angeordneten Bergketten. Gabriele Münter malte auch die weiß bemäntelten Heumännchen (im Volksmund »Stradrischn«) im winterlichen Murnauer Moos. Im Industriezeitalter schließlich entbrannte der Kampf um die »Köchel«, Gesteinskögel aus Glaukoquarzit, die wie Häubchen aus der Moosebene hervorsehen. Noch bis 2001 wurde das für Straßenpflaster und Bahnschotter geschätzte Gestein an einigen Stellen maschinell abgebaut, ehe sich auch hier der Naturschutz durchsetzte.

Der See am ehemaligen Moosberg.

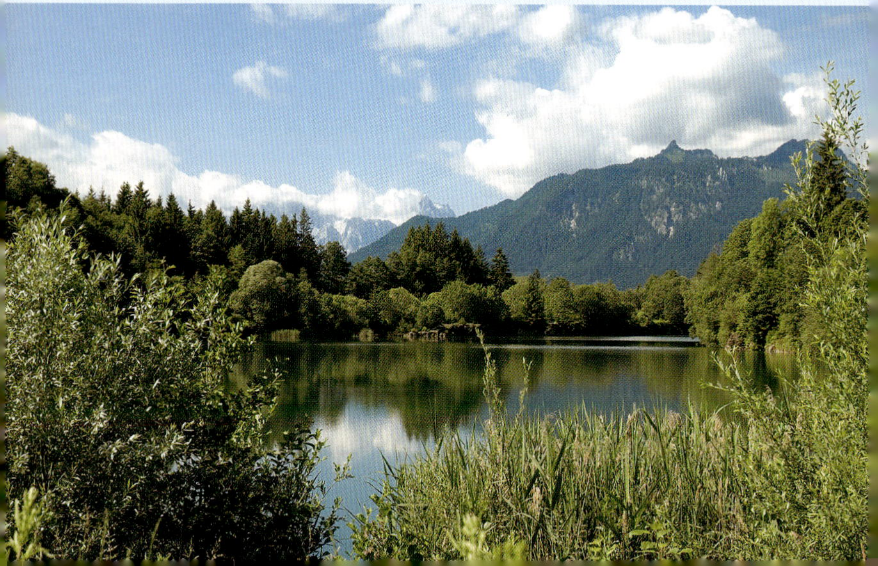

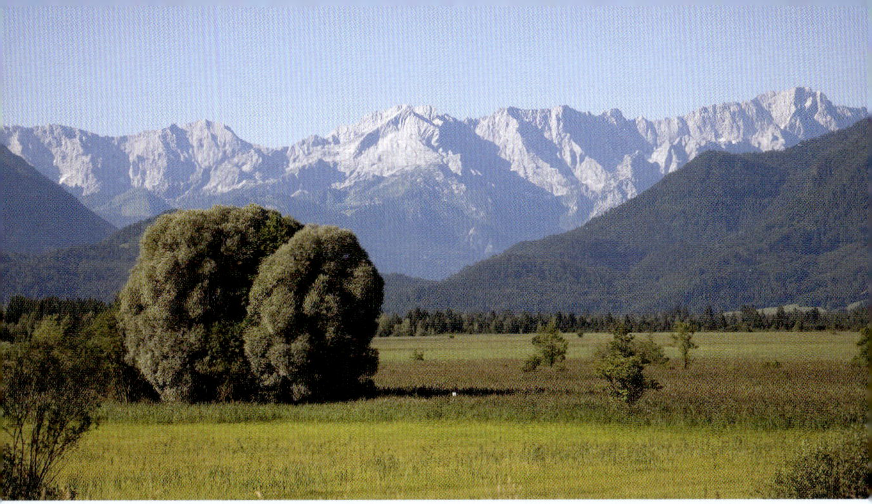

Murnauer Moos mit Panorama.

Ausgangspunkt für die Erkundung des Murnauer Mooses ist der Wanderparkplatz, erreichbar von der B2 am südlichen Ortsende von Murnau, Richtung Hotel Alpenhof und an ihm vorbei. Dort steht eine biologische Forschungsstation mit interaktivem Ausstellungsraum für Besucher. Ein kurzes Stück geht es zu Fuß weiter zum traditionsreichen St.-Georgs-Kirchlein, genannt »Ähndl« (siehe auch Tour 1), daneben das gleichnamige Gasthaus mit Biergarten. Von dort startet über die Brücke der 12 km lange Moosrundweg (Gehzeit: ca. 3 Std.) mit Infotafeln und Bohlenweg-Abschnitt. Eine kurze Alternative ist ein Spaziergang (ca. 1 Std.) vom »Ähndl« geradeaus weiter Richtung Berggeist. Er führt mit großartigen Blicken zum Panoramastadel und wieder zurück.
Sehr lohnend sind auch die mehrstündigen Moosführungen. Information: Tourist-Information Murnau, Tel. +49 8841 476-240, tourismus.murnau.de/natur/murnauer-moos

Moos-Ausstellung.

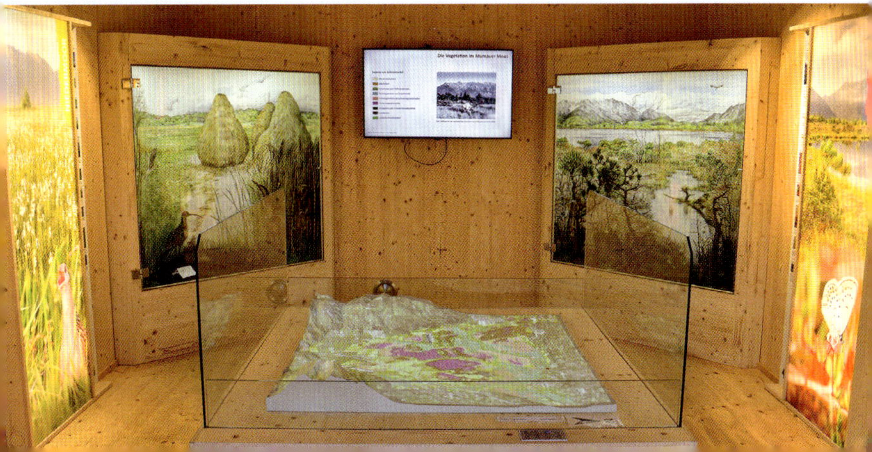

7 Die Kapellen und Weiler von Bad Kohlgrub

Kleinodien am Fuße des Hörnle

Die schönsten Wiesen weit und breit bietet das Hügelland rund um Bad Kohlgrub, am Fuß des Hörnle mit seinen drei Gipfeln, seinen Gästen. Wir besuchen die alten schmucken Weiler und Bauernhöfe, die dort liegen, ihre liebenswerten Kapellen und anschließend den Ortskern des bekannten Kurorts.

KURZINFO

Ausgangspunkt: Parkplatz Erlestraße, 82433 Bad Kohlgrub.
Anreise Pkw: Über die B 23 Peiting–Oberammergau–Garmisch bis Saulgrub und von dort nach Bad Kohlgrub oder von Murnau Richtung Oberammergau dorthin. Von der Hauptstraße in der Ortsmitte abzweigen in die Erlestraße, Beschilderung zum Parkplatz.
Anreise ÖPNV: Bahnlinie München–Garmisch/Innsbruck. Umsteigen am Bahnhof Murnau Richtung Oberammergau. Vom Bahnhof Bad Kohlgrub auf kurzem Fußweg links neben den Gleisen zu einem Bahnübergang. Dort rechts in die Tour nach Steigrain einsteigen.
Gehzeiten/Streckenlänge: 2.30 Std./ 8,4 km.
Höhenunterschied: 160 Meter.
Anforderungen: Teils wenig befahrene Teer- und Forststraßen, teils kleinere Wald- und Wiesenwege. Benutzt man immer die Straßen zwischen den Weilern (in der Karte gestrichelt eingezeichnet), geht die Tour auch mit Kinderwagen.
Einkehrmöglichkeiten: Nur im Ortszentrum, also am Anfang und Ende der Tour.
Sehenswürdigkeiten: Die Kapellen in den Weilern sind meist abgesperrt. Zum Teil lassen sich die Innenräume von außen begutachten. Bzgl. einer Öffnung (vor allem der sehenswerten Sprittelsberger Kapelle) empfiehlt es sich, vorab bei der Tourist-Information Bad Kohlgrub nachzufragen, Tel. +49 8845 74220, info@bad-kohlgrub.de.

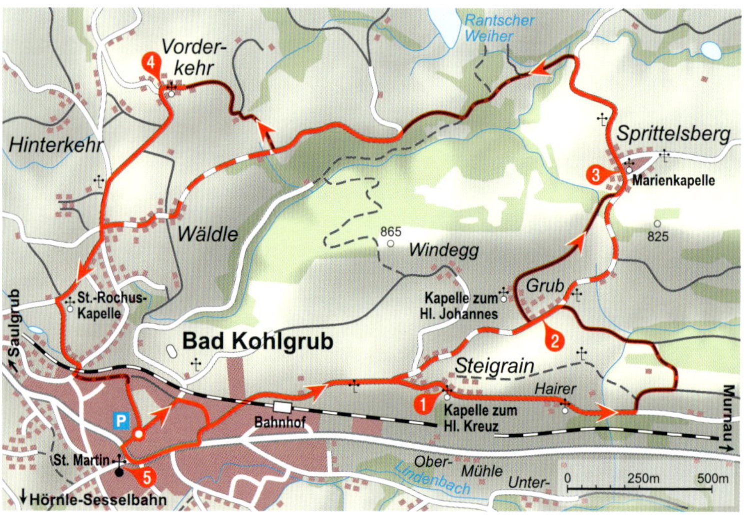

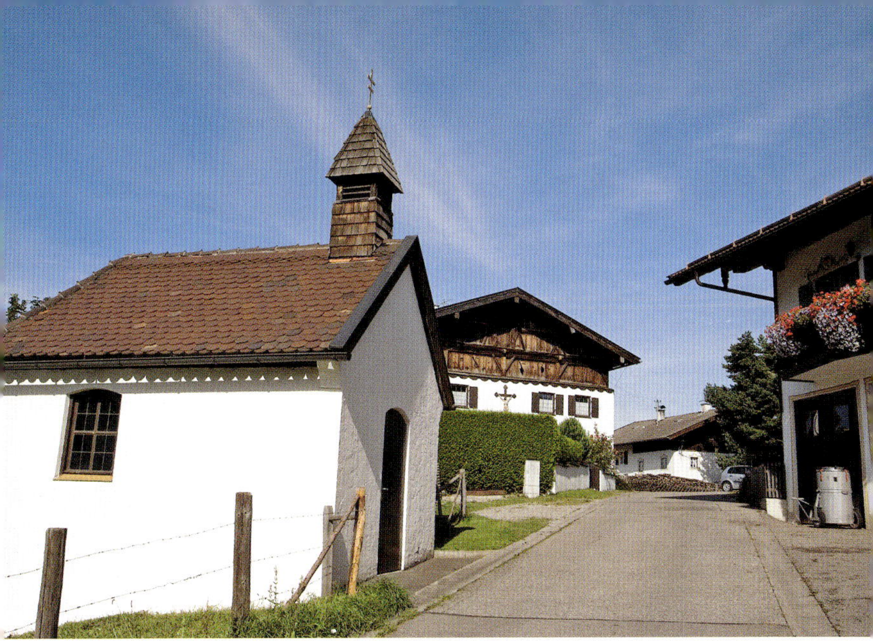

Der Weiler Steigrain.

Vom Parkplatz folgen wir der Erlestraße Richtung Bahnlinie. Vor der Unterführung biegen wir rechts ab und folgen geradeaus dem Fußweg an den Gleisen. Dann gehen wir links über den Bahnübergang, die Steigrainer Straße aufwärts und schließlich rechts haltend zum Weiler Steigrain.

Der Name ***Steigrain (1)****, 844 m, beschreibt einen Weiler auf einer Anhöhe, auf den ein Steig (heute natürlich eine Straße) führt. Die Kapelle zum Hl. Kreuz wurde 1955 an der Stelle einer früheren Kapelle erbaut.*

Wir wandern zwischen den Bauernhöfen hindurch, an der Kapelle vorbei und weiter auf dem Sträßchen Richtung Jägerhaus (wunderbarer Bergblick auf die Bergketten zwischen Benediktenwand, Heimgarten und Estergebirge über dem Murnauer Moos). Ein Stück nach Steigrain passieren wir rechter Hand den Hof des Hairerbauern (»Hoarabauer«) mit eigener Kapelle (heutiger Bau von 1909), die Ursprünge des Hofes gehen auf das Jahr 1296 zurück. Kurz darauf zweigen wir links auf eine Forststraße ab (Schild »Grub/Sprittelsberg«). Bald danach schickt uns die gleiche Tafel wieder links auf einen Wiesenweg. Dieser führt uns etwas steiler bergab in einen waldigen Graben mit Brombeersträuchern. Dort erreichen wir eine Forststraße, die uns links wieder zur Teerstraße führt. Auf dieser halten wir uns zunächst links, kurz danach rechts, hinauf zum Weiler Grub.

Der Name ***Grub (2)*** *bedeutet »Grund oder Tal« (entsprechend bedeutet Kohlgrub den Talboden, die Grub am Bergfuß, an dem Holzkohle aus den Wäldern gewonnen wurde). In Grub wurden schon 1280 erstmals Bauern-*

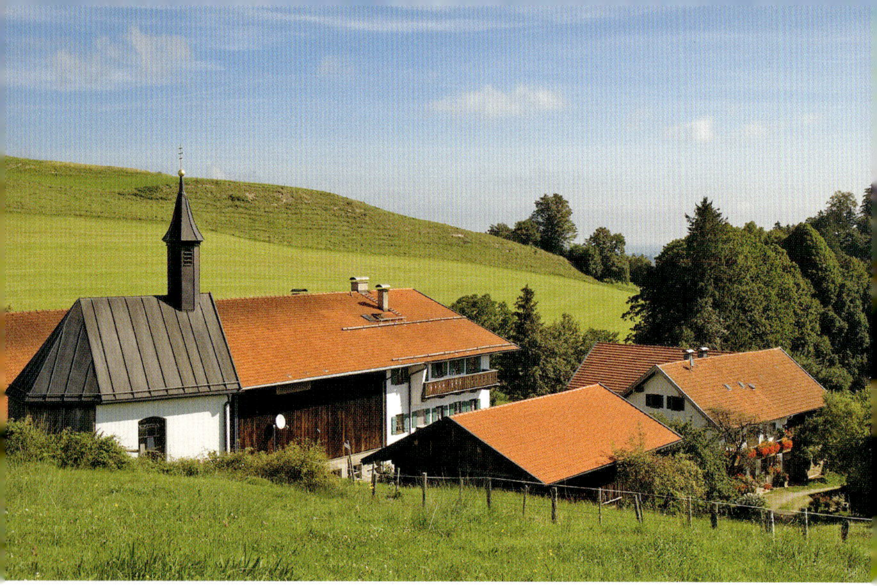

Grub mit der Kapelle.

höfe erwähnt. Die Kapelle, geweiht dem heiligen Johannes dem Täufer, stammt von 1795 (erneuert 1878). Durch die Verglasung erblicken wir den Altar mit Rokoko-Schnitzereien und die Johannesfigur.

Vor einem großen Bauernhof geht es links hinauf zur Kapelle. An der Wand des Bauernhauses weist uns anschließend ein Schild »Sprittelsberg« links um den Hof herum, wieder etwas abwärts, dann geht es links haltend auf einer Forststraße aus Grub hinaus. Diese durchquert schöne Wiesen, geht dann wieder in einen kleineren Weg über, der durch Wald absteigend nach Sprittelsberg führt.

***Sprittelsberg (3)**, 787 m, tiefstgelegener Kohlgruber Weiler, wurde vermutlich vom nordöstlich gelegenen Staffelsee her besiedelt, daher die Bezeichnung »Berg«. Auch hier standen 1280 die ersten Höfe. Das heutige Dorfbild lebt von den Malereien und Inschriften an den ältesten der heute sieben Häuser, vom Blumenschmuck und nicht zuletzt von der außen einfach anmutenden, hölzernen Marienkapelle von 1785. Im farbenfrohen Innenraum faszinieren die in ihrer Art seltene und originelle frühklassizistische Architekturmalerei, die holzgeschnitzten Engel und das Altarbild, Raffaels »Madonna della Sedia« in Florenz nachempfunden. 2000 wurde die Kapelle mit Unterstützung des Denkmalschutzes restauriert.*

Wir verlassen Sprittelsberg gen Norden auf der Teerstraße, die zunächst weiter bergab führt. Bei einem Schild zweigen wir links auf eine Forststraße ab (Schild »Waldschlucht«). Durch Wiesen und Wald erreichen wir eine nächste ausgeschilderte Verzweigung. Hier ist ein Abstecher rechts zum Rantscher Weiher möglich, einem stillen Moorsee. Unsere Route führt weiter geradeaus, bei einer nächsten Verzweigung nach rechts (Schild »Wäldle/Bad Kohlgrub«). Unser Sträßchen führt nun freier entlang von Wiesen, eine nächste Abzweigung lassen wir rechts liegen, bis ein schmaler Fußweg rechts abzweigt (Schild »Vorderkehr«). Diesem und dem anschließenden Forststräßchen folgen wir ansteigend zum Weiler Vorderkehr (Blick auf Staffelsee und Alpen im Osten).

***Vorderkehr (4)**, 845 m, liegt wie sein westlicher (»hinterer«) Nachbar Hinterkehr auf einer sonnigen Anhöhe, die nach Norden steiler abfällt. Von Bad Kohlgrub aus besehen bildet sie einen Eckpunkt, quasi eine Wendung/Kehre. In der spitztürmigen Kapelle erblicken wir eine hölzerne Madonna, die auf das frühe 18. Jahrhundert zurückgeht.*

Wir folgen nach der Kapelle der Teerstraße nach links abwärts und durchqueren die Wiesen mit schönem Blick auf die Ammergauer Alpen und die Hinterkehrer Anhöhe rechts. Erste Abzweigungen nach rechts ignorieren wir, dann folgen wir dem Schild rechter Hand zur St.-Rochus-Kapelle. Der heutige Bau stammt von 1733 und geht auf eine Pestkapelle von 1633 zurück. Hinter der Kirche folgen wir der Straße links zum Bahnübergang. Unmittelbar nach den Gleisen führt uns ein Fußweg links bergab, dann erreichen wir rechts haltend über die nächste Teerstraße wieder unseren Parkplatz.
Es lohnt sich, noch eine Runde durch das ***Bad Kohlgruber Ortszentrum (5)*** zu machen. Vom Parkplatz gehen wir rechts zur Durchgangsstraße. Dort halten wir uns links und erblicken oberhalb die Pfarrkirche St. Martin von 1342. Ihre heutige Gestalt erhielt sie 1722–29, im Inneren strahlt in barockem Stil Stuck der Wessobrunner Schule, wie in einigen anderen Kirchen

Im Inneren der Kapelle Sprittelsberg.

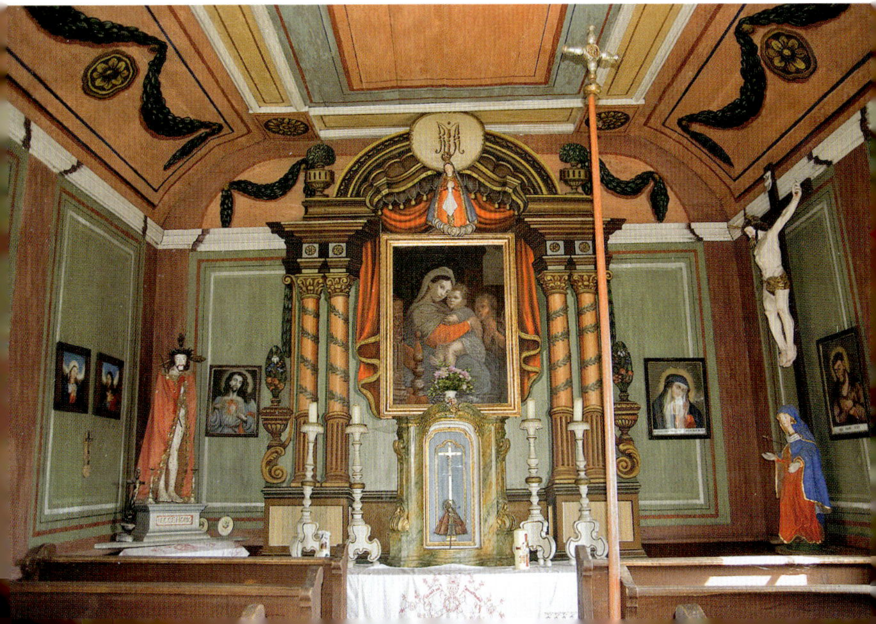

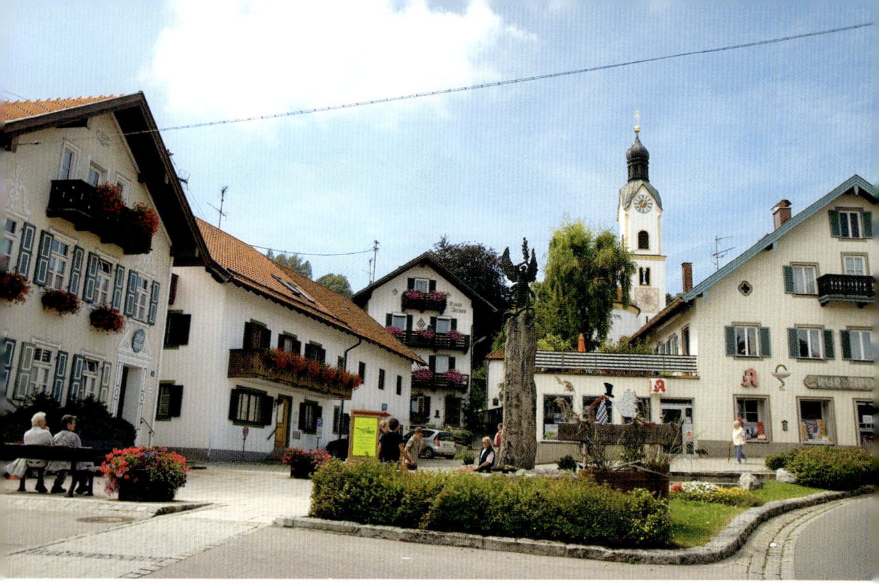

Im Ortszentrum von Bad Kohlgrub.

der Region. In der Biegung der Hauptstraße (hinter dem Kriegerdenkmal von 1964) lohnt sich ein kurzer Abstecher rechts Richtung Touristinformation. Hier sehen wir auf der rechten Seite eines der ältesten Häuser im Ort, das Jagerhaus mit Zierbundgiebel und Lüftlmalerei aus dem 18. Jahrhundert. Vom Ende des Lüßwegs gelangt man in den Kurpark. Die heilende Wirkung des Bad Kohlgruber Bergkiefern-Hochmoors wird seit dem 19. Jh. für Kuren verwendet, seit 1948 trägt Kohlgrub den Badtitel und ist heute einer der erfolgreichsten Kurorte in Oberbayern.

Nun folgen wir weiter der Hauptstraße. Wir passieren die mächtige Dorflinde, 1735 gepflanzt. Rechts davon steht das Haus Schatzloch mit originellem Freskengemälde über die im Alpenraum weit verbreitete Sage vom »Venediger Mandl«, auf der anderen Straßenseite das »Haus zum Fuchs« von 1755. Von der Hauptstraße zweigen wir dann wieder links ab, und erreichen über die Steigrainer Straße und Erlestraße immer links haltend den Parkplatz. (ÖPNV-Nutzer folgen der Steigrainer Straße und vor dem Bahnübergang dem kleinen Fußweg rechts der Gleise zum Bahnhof.)

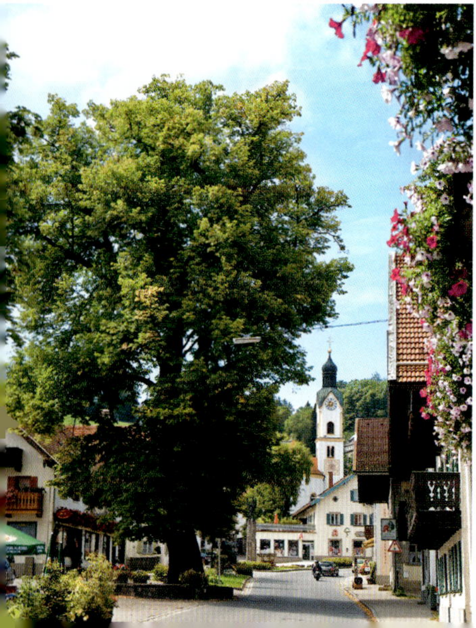

Die 1735 gepflanzte Dorflinde.

Die Wetzsteinmühlen von Unterammergau

Altes Ammergauer Handwerk

Zunächst unscheinbar, doch beschaulich lieblich wirkt der kleinere Nachbar Oberammergaus. Jahrhundertelang war die Wetzsteinmacherei Unterammergaus bescheidene Wohlstandsquelle. Wir spüren dieser alten Handwerksarbeit auf Wiesenwegen und felsigen Steigen nach und erkunden traditionsreiche Kirchen und schmucke Häuser in und um den Ort.

KURZINFO

Ausgangspunkt: Parkplatz an der Kappelkirche, nördlich von 82497 Unterammergau.
Anreise Pkw: A 95 München–Garmisch, bis Oberau, auf die B 23 und über Oberammergau nach Unterammergau. Von Richtung Augsburg auf der B 17 Richtung Füssen, später auf der B 472/B 23 nach Unterammergau. Am nördlichen Ortsende steht oberhalb die Kappelkirche und vor ihr der Parkplatz.
Anreise ÖPNV: Bahnlinie München–Garmisch/Innsbruck. Umsteigen am Bahnhof Murnau nach Unterammergau. Vom Bahnhof nördlich über den Kappelweg zum Parkplatz an der Kirche.
Gehzeiten/Streckenlänge: 3–3.30 Std./10 km.
Höhenunterschied: 250 Meter.
Anforderungen: Wenig bis nicht befahrene Teer- und Forststraßen, leichte Steigungen. Auch für geländetaugliche Kinderwagen. Nur die Runde über die Schleifmühlenklamm (kann ausgelassen werden) führt über einen steileren, felsigen Steig mit Stufen, Geländern und Brücken (bei Nässe rutschig!).
Einkehrmöglichkeiten: Im zweiten Teil der Tour Gasthof Schleifmühle mit dem Museum und schöner Terrasse. Im Ortszentrum am Ende der Gasthof Stern.
Sehenswürdigkeiten: *Schneiderla Schleifmühle*: geöffnet ab Pfingstmontag (Deutscher Mühlentag) bis Sept. jeden zweiten Samstag im Monat, ab 13 Uhr oder auf Anfrage, ammergauer-alpen.de/unterammergau/wetzstein-herstellung, Tel. +49 8822 922740. Zukünftig soll es ab der Schneiderla Schleifmühle Führungen hinauf zu den ehemaligen Wetzsteinbrüchen mit restaurierter Bruchhütte und Aussichtspunkt geben. Der steile Steig ist jetzt schon ausgeschildert, aber ohne Führung nicht so attraktiv: ammergauer-alpen.de/poi/ammergauer-wetzstein-brueche.
Wetzsteinmuseum im Gasthof Schleifmühle: geöffnet wie Gasthof, Eintritt frei. Liftweg 2, Tel. +49 8822 1323, gasthof-schleifmuehle.de.
Dorfmuseum im Ortszentrum: Ende Mai–Anfang Oktober samstags 17–19 Uhr und auf Anfrage geöffnet, Eintritt frei. Dorfplatz 7, hak-unterammergau.de/Museum.html, Tel. +49 8822 6400 (Touristinfo).
Tipp für Kinder: Spannende Schleifmühlenklamm (etwas Vorsicht am felsigen Weg!). Sommerrodelbahn an den Steckenberg-Liften.

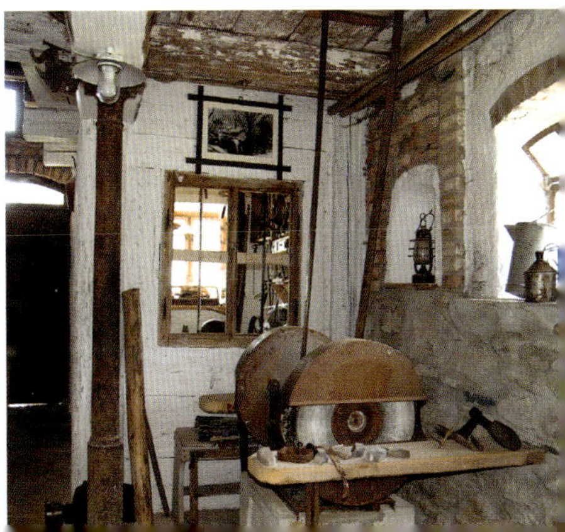

Im Wetzsteinmuseum am Gasthof Schleifmühle kann man unter anderem einen original erhaltenen Schleifraum besichtigen.

Vom Parkplatz spazieren wir zunächst hinauf zur weithin sichtbaren Kappelkirche, auf einer Anhöhe inmitten von Wiesen am Fuße des Hörnle gelegen.

*Die **Wallfahrtskirche Heilig Blut (1)** (Kappelkirche) ist die Ammertaler Kirche mit der wohl längsten Tradition. Legenden berichten über die Einsiedelei des Welfen Eticho im 10. Jahrhundert an dieser Stelle und gar die frühe Gründung eines Klosters (das später nach Rottenbuch verlegt worden sein soll). Gesichert ist der Bestand einer Kapelle mit dem noch heute bestehenden spitzen Turm seit 1450 – errichtet aus Anlass eines »wunderbaren Ereignisses«. Ihr Wallfahrtsheiligtum ist allerdings im Spanischen Erbfolgekrieg 1703 durch Raub verloren gegangen und wurde 1734 durch die heutige Heilig-Blut-Reliquie aus Italien ersetzt. Der heutige Kirchenbau entstand durch Anbau des Langhauses im Jahr 1619 und die Ergänzung des Chores durch den Wessobrunner Johann Schmuzer 1680. Im Inneren erstrahlen die großflächigen Deckenfresken des Oberammergauer Lüftlmalers Franz Seraph Zwinck (1779), die zusammen mit dem Hochaltarbild Kreuz und Leiden des Erlösers darstellen, geziert von Wessobrunner Stuck.*

Wir gehen zurück zum Parkplatz und weiter zur Bundesstraße. Diese überqueren wir und setzen unseren Weg jenseits auf einer kleineren Straße fort. Sie führt uns nach rechts und bald nach links abzweigend über die Bahnlinie in den Weiler Scherenau. Zwischen alten Höfen steht die hübsche Dorfkapelle aus dem 18. Jahrhundert. Vor der Kapelle zweigen wir rechts ab (Schild »Waldalm«) und folgen einem Sträßchen bis zu einem Waldstück. Noch vor dem Fluss biegen wir links (kleines blaues Schild am Baum) auf einen raueren Forstweg ab. Nach gut 300 Metern führt rechts ein schmaler Fußweg weiter, der später wieder die Forststraße erreicht. Bei der Jugendherberge halten wir uns links abwärts und erreichen auf einem Teersträßchen linker Hand die kleine Kapelle **St. Nikolaus im Winkl (2)** aus der zweiten Hälfte des 19. Jahrhunderts. Unter zwei Linden steht sie, vor ihr eine Betbank. Wenig später passieren wir eine Kriegsgedächtniskapelle aus neuerer Zeit, ehe sich unser Sträßchen mit zwei anderen von rechts und links kommenden vereinigt. Kurz danach vor einer Brücke zweigen wir rechts auf eine Forststraße ab, die uns leicht ansteigend in Richtung der Bergmassive führt (im Hintergrund der Sonnenberggrat, 1622 m). Eine erste Brückenabzweigung lassen wir links liegen, der zweiten folgen wir zu einem kleinen Parkplatz. Wir spazieren nun auf der

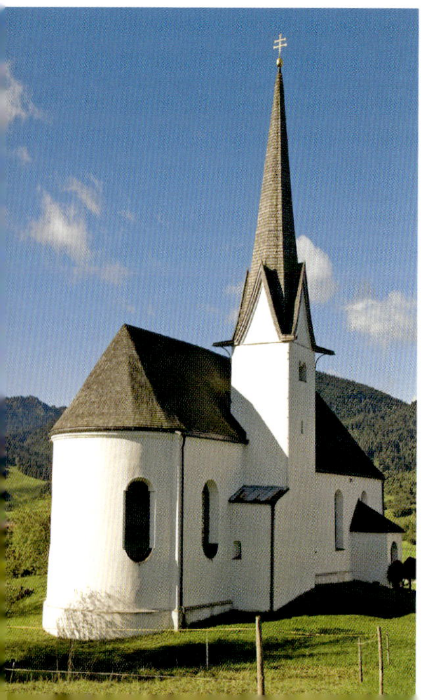

Wallfahrtskirche Heilig Blut.

Teerstraße rechts aufwärts, bald vorbei an einem großen Parkplatz, und erfahren nun viel Interessantes über die Tradition der Wetzsteinmacherei.

*Die **Wetzsteinmacherei (3)** an der Schleifmühlenklamm geht auf das 15. Jahrhundert zurück, in dem vergeblich nach Gold und Silber geschürft wurde. Dafür wurden kieselsaure Einlagerungen in mergeligem quarzhaltigem Kalkstein gefunden, wie sie nur hier im Umland an den geologischen Übergangszonen des Nordalpenrandes vorkommen. Aus diesem Material lassen sich durch Zusägen, Behauen (»Becken«) und Schleifen scharfe, feste Wetzsteine herstellen, die zum Schärfen von Sensen, Sicheln und Werkzeugen benötigt wurden. Den Höhepunkt erreichte die Unterammergauer Wetzsteinmacherei, welche meist Bauern im »Nebenerwerb« im Herbst verrichteten, im 19. Jahrhundert. In manchen Jahren wurden über 200.000 Wetzsteine abgesetzt, es existierten rund 50 Steinbrüche und 30 durch Wasserkraft betriebene Schleifmühlen. Nach dem Zweiten Weltkrieg starb das Handwerk aus.*

Das Sträßchen führt uns weiter aufwärts. Bald steht rechts die kleine Schleifmühlkapelle, 1700 von den Wetzsteinmachern erbaut, 1995 restauriert. Dahinter folgen wir rechts dem Wegweiser »Wetzstoamacherei«. Der Forstweg führt zur wieder instandgesetzten »Schneiderla Schleifmühle«, in der bei regelmäßigen Vorführungen im Sommer gezeigt wird, wie einst die Wetzsteine entstanden. Danach wird aus dem Sträßchen ein steiler Steig, Geländer und Brücken sichern ihn ab. Wir passieren wildromantische Gumpen, Sturzbäche und Wasserfälle. Oberhalb der Klamm wurde früher das Wetzsteinmaterial in steilen Steinbrüchen abgebaut (Weg/mögliche Führungen hinauf siehe Kurzinfo). Am oberen Klammende erreichen wir wieder eine breite Forststraße (sie zieht rechts in 2 Stunden zu den schön gelegenen Pürschlinghäusern auf 1554 Metern Höhe hinauf, ehemalige Jagdhäuser von König Ludwig II. und heute bewirtschaftete Hütte. Ihr Besuch lohnt als eigene Tagestour, auch in Kombination mit den benachbarten Gipfeln). Wir folgen der Forststraße

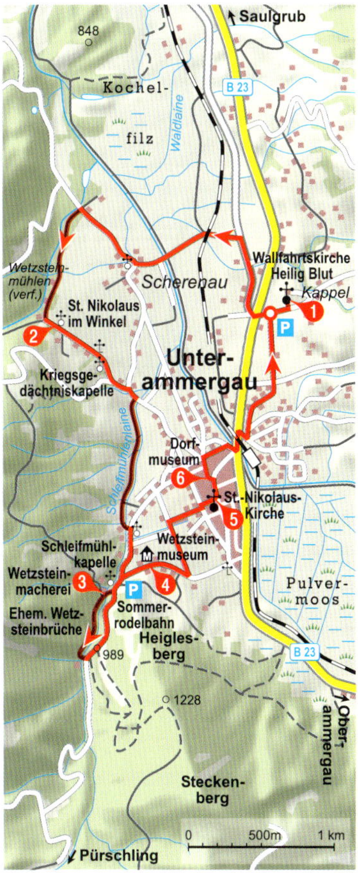

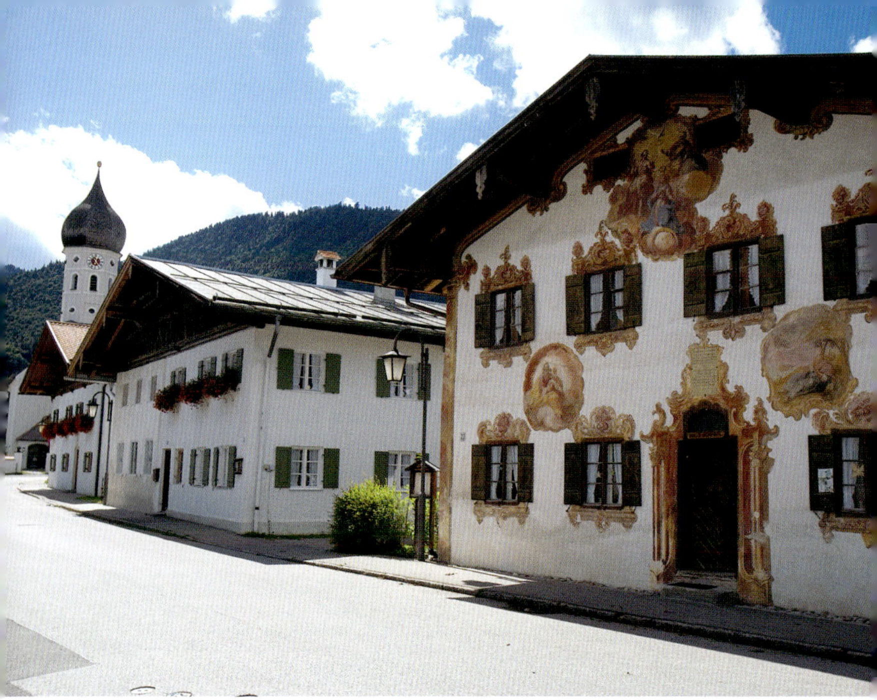

Lüftlmalereien an den Häusern der Dorfstraße: Unterammergaus schmucker Ortskern.

links abwärts und erreichen bei der Schleifmühlkapelle wieder den Hinweg. Beim großen Parkplatz folgen wir der rechten Straße abwärts zum Gasthof Schleifmühle mit **Wetzsteinmuseum (4)**. Neben der Terrasse sind hier ehemalige Wetzsteinhütten wieder aufgebaut bzw. nachgebaut. Wir können einen Schleifraum und eine Beckhütte (»Becken« = Zuschlagen der Steine) inspizieren sowie ein 3,5 Meter großes Wasserrad bewundern. Anschließend folgen wir dem Sträßchen weiter hinab (rechts die Steckenberg-Skilifte, in der warmen Jahreszeit mit Sommerrodelbahn). Wir folgen nach den Liften der nächsten Abzweigung links, dann wieder nach rechts, direkt in den Ort Unterammergau und zu seiner Pfarrkirche. Die **St.-Nikolaus-Kirche (5)** entstand in ihrer heutigen Gestalt mit dem Zwiebelturm 1710, die Vorgängerkirche geht auf das 12. Jahrhundert zurück. Einmal mehr erfreut im Inneren prächtiger Rokoko-Stil. Von der Kirche aus folgen wir links der Dorfstraße, die uns an schönen alten Unterammergauer Häusern mit Lüftlmalereien vorbeiführt. Wo die Dorfstraße rechts biegt, halten wir uns geradeaus weiter am Dorfplatz entlang. Links steht das **Dorfmuseum (6)** des Historischen Arbeitskreises. Im Inneren geht es um die Wetzsteinmacherei, aber auch um Archäologie und Ortsgeschichte. Am Gasthof Stern wenden wir uns nach rechts zur Bundesstraße. Neben ihr gehen wir kurz nach links über die Bahngleise (für ÖPNV-Nutzer ist hier gleich rechts der Bahnhof), dann nach rechts, die Bundesstraße querend, und anschließend links haltend auf dem Kappelweg zurück zum Parkplatz.

Oberammergauer Runde

Heimat der Passionsspiele und Holzschnitzer

Weltberühmt ist Oberammergau durch die alle zehn Jahre stattfindenden feierlichen Spiele zur Passion Christi. Ein Ortsbummel durch das oberbayerische Kleinod lässt uns alte Häuser mit ihren Lüftlmalereien und die Schätze des heimischen Museums bestaunen. Und mit etwas Glück können wir den Holzbildhauern und Schnitzern bei ihrem traditionellen Kunsthandwerk direkt über die Schulter schauen.

KURZINFO

Ausgangspunkt: Parkplatz am Bahnhof in 82487 Oberammergau.
Anreise Pkw: A 95 München–Garmisch, bis Oberau, dort auf die B 23 und über Ettal nach Oberammergau. Von Richtung Augsburg auf der B 17 Richtung Füssen, dann auf der B 472/B 23 nach Oberammergau. Von der Bundesstraße den Abzweigungen in den Ort folgend zum Bahnhof.
Anreise ÖPNV: Bahnlinie München–Garmisch/Innsbruck. Umsteigen am Bahnhof Murnau nach Oberammergau. Busverbindung von Garmisch über Oberau und Ettal nach Oberammergau.
Gehzeiten/Streckenlänge:
1–1.30 Std./3,2 km.
Höhenunterschied: 70 Meter.
Anforderungen: Teerstraßen/Gehwege, zum Teil Fußgängerzone, zur Kreuzigungsgruppe steilerer Kiesweg (bedingt auch für Kinderwagen).
Einkehrmöglichkeiten: Gasthäuser im Ort. Traditionsreiche Häuser sind das Hotel Alte Post und das Hotel Wittelsbach.
Sehenswürdigkeiten: *Oberammergaumuseum und Passionstheater:* Anf. April bis Anf. Nov. Dienstag bis Sonntag 10–17 Uhr. Im Winter bei allen meist unterbrochene oder verkürzte Öffnungszeiten (nachfragen!). Eintritt: Kombiticket 6 €, ermäßigt 5 €, Kinder 2 € (einzeln billiger), Tel. Museum +49 8822 32440, Tel. Passionsspielhaus +49 8822 32400. Alle Öffnungszeiten unter: oberammergaumuseum.de (→ »Besuch«). Für Theaterspielpläne: passionstheater.de (Tel. +49 8822 9458888). Die Lebende Werkstatt (Eintritt frei) im Pilatushaus hat z. T. eigene Öffnungszeiten (Tel. +49 8822 949511).

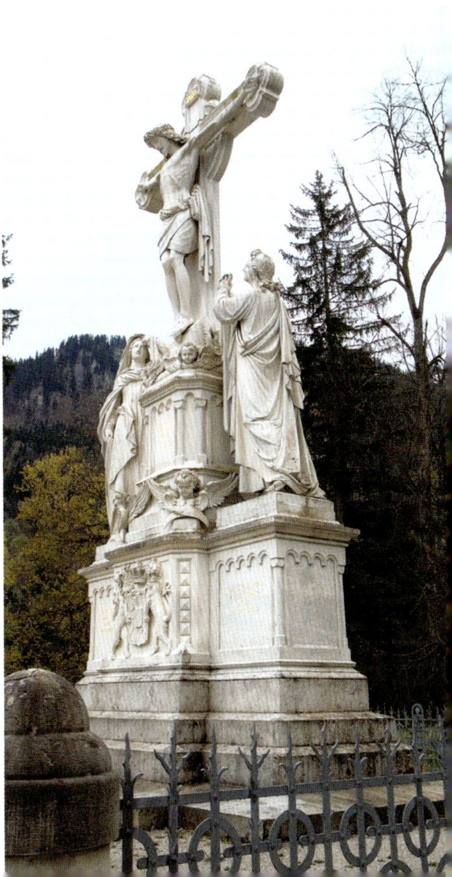

Die über zwölf Meter hohe Kreuzigungsgruppe in Marmor – ein Geschenk König Ludwigs II. an die Oberammergauer.

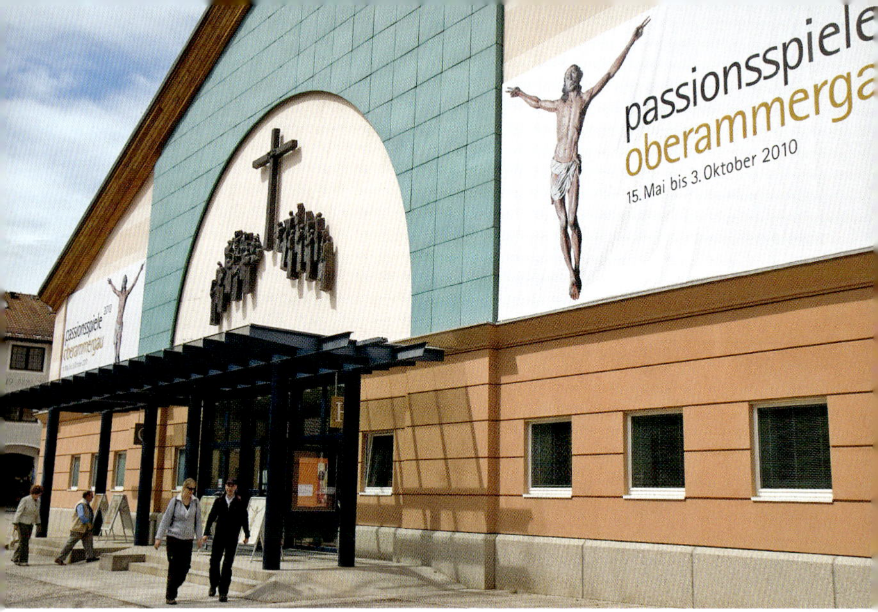

Seit 1830 mehrfach ausgebaut: das Passionsspieltheater von Oberammergau.

Vom Bahnhof aus folgen wir der Bahnhofstraße gen Osten. Nach der Ammerbrücke erreichen wir das Ortszentrum und biegen links in die Othmar-Weis-Straße ein.

Wenig später erblicken wir schon das ***Passionstheater (1)****. 1830, rund 200 Jahre nach der ersten Aufführung der Oberammergauer Passionsspiele (siehe Infokasten) wurde hier die erste Bühne erbaut. Trotz mehrfacher Aus- und Umbauten und der Überdachung des Zuschauerraums blieb die Freilichtbühne erhalten. Heute bietet das Theater 4720 Sitzplätze. Alle 10 Jahre finden hier die Passionsspiele statt, aber auch in den Zwischenjahren wird das Haus immer wieder zum Schauplatz hochwertiger kultureller Veranstaltungen. Im Theaterfoyer gibt es eine Ausstellung und man kann einen Blick in die Zuschauerhalle und zur Bühne werfen.*

Beim Verlassen des Gebäudes halten wir uns links und biegen rechts haltend in den Devrientweg ein. Auf ihm erreichen wir wieder das Ortszentrum.

Links gegenüber bei Dorfstraße 8, lohnt ein Eintritt in das ***Oberammergaumuseum (2)****. Im Erdgeschoss beeindruckt der Krippenraum. Unter den verschiedenen großen Krippen fällt besonders die mehrere Meter lange Historische Oberammergauer Kirchenkrippe mit rund 200 Figuren auf. Die Schnitzer des Orts schufen dieses Wunderwerk über einen Zeitraum von 100 Jahren für die 1742 fertiggestellte Pfarrkirche. Im Obergeschoss finden sich Räume zur gut 500 Jahre alten Tradition der Holzbildhauer und Schnitzer in Oberammergau. Die reiche Sammlung von Exponaten reicht von Holzspielzeug über Kruzifixe (»Oberammergauer Herrgottschnitzer«) und*

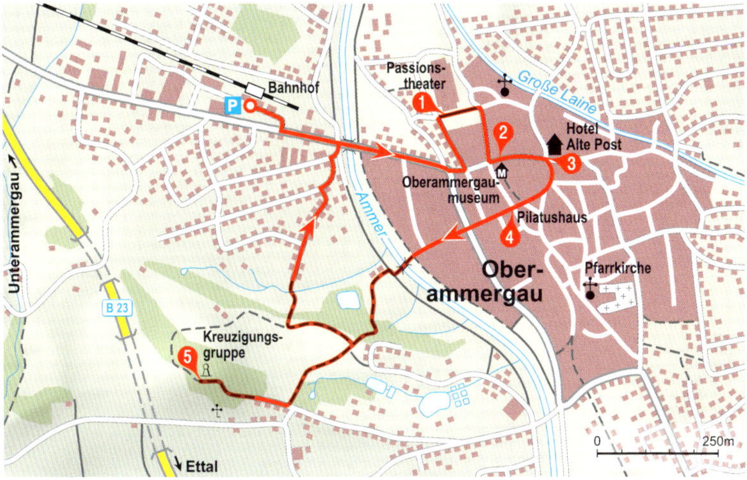

Heiligenfiguren bis zu modernen Kunstwerken. Noch heute arbeiten im Ort rund 60 aktive Holzbildhauer. Entsprechende Geschäfte und Läden finden sich an fast jeder Ecke.

Wir folgen links weiter der Dorfstraße und gelangen zum Dorfplatz. Links steht das **Hotel Alte Post (3)**, in seinem Kernbestand von 1612. Erika Mann, Tochter von Thomas Mann, logierte hier 1930 (▶ Tworek). Auch Thomas Mann verbrachte zu Beginn des 20. Jahrhunderts mit seiner Familie mehrmals die Sommermonate in Oberammergau. Wir halten uns rechts und passieren bei Dorfstraße Nr. 20 das Geburtshaus des bayerischen Schriftstellers Ludwig Thoma. Nach dem Haus folgen wir rechts der Verlegergasse.

Historische Kirchenkrippe im Oberammergaumuseum.

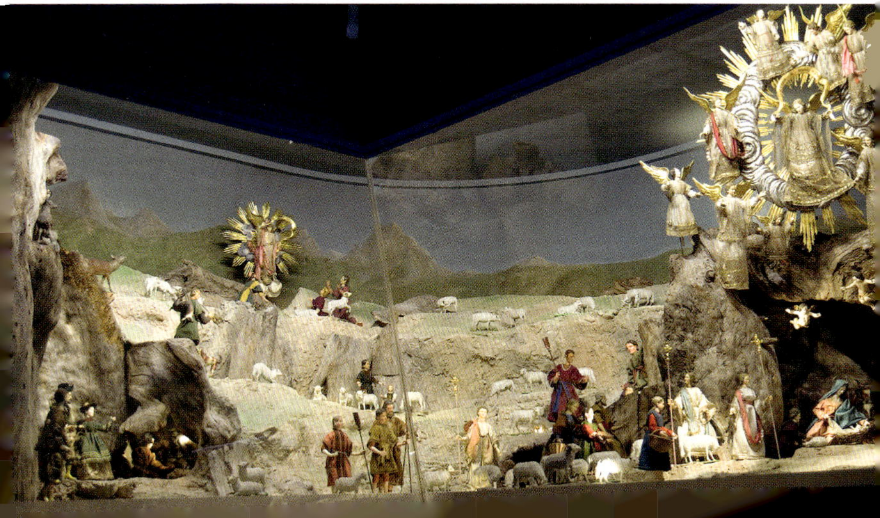

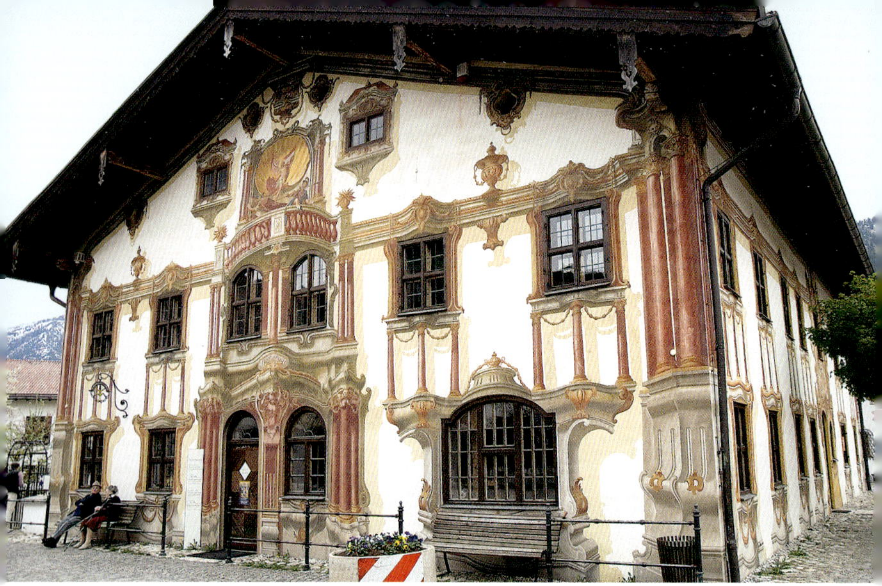

Das Pilatushaus in Oberammergau ziert meisterhafte Lüftlmalerei.

*Nach einigen Metern erblicken wir links das **Pilatushaus (4)**. Obgleich wir schon in der Dorfstraße Häuser mit wunderschönen Freskobildern erblicken konnten, bilden die Fassaden des Pilatushauses die Prunkstücke der Oberammergauer Lüftlmalerei. Der wohl bekannteste Lüftlmaler der Region, der Oberammergauer Franz Seraph Zwinck, schuf sie im 18. Jahrhundert. Diese Form der Fassadenmalerei ist neben dem benachbarten Tirol besonders hier im Werdenfelser Land berühmt geworden. Besonders schön ist die Rückansicht des Hauses vom südseitigen Garten aus. Im Inneren empfängt uns eine »Lebende Werkstatt«, wo wir Schnitzern und Kunsthandwerkern bei ihrer Arbeit zusehen können. Im ersten Stock finden wir eine sehenswerte Dauerausstellung der Hinterglasmalerei in der Region.*

Am Ende der Verlegergasse geht es geradeaus weiter in eine schmälere Straße, den Pürschlingweg. Rechts nach einer Holzbrücke über die Ammer mit schönem Blick auf das Oberammergauer Wahrzeichen, den Kofel (1341 m) mit seiner senkrechten Felswand, zweigt der Kiesweg zur Kreuzigungsgruppe ab (auch Schild »Pürschling«). Er führt Richtung Berge, dann in steileren Kehren durch Wald und Wiesen zum Ende der König-Ludwig-Straße. Von dort geht es rechts durch Wald noch einmal steil auf die Anhöhe des Osterbichl.

*Dort steht das über 12 Meter hohe und 58 Tonnen schwere Marmormonument der **Kreuzigungsgruppe (5)**. 1875 machte König Ludwig II. sie zum Geschenk an die Oberammergauer, da er vom Passionsspiel so fasziniert gewesen war.*

Nachdem wir den schönen Tiefblick auf den Ort genossen haben, folgen wir dem Weg zunächst zurück zur König-Ludwig-Straße. Wir gehen wieder links

ZUR GESCHICHTE DER OBERAMMERGAUER PASSIONSSPIELE

Nachdem die Pest 1633 Oberammergau heimgesucht hatte, gelobten die Dorfbewohner von nun an in jedem zehnten Jahr das Leiden und Sterben Christi aufzuführen, wenn kein Oberammergauer mehr an der Seuche sein Leben lassen sollte. Und tatsächlich, 1634 fanden die ersten Passionsspiele auf einer Bühne über den frischen Pestgräbern, direkt auf dem Friedhof, statt und der Ort hatte vom Tag des Gelübdes an keinen Pesttoten mehr zu beklagen. 1680 wurde auf die »geraden Zehnerjahre« umgestellt. Durch die Jahrhunderte hindurch kam es immer wieder zu Spielverboten durch die Politik, zu Diskussionen um den Text und die Darstellung des Judentums. Dennoch hielt der Ort immer an der Tradition fest, die sich verschiedenen Reformen in moderner Zeit aber nicht verschließen konnte und mittlerweile auch zu einem finanziell bedeutsamen, international beachteten Großereignis geworden ist. Zuletzt (2022, aufgrund der Pandemie) besuchten über 400.000 Besucher mehr als 100 Auftritte in fünf Monaten. Seit 1990 dürfen auch verheiratete und ältere Frauen mitspielen, doch immer gilt die Regel: Alle mitwirkenden Darsteller, Orchestermitglieder und sogar Platzanweiser müssen in Oberammergau geboren oder seit mindestens 20 Jahren dort wohnhaft sein. 2030 stehen die nächsten Spiele an, doch auch bis dahin finden jährlich großartige Theatervorstellungen und musikalische Veranstaltungen im Passionstheater statt.

hinab, am Waldkindergarten vorbei, zweigen dann aber nach der Wiese links auf einen anderen Kiesweg ab. Der führt auf einem Wiesenkamm fast eben dahin, nochmals mit schönem Blick auf die Kreuzigungsgruppe und die dahinter aufragenden Felszacken des »Zahnmassivs«, dann rechts hinab in den Wald (einige Stufen) und zur Römergasse. Auf dieser halten wir uns immer rechts bis zur Bahnhofstraße, welche uns links zum Ausgangspunkt leitet.

Die Freilichtbühne des Passionsspieltheaters.

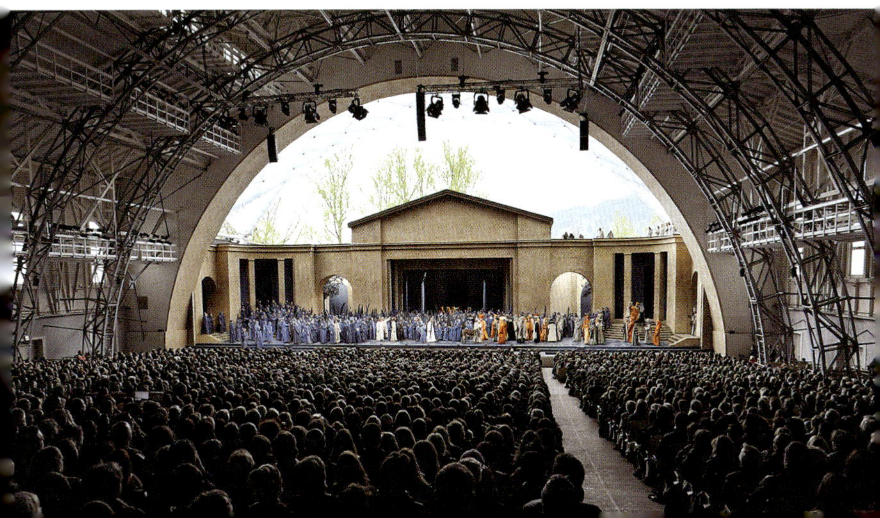

10 Schloss Linderhof und Brunnenkopf

König Ludwigs Lieblingsschloss und sein Jagdhaus

Im Herzen der Ammergauer Alpen ließ Ludwig II. eines seiner weltberühmten Märchenschlösser errichten – Linderhof. Den Besuch dort kombinieren wir mit einer Bergtour auf den Brunnenkopf, wo auch des Königs ehemalige Jagdhäuser thronen.

KURZINFO

Ausgangspunkt: Wanderparkplatz von Schloss Linderhof.
Anreise Pkw: Von der B 23 zwischen Oberau und Oberammergau bei Ettal abzweigen auf die Straße bis Schloss Linderhof. Dort ausgeschilderter Parkplatz.
Anreise ÖPNV: Busverbindung ab Oberammergau (Bahnhof der Bahnlinie Murnau–Oberammergau) nach Linderhof. Busverbindung auch ab Garmisch-Partenkirchen bzw. Oberau möglich und in Ettal (Haltestelle Klostergasthof) umsteigen.
Gehzeiten/Streckenlänge: 4–4.30 Std./10,2 km. Für das Schloss (Führung durch die Innenräume und Rundgang im Park) empfiehlt es sich, zusätzlich 1–1.30 Std. einzuplanen.
Höhenunterschied: 780 Meter.
Anforderungen: Breite, wenig steile Bergwege, nur zwischen Hütte und Gipfel steiler Steig mit einigen Felsen und Drahtseilsicherungen (Trittsicherheit erforderlich!).
Einkehrmöglichkeiten: Brunnenkopfhäuser (Deutscher Alpenverein, Übernachtung möglich, bewirtschaftet Mai–Oktober (exakten Saisonbeginn und -ende erfragen unter Tel. +49 175 6540155, brunnenkopfhuette.com). Gaststätte am Schloss.
Sehenswürdigkeiten: *Schloss Linderhof:* Täglich geöffnet: April–Mitte Oktober: 9–18 Uhr, Mitte Oktober–März: 10–16.30 Uhr (im Winter ist der Park geschlossen!). Ganz geschlossen am: 1. Januar, Faschingsdienstag, 24., 25. und 31.12. Eintritt: 10 € (Winter 9 €), nur Parkbauten 5 €, bis 18 Jahre frei. Laufend Führungen. Tel. +49 8822 92030, schlosslinderhof.de.

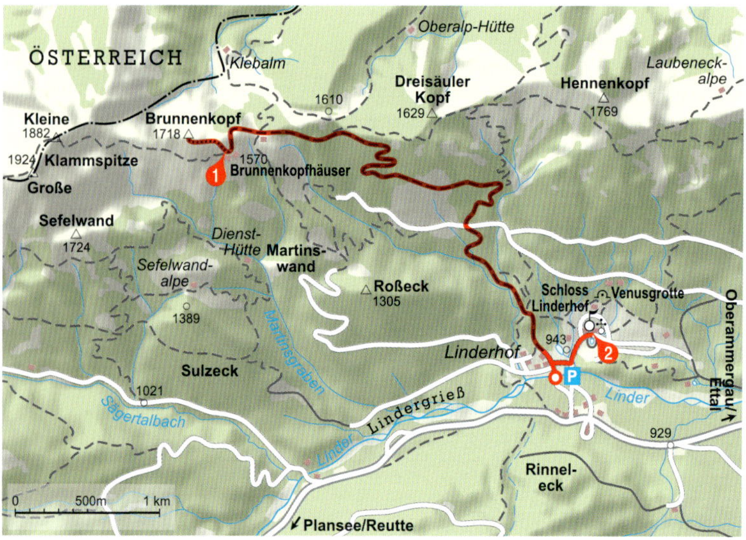

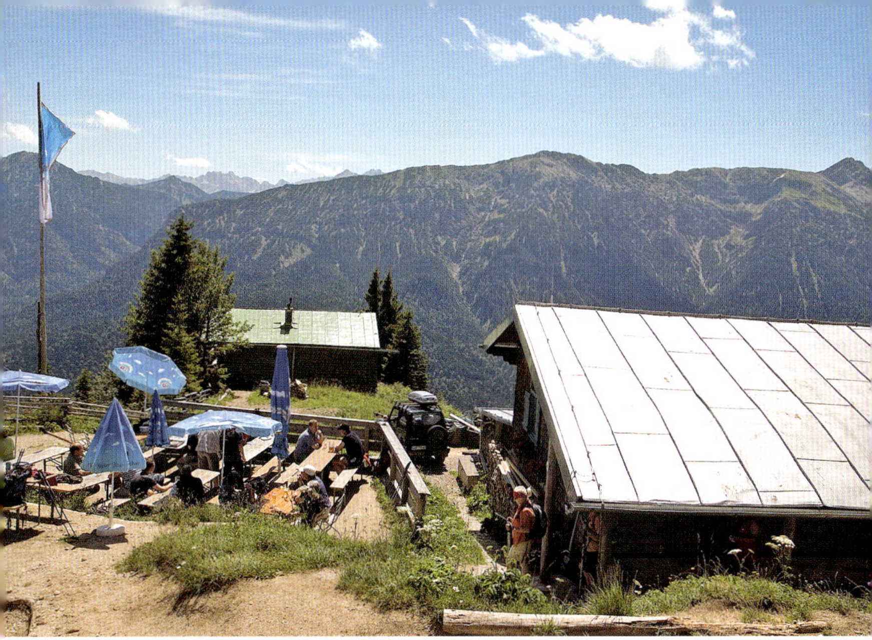

Die ehemaligen königlichen Jagdhäuser am Brunnenkopf.

Vom hinteren Teil des Parkplatzes zeigen uns Schilder den Weg zum Brunnenkopf rechts aufwärts. Der Anstieg erfolgt auf dem breiten Reitweg, den schon König Ludwig und sein Gefolge nutzten. Anfangs steigen wir durch Wald, weiter oben werden mehr und mehr Ausblicke frei. Schließlich sehen wir auf dem letzten Stück durch blumenreiche Grasflanken die auf einem Vorsprung thronenden Brunnenkopfhäuser (1602 m).

König Maximilian II. von Bayern ließ die **Brunnenkopfhäuser (1)** *1856 erbauen. Und wie dies auch bei den anderen Jagdsitzen des Vaters war, Sohn Ludwig II. nutzte sie hauptsächlich als romantische Zuflucht (»fern der profanen Alltagswelt und heillosen Politik«, Brief an Richard Wagner 1871). Ein schöner Ritt muss es gewesen sein, hinauf vom Schloss Linderhof. Die heutige gemütliche kleine Hütte (betreut vom Deutschen Alpenverein seit 1922) mit schöner Aussichtsterrasse stellte damals das Gesindehaus und den Stall dar. Das untere Haus (heute nicht zugänglich) war für den König bestimmt (▶ Praxmarer/Adam).*

Rechts oberhalb der Hütte leitet ein steiler Steig hinauf auf den 1718 Meter hohen Brunnenkopf. Kurz vor dem Gipfelkreuz wird es ein wenig felsig und ausgesetzt (Drahtseile). Oben aber bietet sich ein wunderbarer Rundblick, auch nach Norden auf das Alpenvorland und seine Seen. Im Süden blicken wir (wie von der Hütte) auf die zentrale Kette der Ammergauer Alpen mit der 2185 Meter hohen Kreuzspitze (links dahinter lugt das Wettersteingebirge mit der Zugspitze hervor). Der Abstieg führt zurück auf dem Anstiegsweg. Unten lohnt unbedingt ein Besuch des Schlosses.

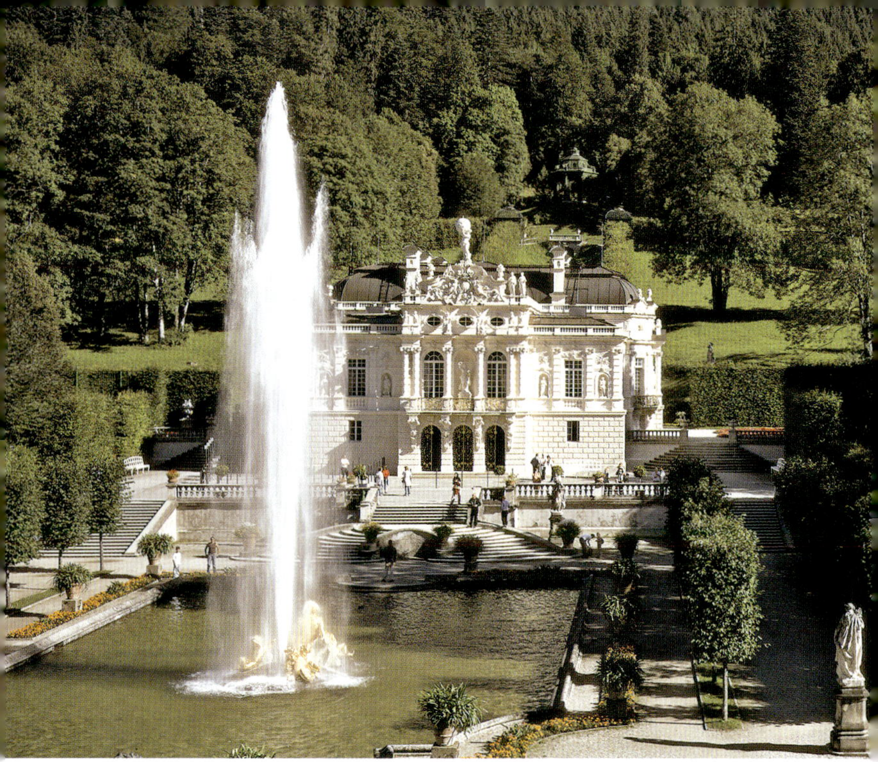

Schloss Linderhof mit dem großzügigen Park galt als Lieblingsschloss König Ludwigs II.

***Schloss Linderhof (2)** ist das kleinste der drei weltberühmten Schlösser Ludwigs II., gleichsam eine »königliche Villa«. Abgelegen im schönen Graswangtal im Herzen der Ammergauer Alpen, war Linderhof Lieblingsschloss des Königs. Begonnen wurde mit dem Ausbau des schon vorhandenen königlichen Forsthauses 1869–72, ehe 1874–77 das Schloss in der heutigen Form entstand. Die Vollendung eines nochmaligen Umbaus 1885/86 erlebte der König nicht mehr. Besonders bemerkenswert sind das prachtvolle Schlafzimmer und (wie auf Herrenchiemsee) der Speisenaufzug eines »Tischlein-deck-dich« für den menschenscheuen König. Ebenso sehenswert ist der großzügige Schlosspark, in welchen sich eine Reihe besonderer Bauwerke einbetten. Zu bewundern gibt es dort unter anderem die 25 Meter hohe Wasserfontäne und die Terrassengärten mit Rundtempel vor dem Schloss, den Neptunbrunnen und das Marokkanische Haus. Die Venusgrotte, eine künstliche und (schon damals) farbig beleuchtete Tropfsteinhöhle mit Seelein und Wasserfall, ist u. a. der Blauen Grotte von Capri nachgebildet (bis 2024 wegen Restaurierung geschlossen). Der König ließ sich auf dem See in einem Kahn in Form einer vergoldeten Muschel fahren. Den Maurischen Kiosk mit seinen minarettähnlichen Türmen hatte Ludwig II. erworben und mit einem Pfauenthron ausstatten lassen.*

Kloster Ettal in den Ammergauer Bergen

11

Vom Ritterstift zum Barockjuwel

Zwischen steilen Bergflanken eingebettet liegt das wegen seiner großen Kuppel schon weithin sichtbare Barockkloster von Ettal. Wir erkunden zunächst das Umland des Klosters mit Bergwald-Erlebnispfad und widmen uns dann dem prachtvollen Bau sowie der reichen Ettaler Geschichte von Mönchen, Rittern und Bierbrauern.

KURZINFO

Ausgangspunkt: Parkplatz im Mandlweg, 82488 Ettal.
Anreise Pkw: Über die A 95 München–Garmisch und die B 2 und B 23 über Oberau nach Ettal. Oder aus Richtung Schongau/Landsberg/Murnau auf der B 23 über Oberammergau nach Ettal.
Anreise ÖPNV: Busverbindung ab Oberammergau (Bahnhof der Bahnlinie Murnau–Oberammergau) und ab Oberau (Bahnhof der Bahnlinie München–Garmisch) nach Ettal. Aussteigen am Klostergasthof und ca. 400 Meter an der Hauptstraße Richtung Osten zum Mandlweg.
Gehzeiten/Streckenlänge: 2.30–3 Std./9 km.
Höhenunterschied: 200 Meter.
Anforderungen: Forststraßen und gute Waldwege. Meist geringe Steigung, an wenigen Stellen Stufen.
Einkehrmöglichkeiten: Gasthäuser am Kloster, auf dem Weg Ettaler Mühle.
Sehenswürdigkeiten: *Kloster Ettal:* Die Basilika ist täglich 8.30–18.30 Uhr geöffnet (Abweichungen bei Gottesdiensten). Führungen Mo+Do 15 Uhr, ca. 45 Min., 5 €. In der Liqueurmanufaktur Führungen Mo+Do 16 Uhr, 9 €. In der Brauerei Führungen inkl. Bierprobe Fr+Di 15 Uhr, 12 €. Bei allen Führungen kosten Jugendliche die Hälfte, Kinder bis 12 Jahre frei. Gruppenführungen gegen Anmeldung. Details unter kloster-ettal.de, Tel. +49 8822 740.
Schaukäserei: Geöffnet täglich 10–17 Uhr, außer Mo, Infotafeln, Film, Verkauf. Tel. +49 8822 923926, schaukaeserei-ettal.de.

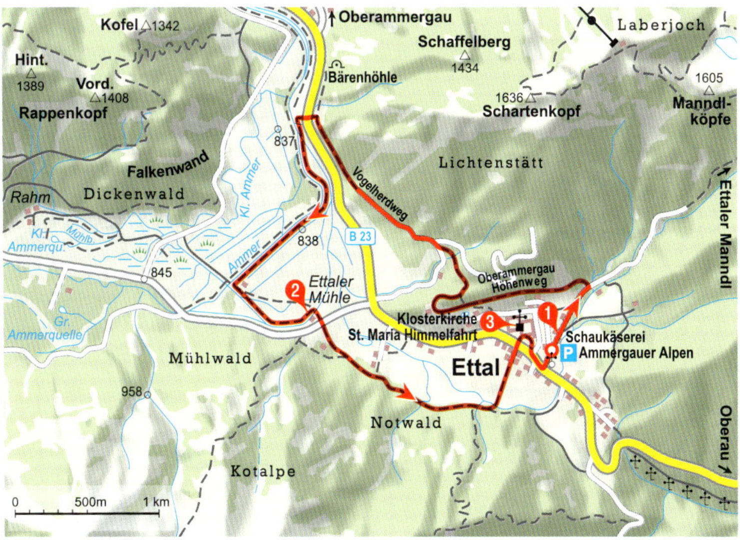

Vom Parkplatz folgen wir dem Mandlweg aufwärts zur Schaukäserei.

*Die **Schaukäserei Ammergauer Alpen (1)** wird seit 2005 von zahlreichen Landwirten aus dem nahen Umland und vom benachbarten Kloster unterstützt. Vor Ort kann man sich über den Prozess der Käseherstellung informieren.*

Wir folgen weiter den Wanderschildern rechts aufwärts und erreichen bald ein Kneipp-Tretbecken. Hier folgen wir links dem Schild »Oberammergau Höhenweg« (rechter Hand führt der Aufstieg auf den weit über die Region hinaus bekannten Ettaler Hausberg, das 1633 m hohe Ettaler Manndl, ein Felszahn mit kleinem Klettersteig). Der Höhenweg führt uns durch lichten Wald fast eben dahin und gibt immer wieder wunderschöne Tiefblicke auf die Klosteranlage frei. In der Folge gehen wir auf dem Ettaler Bergwald-Erlebnispfad, an dessen Holzwegweisern mit Steinadler-Symbol wir uns orientieren. Dabei passieren wir die Stationen Waldwandel und »Wer bin ich?« (dazwischen die Rückweg-Abzweigung ignorieren). Wir folgen weiter dem Adler-Symbol, vorbei an einer interessanten Station zum Schutzwald, dann rechts hinauf. Vorbei an einem Abstecher zu einer weiteren Station, geht es oben links zur Tannenbaum-Tafel, weiter zur »Ruheoase« und den Stationen »Wald und Wild«, »Wald und Wasser« und »Baumbegegnungen«. An der nächsten Verzweigung geht es erst rechts weiter, dann aber verlassen wir bei der folgenden Wegkreuzung den Bergwald-Erlebnispfad (er führt rechts aufwärts und zurück, im weiteren Verlauf zeigt er nur noch wenige Stationen) und folgen dem Oberammergau-Schild links. Auf der Forststraße geht es abwärts, dann ab auf einen schmäleren Weg, der zur Bundesstraße hinabführt. Unten geht es auf dem Weg an bzw. über der Straße weiter, zwischendurch über einige Stufen. Wenn wir wieder aus dem Wald hinaus an die Straße gelangen, verlassen wir den Weg und queren vorsichtig die Straße (rechts der Leitplanken) hinüber zum Schild, das uns in das Naturschutzgebiet Weidmoos leitet. Zu unterschiedlichen Jahreszeiten können wir hier eine artenreiche Flora bewundern und den Forellenbestand im Fluss der Ammer beobachten, die hier aus der Linder hervor geht. Bei den nächsten Abzweigungen folgen wir den Beschilderungen bis zur **Ettaler Mühle (2)**. 1701 vom Kloster als Sägemühle gegründet, laden heute Gaststätte und Biergarten die Besucher ein. Jenseits des Parkplatzes überqueren wir die Autostraße. Wir folgen nun immer den Wegweisern nach Ettal, erst auf dem Sträßchen zum Wald am Fuße der Notkarspitze und Ziegelspitze. Letztere weist auf die ehemalige Ziegelei des Klosters hin, deren Gebäude links unterhalb unseres Weges zu erkennen ist. Nach stetigem Auf und Ab auf einem Fußweg am Waldrand, der uns wieder schöne Blicke auf das Kloster, diesmal von Süden, ermöglicht, zweigen wir auf Höhe desselben links auf einen Wiesenpfad ab. Dieser führt uns geradewegs in den Ort und an die Hauptstraße. Thomas Mann verbrachte in Ettal Ende der Zwanzigerjahre drei Winterurlaube. Ettal und sein Kloster kommen später in seinem Roman »Dr. Faustus« (▶ Tworek) vor. Gegenüber der Hauptstraße betreten wir den Hof des Klosters und gehen rechts hinauf zur Kirche.

*Die **Klosterkirche »St. Mariä Himmelfahrt«** (3) basiert auf der innen noch sichtbaren zwölfeckigen Grundform der gotischen Klosterkirche von 1370. 1709 begann der barocke Umbau unter dem kurfürstlichen Hofbaumuster Henrico Zuccalli. Er wurde nach einem verheerenden Brand 1744 durch den Wessobrunner Baumeister Joseph Schmuzer fortgesetzt, fand aber erst im 19. und 20. Jahrhundert durch die Gestaltung der Fassaden und Türme ein vorläufiges Ende. Das prachtvolle Innere der Klosterkirche schufen im 18. Jahrhundert die besten (Wessobrunner) Stuckateure und (Tiroler) Freskanten, so das riesige Fresko im Inneren der Kuppel mit 431 Gestalten rund um den heiligen Benedikt, das hell wie ein »gemalter Himmel« den Raum überdeckt. Kontrastreich zeigt sich der eher dunkle und strenge Altarraum mit der Ettaler Madonna, die der Kaiser zur Gründung aus Italien mitgebracht hatte.*

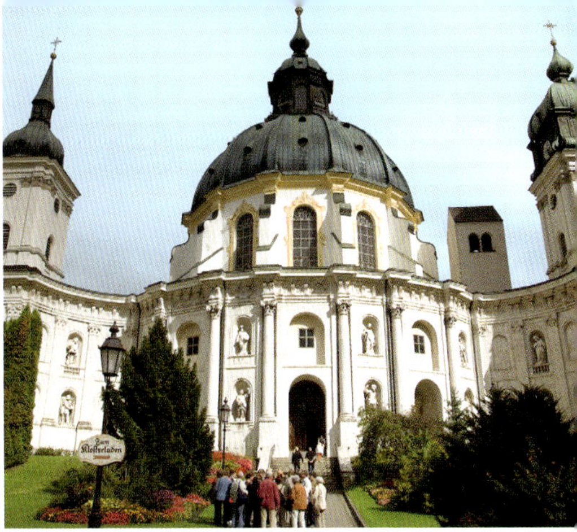

Im 18. Jahrhundert begann die prachtvolle barocke Umgestaltung von Kloster Ettal (mit freundlicher Genehmigung der Benediktinerabtei Ettal).

Wir verlassen den Klosterhof wieder und kehren am Rand der Hauptstraße ostwärts (links) zurück zum Parkplatz am Mandlweg.

KLOSTER ETTAL

Bildungs- und Brauereitradition

Kloster Ettal wurde 1330 von Kaiser Ludwig dem Bayern als »frawen ê-tal«, »das unserer Frau (Maria) angelobte Tal«, gestiftet. Zunächst bewohnten den gotischen Bau sowohl Mönche als auch Ritter. Das Ritterstift wurde im 14. Jh. wieder aufgelöst, im 18. Jh. als Ritterakademie zur Bildung adeliger Studenten allerdings wiederbelebt. Vor allem zwischen dem 16. und 18. Jh. war das Kloster ein beliebtes Wallfahrtsziel. Im 17. Jh. wurde die Brauerei und Destillerie gegründet, die bis heute verschiedene Biersorten und die berühmt gewordenen Ettaler Klosterliköre vertreibt. Nach der Säkularisation ging das Kloster in Staatsbesitz über und wurde 1900 wieder von Benediktinermönchen übernommen. Während des Zweiten Weltkriegs fanden die bekannten geistlichen Widerstandskämpfer, Pater Rupert Mayer und Pastor Dietrich Bonhoeffer, in Ettal zeitweise Zuflucht. Vor und nach dem Krieg führten die Benediktinermönche in der Tradition der früheren Ritterakademie das Bildungsanliegen Ettals fort und eröffneten ein Gymnasium und Internat.

12 Loisachtal

Auf den Spuren christlicher Traditionen und dunkler Sagen

Im Loisachtal haben sich Eschenlohe und Oberau ihren dörflichen Charakter bewahrt. Diese aussichtsreiche Wanderung mit stetem Zugspitzblick verbindet die beiden Orte, ihre traditionsreichen Kapellen und ehemaligen Burghügel sowie einen möglichen alpinen Abstecher zu einem sagenumwobenen Felsturm hoch über dem Tal.

KURZINFO

Ausgangspunkt: Ortszentrum von 82438 Eschenlohe. Endpunkt der Tour ist Oberau, von dort stündlich Rückfahrt mit der Bahn nach Eschenlohe (alternativ Rückweg zu Fuß).
Anreise Pkw: A 95 München–Garmisch, Ausfahrt Eschenlohe, in den Ort Eschenlohe und im Zentrum an der Kirche parken.
Anreise ÖPNV: Bahnlinie München–Garmisch/Innsbruck. Bahnhof Eschenlohe. Vom Bahnhof rechts haltend zum Ortszentrum (200 m).

Gehzeiten/Streckenlänge:
3–3.30 Std./11 km. Variante zur Teufelskapelle plus 1.30 Std. Rückweg Oberau-Eschenlohe zu Fuß (statt Bahn) plus 6,8 km/1.45 Std.

Höhenunterschied: 120 Meter. Variante zur Teufelskapelle plus 380 Meter.

Anforderungen: Wenig bis nicht befahrene Teer- und Forststraßen, an der Eschenloher St.-Nikolaus-Kapelle etwas steilerer Forstweg, und an der Oberauer St.-Georgs-Kirche ein kurzes Stück Stufen. Abstecher zur Teufelskapelle hingegen steiler, alpiner, nicht offiziell gepflegter Steig. Trittsicherheit und Bergerfahrung erforderlich (nicht bei Nässe oder nach starkem Regen!).

Einkehrmöglichkeiten: Gasthäuser in den Orten (Eschenlohe: »Alter Wirt« am Dorfplatz, »Zur Brücke« an der Loisachbrücke, Oberau: »Oberauer Alm« am Schmiedeweg nach dem Krippenmuseum) – auf dem Weg dazwischen keine!

Sehenswürdigkeiten: *Krippenmuseum Oberau:* Juli bis November: Mittwoch 13–17 Uhr, ab 1. Advent bis 1. Sonntag im Februar täglich außer Montag 13–17 Uhr. Eintritt: 3 €, Kinder bis 15 Jahre frei. Schmiedeweg 3, Tel. +49 8824 93973, info@oberau.de.

Tipp für Kinder: Bachlandschaft an den Sieben Quellen, für Ältere der abenteuerliche Abstecher zur Teufelskapelle.

Am Eschenloher Dorfplatz bewundern wir die spätbarocke **St.-Clemens-Kirche (1)**, erbaut 1764 bis 1782. Ein kurzes Eintreten lohnt sich! Anschließend spazieren wir links am Kriegerdenkmal vorbei, in Richtung auf die neue große Loisachbrücke. Vor der Brücke biegen wir rechts in die Garmischer Straße und auf den kleinen Fußweg daneben ein. Dieser führt uns am Fluss entlang mit schönem Blick auf das dahinter liegende Estergebirge mit dem Eschenloher Wahrzeichen, der Hohen Kiste (1922 m), und am Ende rechts zum Bahnübergang. Auf der Teerstraße überqueren wir die Gleise, folgen ihr kurz weiter und biegen nach einer Römer-Informationstafel rechts in eine mäßig ansteigende Forststraße ein (Wegweiser »Kalvarienberg«). Diese vereinigt sich bei einer schönen Aussichtsbank mit einem von unten kommenden Kreuzweg. In einer Rechtsbiegung folgen wir dem weiter durch Wald ansteigenden Weg. Ein Schild weist uns auf den Graben der ehemaligen Burg der Grafen von Eschenlohe hin. Diese bestand von 1150 bis ca. 1300, danach starb das Adelsgeschlecht aus und die Grafschaft, die über das Werdenfelser Land hinaus bis nach Südtirol Besitztümer innehatte, verschwand. Eschenlohe ging schließlich an das Kloster Ettal über.

Anstelle der Burg steht auf der Anhöhe des Vestbühel nun die ***St.-Nikolaus-Kapelle (2)****, die wir am Ende des Kreuzwegs erreichen. Abt Ottmar von Ettal ließ sie 1628 errichten, zum Teil aus Steinen der verfallenen Burg. Beeindruckend sind auch die von Eschenloher Bürgern im 19. Jahrhundert gestiftete Kreuzigungsgruppe vor der Kapelle sowie der Tiefblick auf den Ort, die Loisach und das Murnauer Moos.*

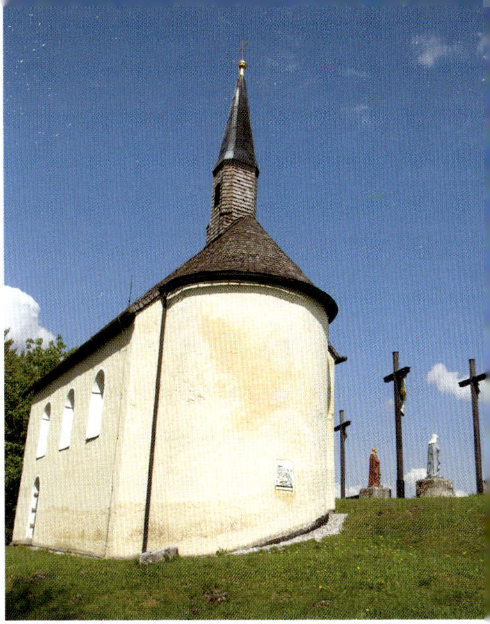

St.-Nikolaus-Kapelle.

Wir folgen dem Kreuzweg wieder hinunter und dem Weg zurück bis zur Loisachbrücke. Diese, mit einer Skulptur des heiligen Nepomuk, Schutzpatron der Brücken, ersetzte vor einigen Jahren die 100 Jahre alte historische Loisachbrücke nach dem dramatischen Hochwasser von 2005. Wir überqueren die Brücke und folgen rechts der Mühlstraße.
Der Wegweiser zu den Sieben Quellen schickt uns bald links auf die Römerstraße. Diese wird schließlich zu einer Forststraße, die uns von erhöhten Wiesen aus einen fantastischen Blick auf das Loisachtal mit dem Wetterstein- und Zugspitzmassiv im Talhintergrund schenkt. Rechts unten erblicken wir schon die sumpfige Landschaft des Mühlbachs und bald erreichen wir die beschauliche Landschaft der **»Sieben Quellen« (3)**. Die im lichten Wald gelegenen Quellen speisen hier den breiten Mühlbach, der in die Loisach fließt. Nach den Quellen folgen wir weiter der Forststraße.

Wer im Folgenden die Variante zur ***Teufelskapelle (4)*** *begehen will, muss ca. 1,5 km weiter aufpassen. Bei einem grünen Schild (»Eschenlohe 3,8 km«) folgen wir links einem Forstweg in den Wald. Er erreicht bei einem Holzlagerplatz den Rand eines Schuttstroms. Ein Stück weiter, bevor der Forstweg am Schuttstrom endet, geht es links ab auf einen schmalen, rotmarkierten Steig, der steil den lichten Bergwald hinauf führt. Es folgen etliche kleine, steile Kehren, bald eine Stelle unter einem Felsabbruch, die steinschlaggefährdet sein kann (!), bevor wir linker Hand hinter den Baumwipfeln den eindrucksvollen, wie eine Kapelle geformten Felsbau der Teufelskapelle erkennen. Bald weist uns ein Holzschild nach links (aufpassen, nicht den Steig weiter hinauf!) zu einer Bank mit schönem Tiefblick ins Loisachtal. Die Wegspuren führen nach der Bank noch weiter an den Fels-*

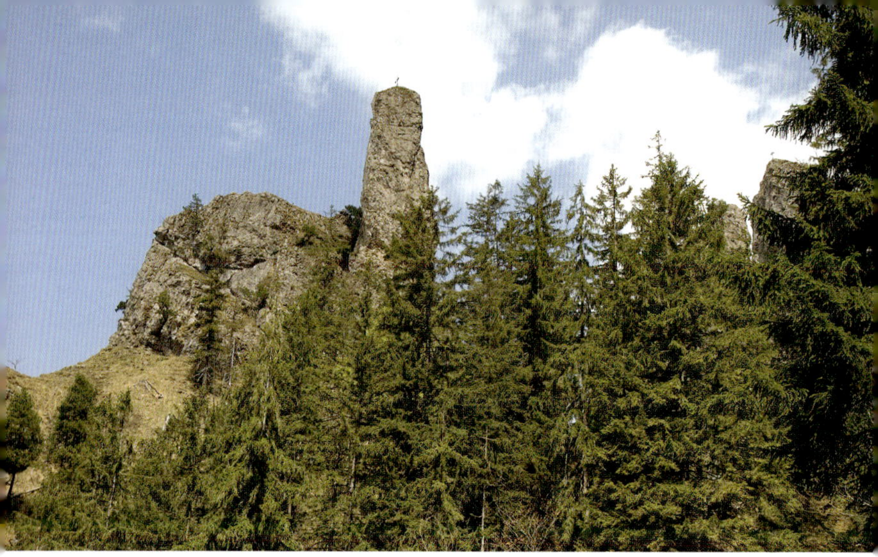

Der sagenumwobene Felsturm der Teufelskapelle hoch über dem Loisachtal.

bau heran. Das Gelände wird aber zunehmend abschüssig, daher sollten wir den Felsen lieber aus der Distanz bewundern. Erklettern ließe er sich ohnehin nur mit Seil und Haken.
Vom Tal aus gesehen hebt sich die Teufelskapelle kaum vom wuchtigen Estergebirge ab, doch wenn Nebel aufziehen, bleibt der Felsvorsprung auffallend frei. Kündigt sich schlechtes Wetter an, leuchtet der Felsen im orangefarbenen Licht des Abendrots aus Westen. Um den Felsen rankt sich daher die Sage, der Teufel würde sein Inneres bewohnen. Menschen die es wagen, einen Stein gegen die Teufelskapelle zu werfen, droht Unheil, das sich durch ein geheimnisvolles Glöckchenläuten im Felsinneren ankündigen soll. Die Gipfelkreuze auf der Teufelskapelle und auf dem rechten ebenfalls steilfelsigen Nebengipfel, dem »Berweinköpferl«, stellte die Bergwacht Oberau vor rund 70 Jahren auf.
Der Abstieg führt auf gleichem Steig zurück zur Forststraße.

Die Forststraße führt uns weiter zwischen dem Bergfuß des Estergebirges und dem artenreichen Pfrühlmoos auf der rechten Seite nach Süden. Wir passieren den Golfplatz und erreichen schließlich die Loisachbrücke, über die wir nach Oberau gelangen.

Nach der Brücke steht links die kleine **Nepomuk-Kapelle (5),** *von den Oberauer Flößern im 19. Jh. errichtet. Der Floßtransport, besonders von in Oberau abgebautem Gips und Holz, über die Loisach und Isar bis München, war vom Ende des 18. bis zur Mitte des 19. Jh. ein einträgliches Geschäft.*

Rechts gelangen wir zu den Bahngleisen und auf der anderen Seite rechts zum Bahnhof. Bevor wir die Rückfahrt nach Eschenlohe antreten, lohnt sich ein Abstecher durch die Unterführung der Hauptstraße in den Schmiedeweg.

*Bei Hausnummer 3 liegt das **Krippenmuseum (6)**. Es zeigt zwölf schmuckvolle Weihnachtskrippen nach alpenländischer, italienischer und orientalischer Art.*

Bei der folgenden Kreuzung biegen wir links in die Alte Dorfstraße, an deren Ende vis-à-vis der kreuzenden Straße eine waldige Anhöhe zu sehen ist.

*Auf ihr steht die **St.-Georgs-Kirche (7)**. Wir erreichen sie direkt über einige Stufen. Der heutige Bau stammt von 1664. Eine Kirche bestand hier oben aber bereits im 8. Jh. Anstelle des heutigen Bergfriedhofs, der wohl zu den schönst gelegenen in Bayern gehört, soll im Mittelalter eine Burg gestanden haben, von der allerdings keine Details mehr bekannt sind.*

Wir folgen dem Weg zurück zum **Oberauer Bahnhof** und fahren mit dem Zug nach Eschenlohe. Wer zu Fuß zurückwandern möchte, geht zurück zum Bahnübergang, hält sich dann links Richtung Moosgarten-Rundweg und folgt der Beschilderung entlang dem linken Ufer der Loisach, später auch an der Straße und Bahnlinie, nach Eschenlohe.

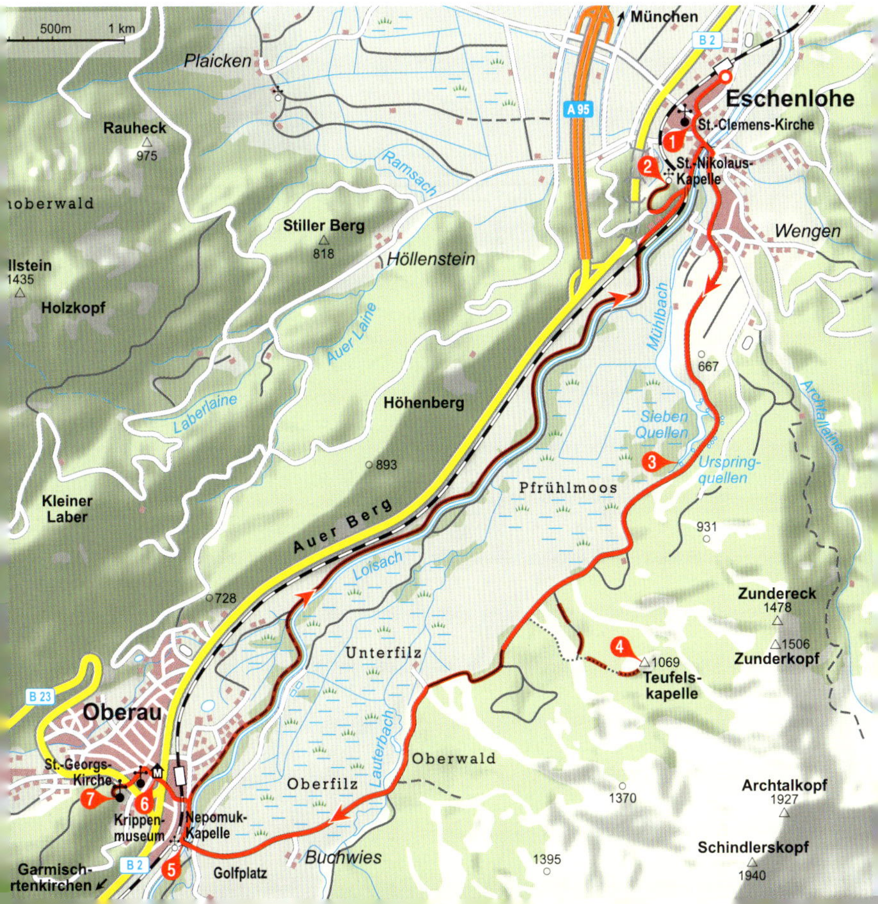

13 Auf den Königsstand

Zu einer königlichen Aussichtswarte über Garmisch

Die Südseite des Kramermassivs ist die Aussichts-Sonnenseite über Garmisch-Partenkirchen. Auf dem ehemaligen Reitweg von König Maximilian II. und auf einem abenteuerlichen alten Jagdsteig erklimmen wir den einstmaligen Jagdsitz auf dem Königsstand und den, nach Aussage des Monarchen, »schönsten Punkt im Werdenfelser Land«.

KURZINFO

Ausgangspunkt: Parkplatz vor dem Stadion am Gröben, Maximilianstraße, 82467 Garmisch-Partenkirchen. Anreise Pkw: A 95 München–Garmisch oder B 2 Weilheim–Murnau–Mittenwald. Im Ortsteil Garmisch Richtung Grainau und von der Zugspitzstraße in die Von-Müller-Straße einbiegen. Links in die Maximilianstraße und nach der Loisachbrücke, noch vor dem Stadion, links parken.
Anreise ÖPNV: Bahnlinie München–Garmisch/Innsbruck. Bahnhof Garmisch-Partenkirchen. Buslinie 1/2 Richtung Äußere Maximilianstr. bzw. Kreuzeckbahn. Haltestelle Rießerkopfstraße. Von dort entlang der Zugspitzstraße bis zum Abzweig Von-Müller-Straße und weiter wie oben (ca. 10 Min. Fahrzeit plus 600 Meter Gehstrecke).

Gehzeit/Streckenlänge: 4–4.30 Std./ 11 km.

Höhenunterschied: 750 m.

Anforderungen: Meist gute, breite Bergwege. Der (optionale) Aufstieg über den Jagdsteig führt auf einem schmalen, steilen Pfad (ohne Markierung) und erfordert Trittsicherheit, Schwindelfreiheit, Bergerfahrung und Orientierungssinn! Bei Nässe oder nach langem Regen kann er gefährlich rutschig sein! Am besten mit GPS begehen.

Einkehrmöglichkeiten: Bergwirtschaft St. Martin. Im Sommer und Winter bis auf Nov. geöffnet. Fantastische Aussicht. Tel. +49 8821 4970, martinshuette-grasberg.de.

Die Kriegergedächtniskapelle am Aufstiegsweg liegt in wunderschöner Lage über Garmisch-Partenkirchen.

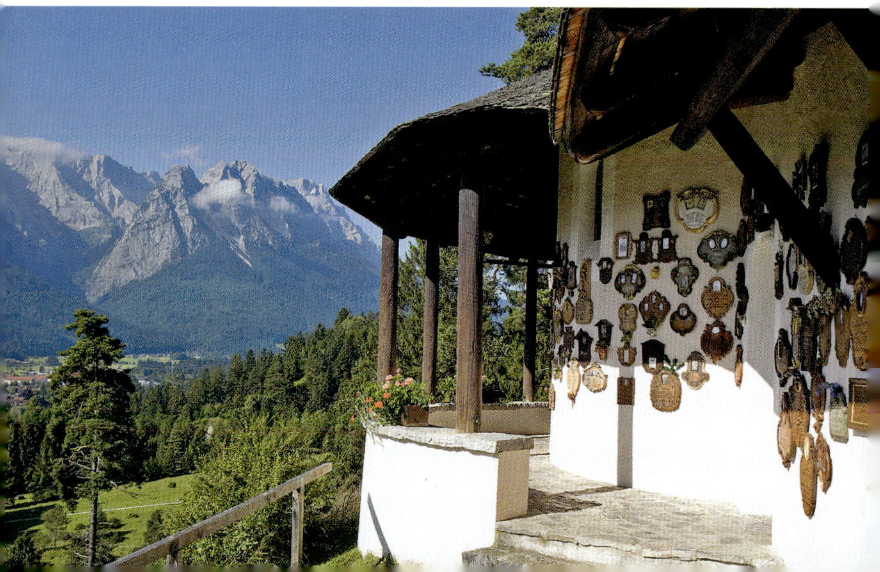

Vom Parkplatz an der Maximilianstraße gegenüber in die Zoeppritzstraße einbiegen. Nach einigen Metern weist ein Wanderschild »Kramerplateauweg/Krieger-Gedächtnis-Kapelle« geradeaus. Rechts hinter einer Hecke sehen wir die ehemalige Villa des Komponisten und Garmischer Wahlbürgers Richard Strauss. Sie ist allerdings in Privatbesitz und nicht öffentlich zugänglich (siehe Richard-Strauss-Institut bei Tour 16). Der Weg führt uns durch ein Waldstück und über schöne Wiesen aufwärts zu einem Kreuzweg, der zu einer aussichtsreichen ersten Anhöhe über Garmisch führt.

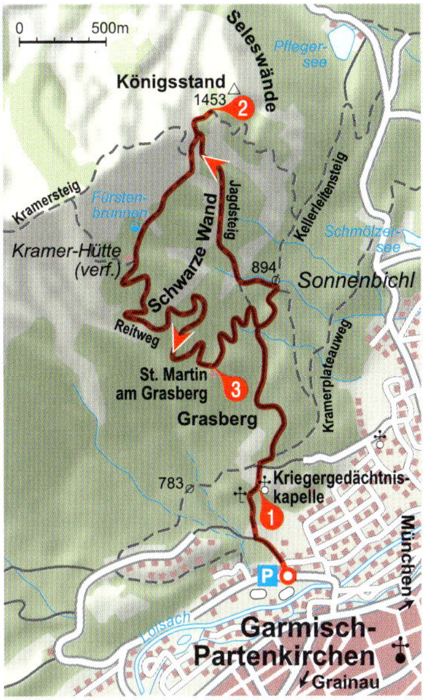

*1952 wurde hier die **Kriegergedächtniskapelle (1)** errichtet, als Gedenkstätte für die Vermissten und Gefallenen im Zweiten Weltkrieg. Der Garmisch-Partenkirchener Volkstrachtenverein hält hier jeden zweiten Sonntag im Oktober einen Gedenkgottesdienst ab.*

Vor der Kapelle folgen wir dem Wegweiser Richtung Kramerplateauweg aufwärts zu einer Forststraße. Diese (Schild zur Bergwirtschaft St. Martin) führt uns durch den Wald hinauf bis zu einer Verzweigung. Bequeme Geher folgen hier weiter dem beschilderten Anstiegsweg über St. Martin am Grasberg zum Königsstand (wird später im Rückweg beschrieben). Wer den schwierigeren, aber spannenderen Jagdsteig zum Anstieg wählt, biegt rechts auf den schmäleren Kellerleitensteig ab, der uns erst ein wenig abwärts führt. Bald stößt bei einer Bank und bei einem Schild ein Weg von rechts unten zu uns. Etwa vier Meter nach dem Schild (»Grasberg/Pflegersee«) zweigt links ein schmaler Steig ab (ohne Markierung). Er leitet erst steil durch Wald bergauf, dann führt er in freierem Gelände, teils etwas zugewachsen, links oberhalb eines Bachgrabens in Richtung einiger Felsabbrüche. Bei diesen erreichen wir eine Felsschlucht. Wir folgen ihr ein kurzes Stück über Fels und Geröll, ehe wenige Meter nach einem umgestürzten Baum der Jagdsteig wieder nach rechts abzweigt und steil und etwas ausgesetzt durch grasige Hänge sich vom Graben entfernt. Der Pfad kann nun ziemlich zugewachsen sein, steigt weiter die steilen Grashänge empor, quert dann unter den Felsen der »Schwarzen Wand« nach rechts. An den malerischen Felsabbrüchen finden sich ein Gedenkkreuz sowie später ein anrührendes Gedicht über einen jungen Garmischer Burschen, der diesen Platz liebte, doch 25-jährig im Zweiten Weltkrieg sein Leben lassen musste. Später überquert unser Pfad noch zwei Bachgräben und erreicht den Hauptweg. Auf ihm nach rechts, nochmals kurz abwärts zur freien Höhe des Königsstands mit Bank und Kreuz.

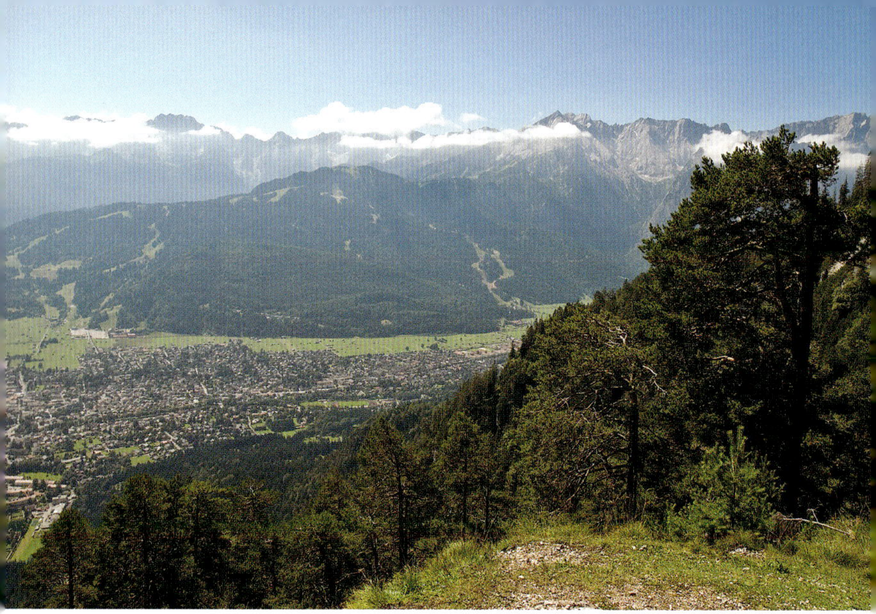

Traumhafter Panoramablick vom Königsstand auf Garmisch-Partenkirchen und das Wettersteingebirge mit der Zugspitze rechts.

Auf der Anhöhe ***Königsstand (2)****, 1453 Meter hoch, der zum Pflegersee (siehe Tour 14) mit steilen Felswänden abbricht, ließ König Maximilian II. von Bayern, Vater von Ludwig II., 1860 seinen Jagdstand errichten und hier (bzw. einige Minuten nordwestlich von unserem Aussichtsplatz entfernt) wurden ihm die Gämsen zur Jagd vorgetrieben. Maximilian II. schätzte die Jagd auf den Bergen insbesondere, weil sie ihm »Vorwand und Mittel biete zur feinsten Naturbeobachtung, zum freiesten Naturgenuss«. Der Tiefblick auf Garmisch-Partenkirchen und das dahinterliegende Wettersteinpanorama mit der dreigipfeligen Dreitorspitze (2633 m), der feinkantigen Alpspitze (2629 m) und der Zugspitze (2962 m) ist traumhaft.*

Zurück folgen wir dem ehemaligen königlichen Reitweg, der uns zunächst eben, kurzzeitig sogar noch mal leicht ansteigend, gen Westen führt. Er verläuft dann in bequemen Kehren abwärts, am Aussichtsplatz der »Eisernen Kanzel« vorbei, zur Bergwirtschaft St. Martin.

An der Stelle des heutigen Berggasthauses ***St. Martin am Grasberg (3)****, errichtet 1920, stand im 19. Jh. die Ruhebank für König Max, um bei seinen Jagdausflügen hier innezuhalten. Wiederholt soll der König diese Stelle als den »schönsten Punkt des Werdenfelser Landes« bezeichnet haben – und der Ausblick steht dem des Königsstands in der Tat kaum nach.*

Vom Gasthaus folgen wir der breiten Forststraße hinab, bis zur Abzweigung oberhalb der Kriegergedächtniskapelle. Von dort geht es auf dem Hinweg zum Ausgangspunkt zurück.

Burgruine Werdenfels

Im Herzen der ehemaligen Grafschaft Werdenfels

Sie ist ein Relikt des hohen Mittelalters und doch prägte ihr Name die ganze Landschaft: die Burgruine Werdenfels. Ausgiebig erkunden wir ihre Überreste und können auf unserer Runde sogar noch zwei kleine Bergseen mitnehmen …

KURZINFO

Ausgangspunkt: Parkplatz Schmölzersee, an der Pflegerseestraße in 82467 Garmisch-Partenkirchen.
Anreise Pkw: Nach Garmisch wie bei Tour 13. Am Ortseingang von Garmisch, direkt am Hotel Sonnenbichl, in die Thomas-Knorr-Straße einbiegen, bald rechts in die Pflegerseestraße. Nach 500 Metern liegt rechts der Parkplatz.
Anreise ÖPNV: Bahnlinie München–Garmisch/Innsbruck. Bahnhof Garmisch-Partenkirchen. Buslinie 3/4 Richtung Farchant, Haltestelle Hörmannstraße, über die Hörmannstraße zur Pflegerseestraße und auf ihr zum Parkplatz (ca. 10 Minuten Fahrzeit plus 700 m Gehstrecke).

Gehzeiten/Streckenlänge: 1.30 Std.–2 Std./5 km.

Höhenunterschied: 160 m.

Anforderungen: Überwiegend nicht befahrene Forstwege geringer bis mäßiger Steigung (auch für Kinderwagen). Nur in der Ruine sind die kurzen Wege etwas steiler und stufig.

Einkehrmöglichkeiten: Werdenfelser Hütte an der Ruine und Berggasthof Pflegersee. Beide mit wunderschöner Terrasse und ganzjährig geöffnet.

Sehenswürdigkeiten: *Ruine Werdenfels,* unbeschränkter Zutritt.

Variante über weitere Stationen des Burglehrpfads: zusätzlich 1,5–2 km/30 Min. Gehzeit auf schmäleren, gröberen und etwas steileren Waldwegen.

Die Burgruine Werdenfels thront über dem Talbecken von Garmisch-Partenkirchen.

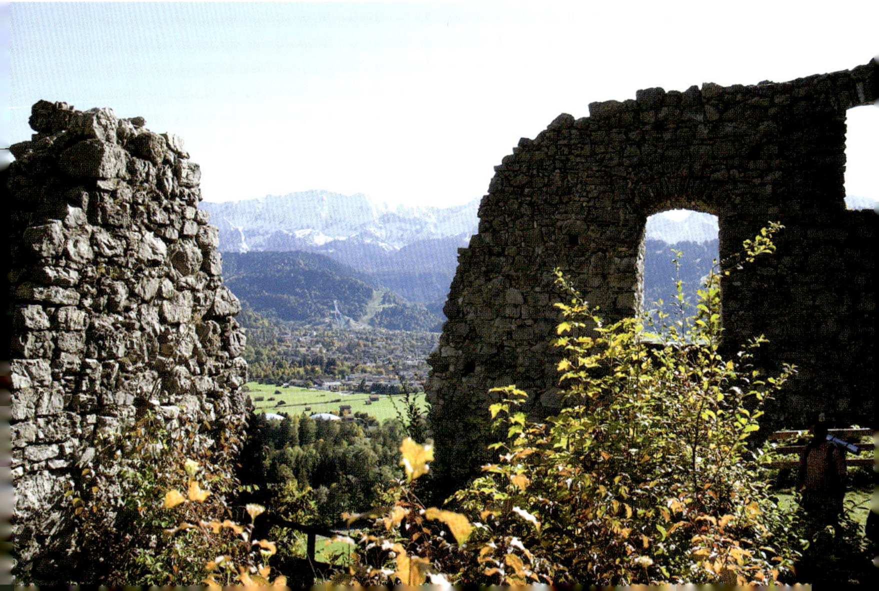

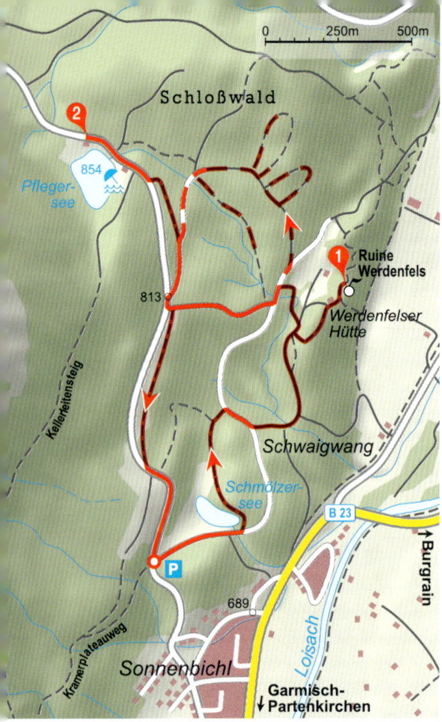

Vom Parkplatz weist uns das Schild »Schmölzersee/Burgruine Werdenfels« zum idyllisch gelegenen Schmölzersee mit kleiner Insel. Ein weiteres Schild schickt uns nach links und nach einigen Infotafeln über die Tierwelt in der Region haben wir den kleinen See, hinter dem die Gebirgskette des Wetterstein hervorspitzt, nahezu umrundet. Der Weg führt uns sodann rechts, anschließend an einem schmuckvoll gestalteten Holzwegweiser vorbei, zu einer breiten Forststraße. Das Schild zur Ruine zeigt zwei Varianten an. Wir wählen die rechte Route und folgen weiter den Wegweisern, bald ansteigend durch den Wald, vorbei an Tafel 7 des Burglehrpfads, und erreichen schließlich die wunderschön gelegene Werdenfelser Hütte. An ihr rechts vorbei, kurz steil hinab, dann wieder hinauf und rechter Hand die Stufen hinauf zur Ruine.

*Die **Ruine Werdenfels (1)** ist Überrest der Burg, die vermutlich kurz nach 1230 unter Herzog Otto VII. von Andechs-Meranien entstanden war. Offiziell wurde sie »Werdenvelß« genannt, als Teile der Grafschaft der Eschenloher 1294 in die Hände des Bistums Freising übergingen. Der Name der Burg, der sehr wahrscheinlich aus »Wehr den Fels« entstand, ging dann auf die gesamte Grafschaft über (mehr zur Grafschaft Werdenfels, die unter Freisinger Hoheit – unabhängig vom Herzogtum Bayern – bis 1802 zwischen Oberau, Grainau und Mittenwald bestand, siehe Rother Wanderbuch »Münchner Berge und ihre Geschichte(n)«, Christian Rauch). Jahrhunderte lang betreuten rund 66 Pfleger die Burg. Im 17. Jahrhundert verfiel sie zusehends und Steine wurden für den Bau von Häusern und Kirchen der umliegenden Orte verwendet. 1822 ging die Ruine in Privatbesitz über und wurde im 20. Jahrhundert und in den letzten Jahren schrittweise restauriert. Das vergleichsweise »dünne« Mauerwerk beweist, dass die Burg nie wirklich für militärische Zwecke, sondern als Verwaltungs- und Machtzentrum sowie als Statussymbol errichtet worden war. Auf unserem Rundgang durch die Ruinen erklären uns Tafeln die Bedeutung der erhalten gebliebenen Mauerwerke der ehemaligen Vorburgen und der Kernburg. Großartig ist auch der Blick von einem Aussichtsbalkon am südlichen Ende der Ruine hinunter auf Burgrain und Garmisch-Partenkirchen, und auf das dahinterliegende Gebirgspanorama, links das Estergebirge, rechts das Wettersteingebirge.*

Nach Besichtigung der Ruine folgen wir dem Weg ein Stück weit zurück, bis ein Wegweiser uns die Richtung zum Pflegersee nach rechts anzeigt. Rechts der Straße erblicken wir eine Lichtung. Hier liegt der Schlossanger, der als Viehweide und Pferdekoppel für die Burg genutzt wurde (Tafel 5 des Burglehrpfads). Wir erreichen nach kurzem Anstieg eine weitere Forststraße.

Wer die Variante gehen will, hält sich hier rechts Richtung Farchant, bald links ab (Lehrpfad-Schild von oben kommend). Nach einigen Minuten leichten Aufstiegs rechts auf Waldpfad abzweigen (ein Lehrpfad-Schild am Baum weist hier in die Richtung nach unten). Auf dem Pfad zu den Tafeln 4 und 3. Die Tafeln 2.3, 2.2.... liegen dann etwas abseits des Wegs. Nach kurzem Abstieg vor einem Bach können besonders Interessierte auf dem unbeschilderten Forstweg links abwärts noch die Stationen 2.5 und 2.6 besuchen (weitere Kalkanlagen-Überreste, ca. 1 km hin und zurück). Ansonsten über den Bach weiter und zur Hauptroute, dieser rechts folgend zum Pflegersee.

Für die Hauptroute gehen wir links, dann rechts Richtung Pflegersee. Erneut geht es bergauf, ehe wir die Teerstraße erreichen. Ihr folgen wir kurz nach rechts, dann verlassen wir sie wieder rechter Hand auf einen Fußweg.

Auf ihm erreichen wir den ***Pflegersee (2)*** *mit Gasthaus und Freibad, mit 854 Metern höchster Punkt unserer Wanderung. Tafel 1 des Lehrpfads erklärt u. a.: Am Fuße der senkrecht aufragenden Seeleswände gelegen, wurde er im 19. Jahrhundert nach den Pflegern der Burg Werdenfels benannt, die ihn jahrhundertelang für die Fischzucht und zur Wasserversorgung auf der nahe gelegenen Burg genutzt hatten. Entsprechend hieß er früher einfach »Schloßsee«. 1929 fand man im Pflegersee ein Boot in Bauweise eines Einbaums. Sein Alter wird auf 400 bis 600 Jahre geschätzt. Im letzten Jahrhundert wurde der an sich sehr kleine warme moorhaltige See, wie schon zu früheren Zeiten, erneut aufgestaut – zur Freude heutiger Badegäste – und es wurden Zuchtkarpfen angesiedelt.*

Zurück folgen wir wieder dem Fußweg links der Straße (Richtung Garmisch), der uns nach der Abzweigung der Hinroute weiter geradeaus führt. Der wunderschöne Weg führt zwischen lichtem Baumbestand und Wiesen (Enzianblüte im späten Frühjahr!) sanft abwärts und ermöglicht stets ungehinderte Blicke auf die majestätische Alpspitze (2629 m), das Garmischer Wahrzeichen. Der Fußweg endet schließlich wieder an der Teerstraße, der wir noch ca. 300 Meter folgen bis zu unserem Ausgangspunkt am Parkplatz.

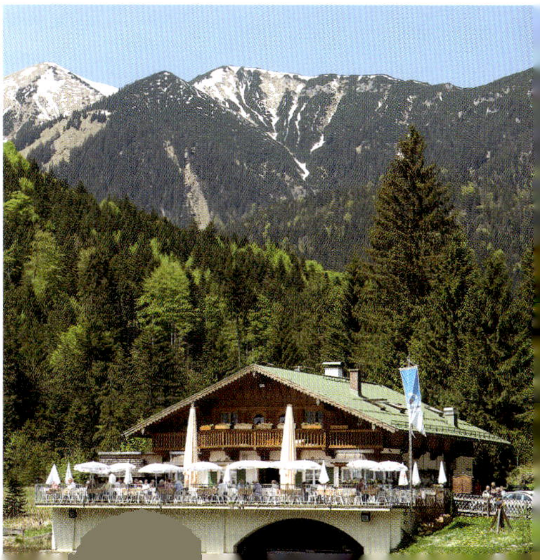

Der Pflegersee mit seinem Gasthaus.

15 Philosophenweg und Walderlebnispfad

Kleine Erlebniswelten zwischen Partenkirchen und Farchant

Am Fuße des Wank verbinden philosophische und botanische Lehrpfade die schmucke Wallfahrtskirche St. Anton mit den Wasserfällen der sogenannten »Kuhflucht«: eine abwechslungsreiche Wanderung mit vielen kleinen Einblicken in die Natur- und Kulturgeschichte der Region.

KURZINFO

Ausgangspunkt: Wandertafel an der Ecke St.-Anton-Str./Brunnhäuslweg in 82467 Partenkirchen. Parkmöglichkeiten rechts im Brunnhäuslweg oder nach dem Brunnhäuslweg links »am Gipsbruch«.
Anreise Pkw: Wie bei Tour 13 Richtung Garmisch-Partenkirchen und Richtung Innsbruck in den Ortsteil Partenkirchen. Dort in die Ludwigstraße einbiegen, links in die Sonnenbergstraße und wieder links in die St.-Anton-Straße. Parkmöglichkeiten in der Nähe der Wandertafel oder weiter rechts im Brunnhäuslweg.
Anreise ÖPNV: Bahnlinie München–Garmisch/Innsbruck. Bahnhof Garmisch-Partenkirchen. Busfahrt bis zur Sebastianskirche. Von dort rechts in die Ludwigstraße und weiter wie oben. (ca. 5 Min. Fahrzeit plus 500 m Gehstrecke).
Gehzeiten/Streckenlänge: 3.30–4 Std./12,5 km.
Höhenunterschied: 320 Meter.
Anforderungen: Gute Fußwege mit leichter bis mäßiger Steigung. Teilweise Stufen (für Kinderwagen nur zum Teil geeignet). Alpine Variante zur Quelle deutlich schwieriger, für Ungeübte gefährlich!
Einkehrmöglichkeiten: Berggasthof Panorama, etwas oberhalb St. Anton, mit fantastischer Aussicht. Am Ortsrand von Farchant (hinter dem Beginn des Walderlebnispfads) Pizzeria »Da Nico« mit wunderschöner Terrasse. Nach der Tour lohnt die Einkehr in der traditionsreichen Ludwigstraße von Partenkirchen (s. Tour 16).
Sehenswürdigkeiten: *Franziskaner-Kloster* bei St. Anton, regelmäßige Gottesdienste und Informationen unter franziskanerkloster-st-anton.de.
Tipp für Kinder: Walderlebnispfad Farchant, Kuhflucht-Wasserfälle (zu beiden gibt es eine eigene Rundvariante, s. Text am Ende).

Der aussichtsreiche Philosophenweg verbindet Partenkirchen und Farchant.

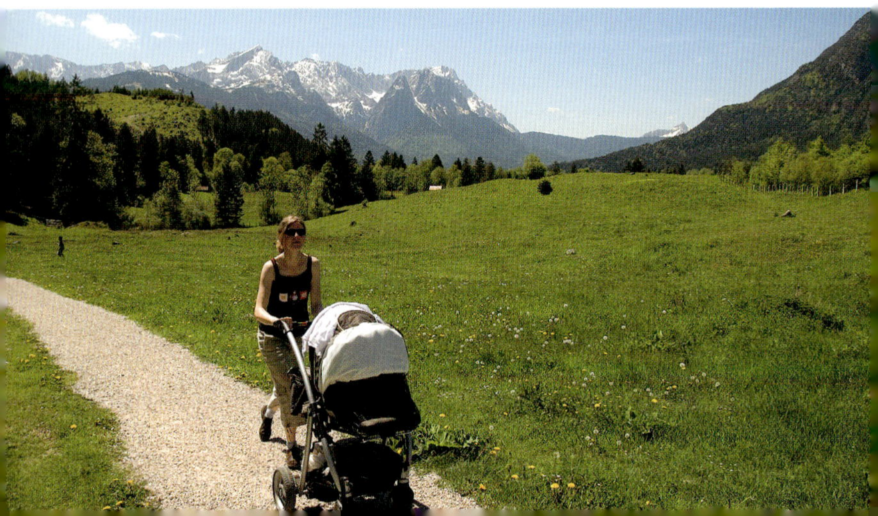

An der Wandertafel beginnt links der kurze Kreuzweg hinauf zur Wallfahrtskirche St. Anton.

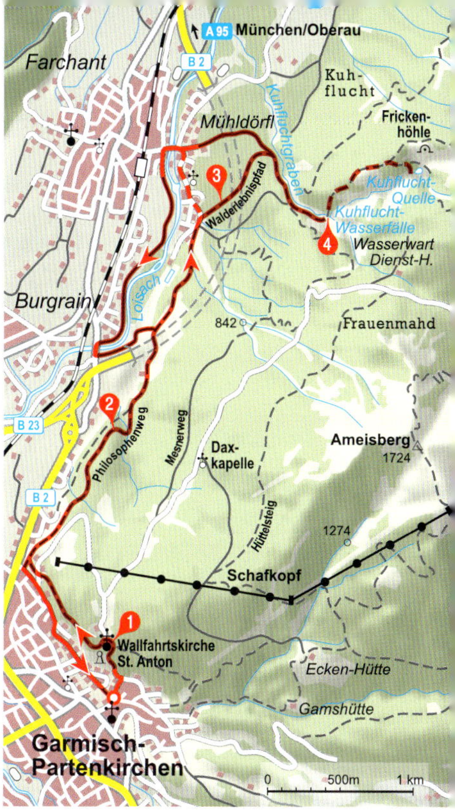

Auf der aussichtsreichen Anhöhe über Partenkirchen gelegen, sind das kleine Franziskanerkloster mit Wallfahrtskirche ***»St. Anton« (1)*** *dem heiligen Antonius von Padua geweiht. Im Jahre 1704 entstand das vordere Rondell der Kirche zum Dank an die glücklichen Umstände des Spanischen Erbfolgekriegs, als die Tiroler nach dem Sieg über die Bayern bei Oberau den Ort Partenkirchen verschont gelassen hatten. In den Jahren 1734–36 ergänzte der spätbarocke Baumeister Josef Schmutzer den ovalen Anbau und zwei Seitenkapellen. Der Tiroler Maler Johannes Evangelist Holzer schuf das großartige Deckenfresko. Sehenswert ist auch der lichtdurchflutete Arkadengang im Zugang zur Kirche.*

Vor der Kirche weist uns ein Schild nach links zum **»Philosophenweg« (2)**. Bei der nächsten beschilderten Weggabelung halten wir uns rechts Richtung Farchant, bei der folgenden links. Von nun an laden in regelmäßigen Abständen Bänke zum Ausruhen und zur großartigen Panoramaschau über Garmisch-Partenkirchen. An den Bänken zeigen Schilder Zitate großer Philosophen, insbesondere zu Themen der Naturwahrnehmung, Gesellschaft und inneren Einkehr. Bald kreuzen wir eine Autostraße und halten uns gleich wieder links und erreichen, am Schützenhaus vorbei, die nächste Etappe des Weges. Immer wieder durchqueren wir Holzgatter, die Freiweiden abgrenzen, und genießen den wunderbar angelegten Weg durch Wiesen und lichte Wälder. Bei den Wegpunkten »Am Brünnl« und »Schweinsbichl« schweift der Blick auf die Ammergauer Alpen im Westen und das Wettersteingebirge in unserem Rücken. Nach einem weiteren Waldstück schickt uns ein Schild nach rechts zum »Walderlebnispfad Farchant«. Nach den Skiliftmasten steigen wir kurz ab, zweigen nach rechts und gleich wieder links ab.

Hier steigen wir in den ***Walderlebnispfad von Farchant (3)*** *ein. Der mit ehrenamtlichem Engagement errichtete und in den letzten Jahren erneuerte Lehrpfad lädt auf vielen kunstvoll eingerichteten Stationen Kinder wie Erwachsene ein, mehr über Wald, Bäume und Holz zu erfahren. Zu entdecken gibt es ein Baumparapluie, ein Holzquiz, ein Baumtelefon und vieles mehr.*

Vor dem Fluss folgen wir rechts dem Königsweg (Wegweiser »Kuhfluchtwasserfälle/Hoher Fricken«), der uns am Kuhfluchtbach entlang aufwärtsführt. Vorbei an einem »Tierweitsprung« und einem Kneippbecken erreichen wir ein Schild, das uns darauf hinweist, dass schon König Maximilian II. auf seiner Wanderung von Lindau nach Berchtesgaden 1858 hier durchkam. Links tosen die ersten kleineren Wasserfälle. Der Weg wird steiler und erreicht schließlich eine Brücke und rechts oberhalb einen überdachten Unterstand. Vor uns schießt das Wasser in mehreren Kaskaden hinab.

Der Name der ***»Kuhflucht«-Wasserfälle (4)*** *stammt wahrscheinlich noch vom römisch-lateinischen »confluctum«, also dem »Zusammenfluss« des Baches mit dem Fluss Loisach. Er könnte aber auch vom bayerischen »Kuhlflack« kommen, ein Platz, an dem sich Kühe gern »hinflacken« (hinlegen). Das Wasser der Kuhflucht sammelt sich zunächst auf der anderen Seite des Estergebirges und durchfließt es auf kilometerlangen unterirdischen Wegen. An das Tageslicht tritt es rund 400 Meter weiter oberhalb unserer Stelle an der eindrucksvollen Kuhfluchtquelle (Zugang über die unten beschriebene Variante möglich).*

Wir gehen zurück bis zu der Stelle nach dem Tierweitsprung, wo wir von links auf dem Walderlebnispfad herüber kamen. Hier gehen wir geradeaus/halblinks (nicht rechts) den Weg bergab (Wegweiser Farchant). An einem Parkplatz vorbei erreichen wir den Kuhfluchtweg und danach die Mühldörflstraße, die uns über die Loisach bringt. Nach dem Restaurant Vesuvio zeigt uns links ein Schild den breiten und ebenen »Loisachuferweg« nach Burgrain. Diesem folgen wir bis zur Autostraße. Wir gehen links über die Brücke und danach gleich wieder links (Wegweiser zum Philosophenweg). Der Weg führt hinauf zum Schweinsbichl, wo wir rechts haltend wieder einem Stück der Hinroute Richtung Partenkirchen folgen. Beim Schützenhaus verlassen wir den Philosophenweg und folgen der Autostraße rechts hinab. Dann gehen wir links in die Münchnerstraße und bald geradeaus über den Hölzlweg in den Waldweg. Dieser bringt uns zurück zum Ausgangspunkt an der Wandertafel. (Abkürzung für ÖPNV-Fahrer: Auf der Münchnerstraße bleiben bis zur Bushaltestelle »Altenheim«. Von hier mit dem Bus zurück zum Bahnhof.)

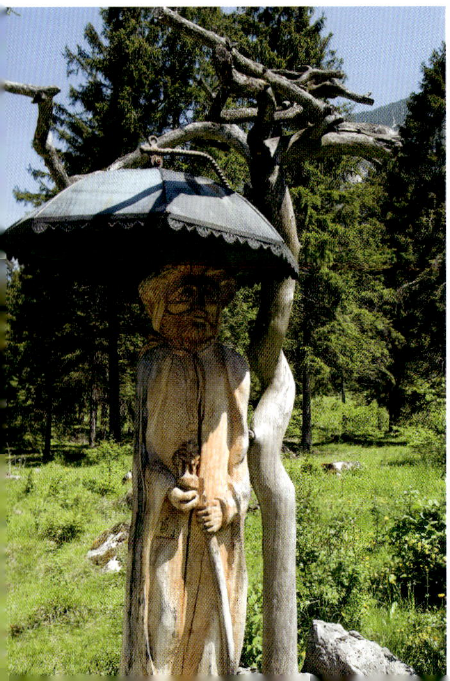

Der aufwendig gestaltete Walderlebnispfad lehrt Große und Kleine die Geheimnisse der Wälder und Bäume.

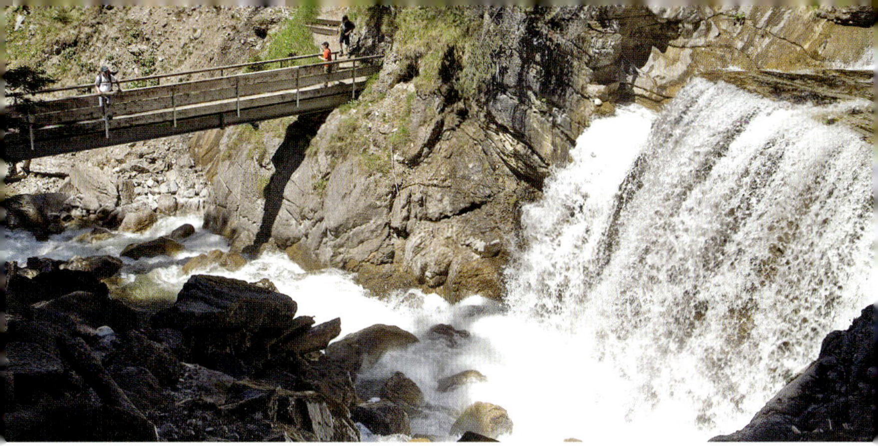

Die Wasserfälle der Kuhflucht sind höchster Punkt unserer Tour.

Varianten und Abstecher

Variante mit Kindern und Jugendlichen: Besonders mit Kindern und Jugendlichen ist es spannend, die Runde auf den Walderlebnispfad und die Kuhflucht zu konzentrieren. Ausgangspunkt dieser dann 1–1½-stündigen Tour ist Farchant (von der B 2 zwischen Oberau und Garmisch-Partenkirchen in den Ort und über Bahnhofstraße und Mühldörflstraße in die Esterbergstraße. An deren Ende vor dem Schwimmbad auf P1 parken). Die Variante folgt, wie die Haupttour, dem Walderlebnispfad über die Kuhfluchtwasserfälle bis zu deren Brücke und zurück bis zum Ortsrand von Farchant. Dort, gleich nach dem Parkplatz und noch vor den ersten Häusern, folgen wir links einem Fußweg. Vorbei am Haus Waldheim leitet er uns zu einer Straße, die links zum P1 zurückführt.

Alpine Variante zur Kuhflucht-Quelle: Nur für Trittsichere und Bergerfahrene! Letztes Stück kein offizieller Steig!

Jenseits der Brücke beim **Kuhfluchtwasserfall (4)** den rot markierten, steilen Weg Richtung Hoher Fricken mit Seilsicherungen bergauf. Nach ca. 40 Minuten (ca. 1060 m Höhe) führt er bei einem roten Markierungspfeil links weiter in die Flanke. Wo er sich später wieder Richtung Hangkante wendet, zeigen auf ca. 1140 m Höhe in einer Linkskehre, noch ein Stück unterhalb eines Felsabbruchs, schwache grüne Punkte den Abzweig nach rechts an. Der Pfad führt erst geradeaus, dann etwas aufwärts und an einem Felseck vorbei. Nun einige Meter abwärts, unter einem Baum hindurch, etwas hinab und rechts an einem großen Felsblock vorbei. Dann quert das Steiglein ebenerdig die steile, mit Gras und Felstrümmern durchsetzte Flanke und erreicht rasch einen Aussichtsplatz mit kunstvollen Steinmandln. Dort genießt man Zugspitzpanorama und einen perfekten Blick auf das Felsenloch mit dem obersten Wasserfall der Karstquelle. Die Variante erfordert inklusive Rückweg zusätzlich 1½–2 Stunden und 350 Extra-Höhenmeter.

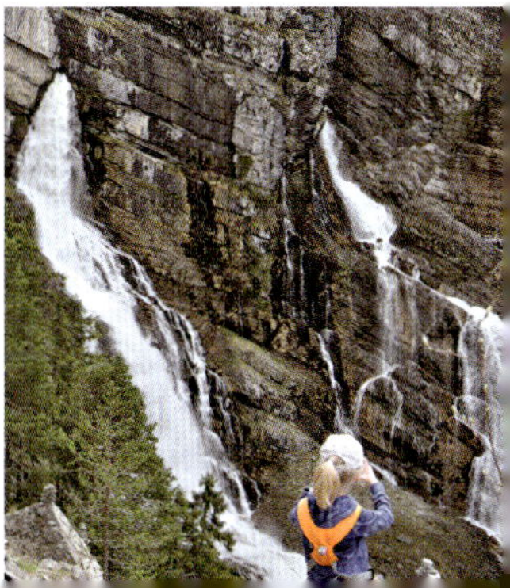

Der höchste Punkt im Land

D Zugspitze

Das Werdenfelser und Blaue Land kulminiert im Süden in der gewaltigen Kette des Wettersteingebirges, mit der Zugspitze als höchsten Gipfel. Mit 2962 Metern ist sie zugleich Deutschlands höchster Berg und einer der höchsten Gipfel der Nördlichen Kalkalpen. Bei gutem Wetter blickt man mehr als 200 Kilometer weit ins Alpenvorland im Norden und zu den Zentralalpen im Süden (vom Großglockner bis zum Piz Bernina).
1820 wurde die Zugspitze, deren rund 400 Jahre alter Name wahrscheinlich auf die »Lawinenzüge« oder auf das Heu- und Holzziehen im »Zugwald« an seinem Nordfuß zurückgeht, von Leutnant Josef Naus erstmals offiziell bestiegen. In den 1920er-Jahren begann der technische Ansturm auf den Gipfel: 1925–26 der Bau der Seilbahn von der Tiroler Seite, 1928–30 die Zahnradbahn von Garmisch (mehrere Unfalltote forderte die mühsame Bohrung des 4,5 km langen Tunnels mitten durch den Berg), 1960–63 die kühne Seilbahn vom bayerischen Eibsee auf den Gipfel (2017 ersetzt durch eine neue Seilbahn mit großer Gondel und der höchsten Stahlbaustütze der Welt). Nach dem Zweiten Weltkrieg wurde das südlich des Gipfels gelegene riesige Fels- und Schuttplateau Zugspitzplatt, ganz oben noch vergletschert, durch Skilifte erschlossen. Sie liefen in den 1960/70er-Jahren teils von Oktober bis in den Sommer, heute geht es meist noch von Dezember bis Anfang Mai. Die starke Verbauung des ursprünglichen West- und Mittelgipfels der Zugspitze sowie Teilen des Zugspitzplatts lässt heute manchen Alpinisten erschaudern. Doch neben dem touristischen Wert ist der »Stützpunkt« Zugspitze auch für die Wissenschaftler

Über die umfangreichen Bauten auf der Zugspitze hinweg öffnet sich der Blick auf den Schneeferner und das Panorama. (Foto von 2008, der Gletscher ist mittlerweile noch deutlich kleiner – vergleichen Sie!)

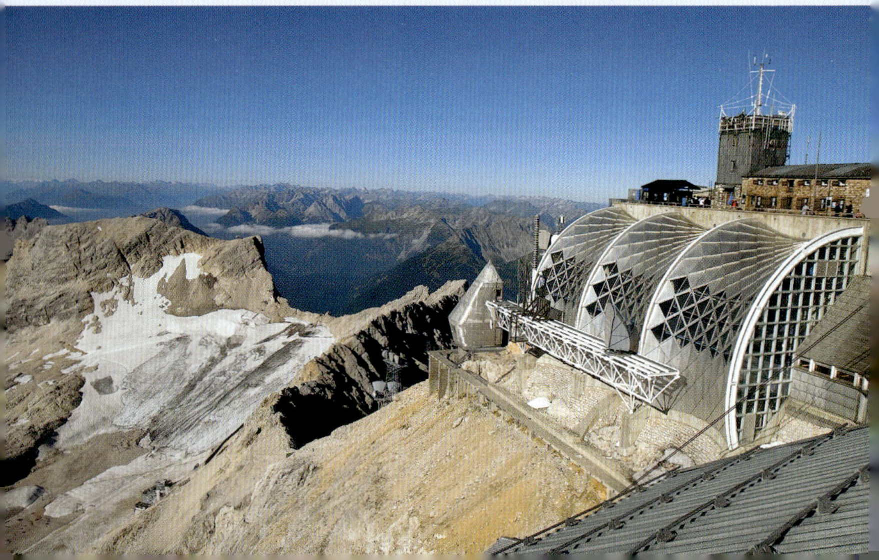

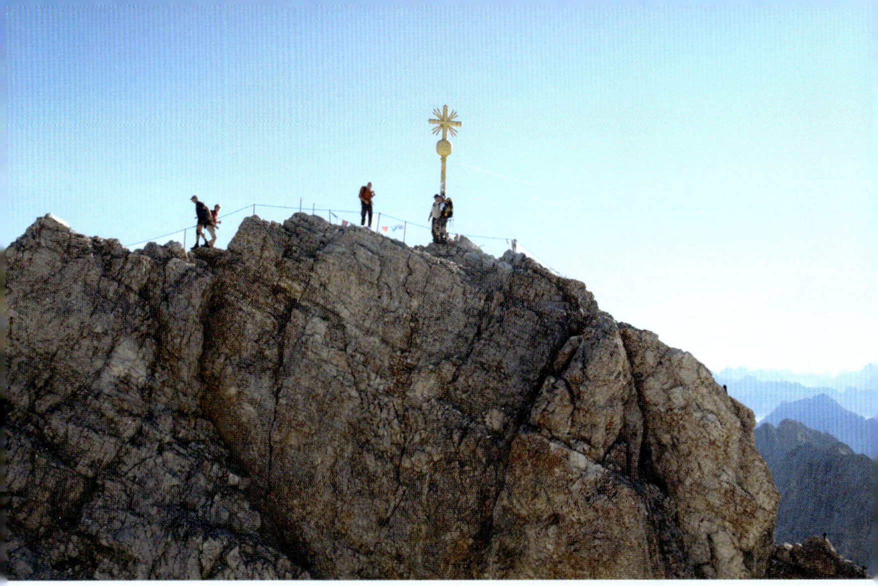

Ein kurzer, drahtseilgesicherter Steig führt von der Gipfelstation auf den kreuzgeschmückten Ostgipfel von Deutschlands höchstem Berg.

unverzichtbar. Seit 1900 steht auf dem Gipfel eine meteorologische Station, und das einstige Hotel Schneefernerhaus in der Südflanke ist seit 1996 eine Umweltforschungsstation. Von Bauten unberührt geblieben ist der Felskegel des Ostgipfels mit dem fünf Meter hohen goldenen Kreuz mit Kreuzkugel.
Die reiche Historie der Zugspitz-Erschließung erklärt die kostenlos zugängliche Ausstellung in der Gipfelstation. Lohnend ist die Zugspitz-Rundreise ab Garmisch-Partenkirchen mit Zahnradbahn und Seilbahn. Man sollte sich dabei auf dem Gipfel Zeit lassen für Ausstellung und Panorama sowie bei der Zwischenstation Zugspitzplatt die Kapelle Mariä Heimsuchung besichtigen. Daneben führt der Gletscher-Erlebnisweg mit Infostationen am Nördlichen Schneeferner entlang, dem zweitgrößten noch existierenden deutschen Gletscher (der Höllentalferner unter der Zugspitz-Nordostwand ist mittlerweile der größte). Im Sommer gibt es auch tägliche Gletscherführungen. Der Schneeferner ist in den vergangenen 200 Jahren um 95 % geschrumpft!
Diejenigen, die Deutschlands höchsten Berg ohne Seilbahnhilfe bezwingen wollen, sollten volle Tages- oder Zweitagestouren (nur Aufstieg) einplanen und zum Teil anspruchsvolle Klettersteigpassagen berücksichtigen. Am leichtesten, aber auch längsten ist der Weg durch das Reintal. Konditionsstarke können ihn nach einer Fahrt auf den Gipfel an einem Tag als Abstieg bewältigen – ein überwältigendes landschaftliches Erlebnis. Der Schriftsteller Ödön von Horváth (siehe Tour 1) hatte Zugspitze und Jubiläumsgrat als leidenschaftlicher Bergsteiger bestiegen. Die extremen Arbeitsbedingungen beim Bau der Tiroler Zugspitzbahn verarbeitete er in seinem Theaterstück »Die Bergbahn« (1929).
Informationen: Bayerische Zugspitzbahn AG, Tel. +49 8821 7970, zugspitzbahn@zugspitze.de, zugspitze.de.

16 Rundgang durch Garmisch-Partenkirchen

Kultur- und Sportdenkmäler im Olympiaort

Ein ausgedehnter Rundgang durch Deutschlands berühmteste Wintersportmetropole lohnt sich zu jeder Jahreszeit. Trotz seiner Größe kann man in Garmisch-Partenkirchen noch traditionsreiche Bauwerke und schmucke Winkel entdecken und den Spuren berühmter Garmischer, dem Komponisten Richard Strauss und dem Schriftsteller Michael Ende, folgen.

KURZINFO

Ausgangspunkt: Bahnhof in 82467 Garmisch-Partenkirchen.
Anreise Pkw: Nach Garmisch-Partenkirchen wie bei Tour 13. In Partenkirchen: In die Bahnhofstraße und zum Parkplatz am Bahnhof.
Anreise ÖPNV: Bahnlinie München–Garmisch/Innsbruck, Bahnhof Garmisch-Partenkirchen.
Gehzeiten/Streckenlänge: 2.30 Std./ 8,3 km. Abstecher zur Partnachklamm plus 1.30 Std. (siehe auch Tour 17).
Höhenunterschied: 90 Meter, wenig Steigungen. Abstecher zur Partnachklamm plus 50 Meter.
Anforderungen: Meist breite und überwiegend wenig bis nicht befahrene Wege, Teer- und Forststraßen (auch für Kinderwagen). Abstecher zur Partnachklamm gut ausgebauter, schmaler Felssteig direkt am Wasser (siehe auch Tour 17).
Einkehrmöglichkeiten: Viele Restaurants und Gasthäuser im Ort. Am traditionellsten in der Ludwigstraße im Partenkirchener Ortskern (Atlas-Hotel Post, Gasthof zum Rassen, Drei Mohren).
Schöner Garten beim Hotel Leiner kurz vor dem Skistadion. Im Stadion Terrassen Café/Restaurant mit tollem Blick auf die Schanze. In Garmisch, u. a. Gasthaus Zur Schranne in der Griesstraße.
Sehenswürdigkeiten: *Richard-Strauss-Institut:* Montag–Freitag 10–16 Uhr, an Feiertagen geschlossen. Schnitzschulstraße 19, Tel. +49 8821 180-7900, rsi@gapa.de, richard-strauss-institut.de (Veranstaltungen und Konzerte beachten!).
Museum Werdenfels: Ganzjährig Dienstag–Sonntag 10–17 Uhr. Eintritt 4,50 €, Schüler ab 15 Jahre und Studenten 1 €. Ludwigstr. 47, Tel. +49 8821 751710, werdenfels-museum.de.
Führung auf die Schanze im Skistadion: Sa 15 Uhr, von Pfingsten bis Kirchweih Mi 18 Uhr, von November bis Pfingsten Mi 15 Uhr. Eintritt: 16 €, Kinder 6–15 Jahre 8 €. Anmeldung unter gapa-tourismus.de (→ »Dein GAPA-Erlebnis« → »GaPa Erlebnis-Shop«), Tel. +49 8821 180700.
Olympia-Eisstadion: Publikums-Eislauf und anderer Eissport möglich. Tel. +49 8821 753-6294, gw-gap.de/eissportzentrum.
Museum Aschenbrenner: Di. bis So. und Feiertage 11–17 Uhr, Tel. +49 8821 7303105, museum-aschenbrenner.de.
Partnachklamm: siehe Tour 17.
Tipp für Kinder: Michael-Ende-Park.

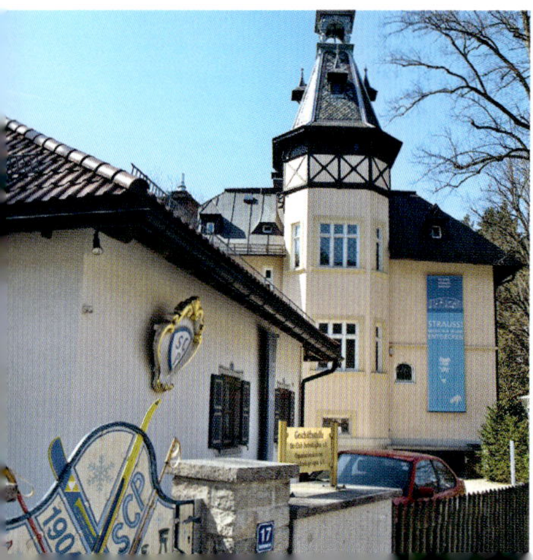

Richard-Strauss-Institut (davor das Gebäude des traditionsreichen Ski-Clubs Partenkirchen).

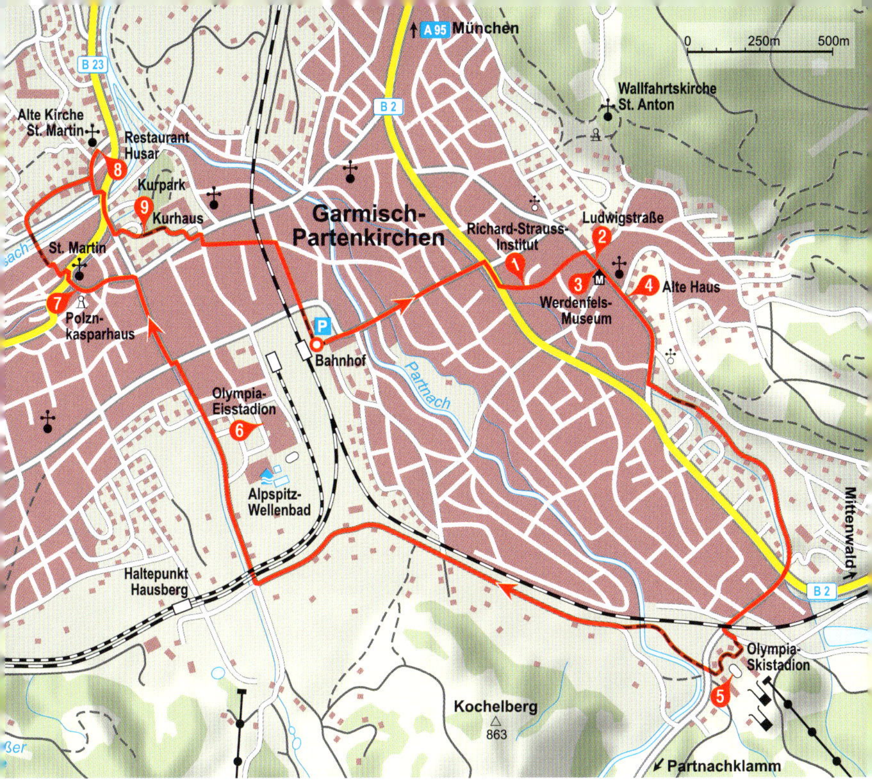

Vom Bahnhof aus folgen wir der Bahnhofstraße Richtung Osten zum Rathausplatz. Hier geht es kurz rechts, dann weist das Schild »Richard Strauss Institut« über die Hauptstraße und dann in die Schnitzschulstraße. Bald erblicken wir die »Villa Christina«, 1893 vom Mannheimer Zigarettenfabrikanten Ludwig Mayer-Doß erbaut.

Seit 1999 ist hier das ***Richard-Strauss-Institut (1)*** *eingerichtet. Der Komponist Richard Strauss (1864-1949) ließ 1908 vom Münchner Architekten Emanuel von Seidl eine Villa in Garmisch erbauen, die er bis zu seinem Tod 1949 überwiegend bewohnte. Diese eigentliche Strauss-Villa passieren wir bei Tour 13, sie ist aber nicht öffentlich zugänglich. Das Richard- Strauss-Institut informiert mit seiner Ausstellung und audiovisuellen Mitteln über das Werk des Komponisten, für den »nirgends die Luft so gut wie in Garmisch und es nirgends so schön als im eigenen Haus war« (Brief aus Brüssel vom 31.10.1930) – trotz vieler internationaler Konzertreisen. Der Garmischer Landschaft setzte Strauss 1915 mit seiner Alpensinfonie ein musikalisches Wahrzeichen. Noch heute schätzt Garmisch-Partenkirchen seinen Ehrenbürger hoch und widmet ihm alljährlich zahlreiche Konzerte (s. auf der Webseite des Instituts). (Mehr bei ▶ Tworek)*

Wir gehen die Schnitzschulstraße weiter und biegen an ihrem Ende rechts ab.

Wir folgen nun der historischen Partenkirchener **Ludwigstraße (2)**. *Vor fast 2000 Jahren war sie bereits Teilstück der Römerstraße Via Raetia (vom Brenner über Mittenwald kommend). Der Name »Partenkirchen« stammt entsprechend von der römischen Reisestation »Partanum« ab. Blickfang sind die wunderschönen Fassaden der alten Häuser, traditionsreiche Gasthöfe sowie die Pfarrkirche Mariä Himmelfahrt, 1868–71 im neugotischen Stil erbaut, in ihren Ursprüngen aber wahrscheinlich über 1000 Jahre alt.*
Nach dem Atlas- Posthotel besuchen wir rechter Hand das **Museum Werdenfels (3)**. *Auf über 1000 Quadratmetern bewundern wir alte Bauernstuben und -möbel, edle Trachten, Fastnachtslarven (»Werdenfelser Maschkera«), Krippen und Kunsthandwerk. Wir erfahren viel über die Erstbesteigung der Zugspitze und können das erste Gipfelkreuz von 1851 bestaunen.*

Anschließend gehen wir die Ludwigstraße weiter, passieren bei Hausnummer 8 das sogenannte **»Alte Haus« (4)**, das in Teilen noch aus der Barbarossa-Zeit (12. Jh.) stammen soll. Am Ende der Straße folgen wir rechts kurz der Mittenwalder Straße, gehen dann aber gleich links in den kleinen August-Lenz-Weg. Wir folgen ihm etwas ansteigend mit schönem Blick über den Ort und auf das Panorama des Wettersteingebirges. Das Sträßlein geht bald in den Riedweg über und führt abfallend zur Hauptstraße. Diese überqueren wir und gehen jenseits in die Wildenauer Straße.

Eine alte Werdenfelser Bauernstube ist Teil der umfangreichen Sammlung des Werdenfels-Museums.

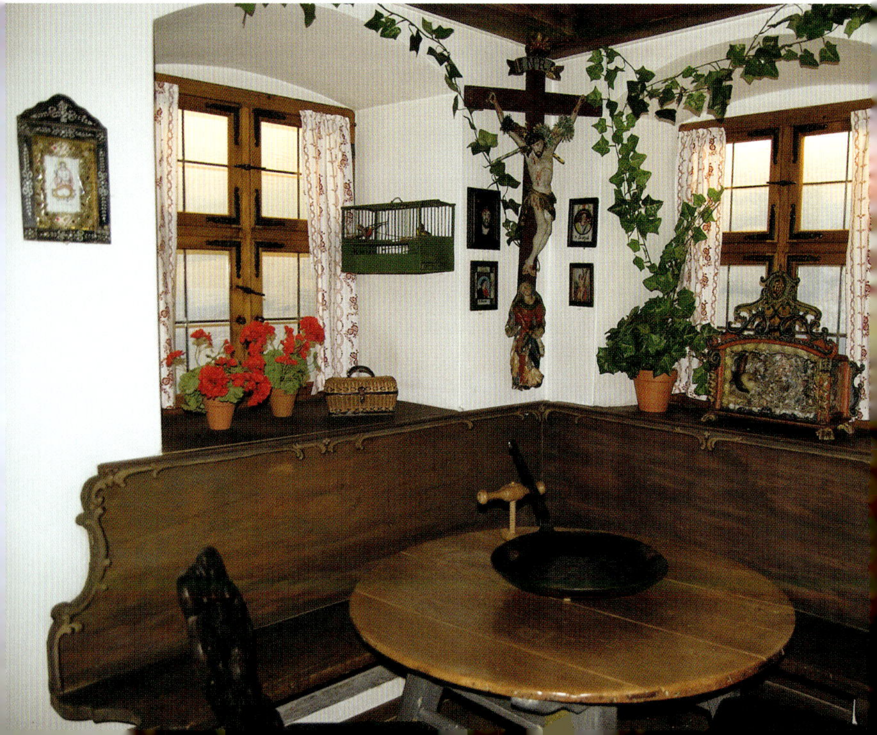

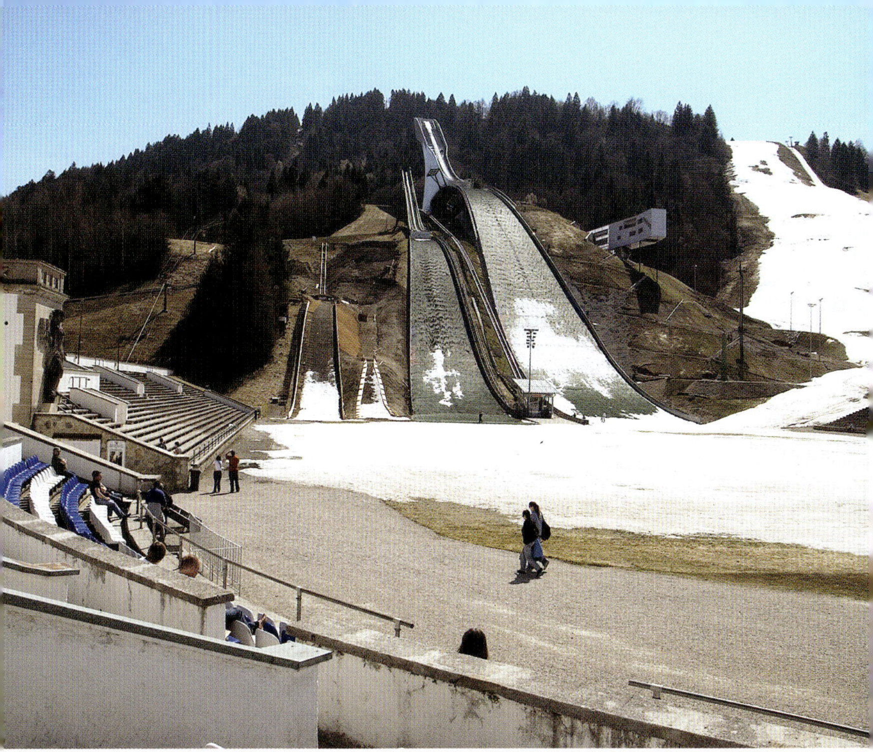

Das Olympia-Skistadion in Garmisch-Partenkirchen.

*Nach dem Überqueren der Bahngleise erreichen wir das **Olympia-Skistadion (5)**, das wir durch den linken Eingang betreten. Infotafeln erklären uns die Historie: Das Stadion wurde 1934 für die IV. Olympischen Winterspiele in Garmisch-Partenkirchen, die 1936 stattfanden, erbaut. Blickfang ist der 60 Meter hohe Turm der 2007 neu erbauten Großen Olympiaschanze, die Skisprünge über 140 Meter erlaubt (Führungen möglich). Am ersten Januar eines jeden Jahres findet hier das traditionelle Neujahrsskispringen im Rahmen der internationalen Vierschanzentournee statt. Rechts vom Stadion der »Gudiberg«, im Winter Slalomhang für Weltcup-Skirennen und die Ski-Weltmeisterschaft in Garmisch-Partenkirchen 2011.*

Wir durchqueren das Stadion und verlassen es durch den westseitigen Ausgang. Links ist der Abstecher zur eindrucksvollen Partnachklamm möglich (siehe Tour 17, Zufahrt zur Klamm auch mit Kutschenfahrt möglich). Ansonsten gehen wir rechts und dann links in den Partnachuferweg. Er führt uns zu einer Teerstraße, der wir links folgen. Wir bleiben immer links der Bahngleise, mit Blick auf die umliegenden Garmischer Berge, später auch auf das Wahrzeichen der dreikantigen Alpspitze (2629 m), die Waxensteine und, teils verdeckt, die Zugspitze (2962 m). Bald nach einigen Schrebergärten zweigt links ein Sträßlein zur Hausbergbahn ab. Hier überqueren wir die Bahngleise nach rechts und folgen einer Straße, die sich bald zur Klammstraße verbreitert.

Rechts ist ein Abstecher zum Alpspitz-Wellenbad und (links dahinter) zum ***Olympia-Eissportzentrum (6)*** *möglich, das 1934 ebenfalls für die Olympischen Winterspiele errichtet wurde. Nach einigen Umbauten dient es heute für Eishockeyturniere, Publikumseislauf, Eisstockschießen und Curling.*

Wir folgen ansonsten weiter der Klammstraße geradeaus in Richtung Ortszentrum von Garmisch. Bis zur Vereinigung der Orte 1935 waren Garmisch und Partenkirchen eigenständige Gemeinden, und manch Bruderzwist ist unter Einheimischen noch immer bekannt. Am Ende der Klammstraße gehen wir links (»Am Kurpark«), in den alten Ortskern von Garmisch, das 802 zum ersten Mal urkundlich erwähnt wurde. Vor der Barockkirche St. Martin von 1730 steht das mehr als 400 Jahre alte **Polznkasparhaus (7)**. Wir gehen links von der Kirche zur Ampel, gegenüber folgen wir der Durchgangsstraße ein kurzes Stück nach rechts und biegen dann in den rechten Arm der Griesstraße ab (vor dem Gasthof Schranne rechts) und kommen über die Sonnenstraße zur Kramerstraße. Dieser folgen wir, bis uns eine Holzbrücke über die Loisach zur Loisachstraße leitet. Diese gehen wir rechts. In der Loisach- und benachbarten Frühlingstraße können wir viele alte Garmischer Häuser und Bauernanwesen mit ihren Holzbalkonen und sommerlichem Blumenschmuck bewundern. Wir passieren das schöne Museum Aschenbrenner (Puppen- und Porzellansammlung, Krippenausstellung) und erreichen die Fürstenstraße. Ein kurzer Abstecher nach links führt zum Restaurant und **einstige Hotel Husar (8)**, mit Tradition seit dem Mittelalter und schönen Fresken. Direkt dahinter liegt die romanisch-gotische Alte Kirche St. Martin von Garmisch

Die älteste Kirche im Ort und das Restaurant und alte ehemalige Hotel Husar bilden einen schmucken stillen Winkel von Garmisch.

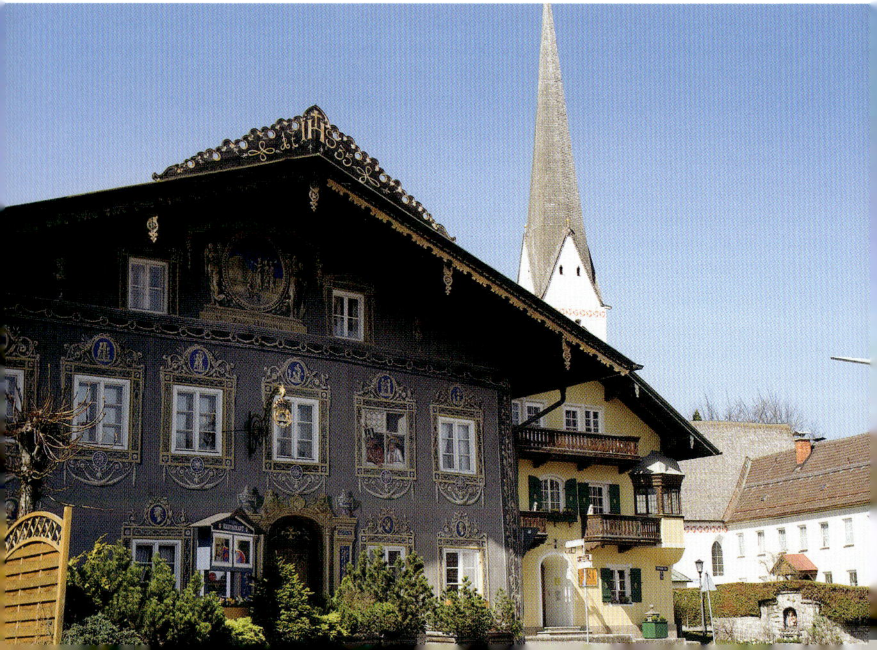

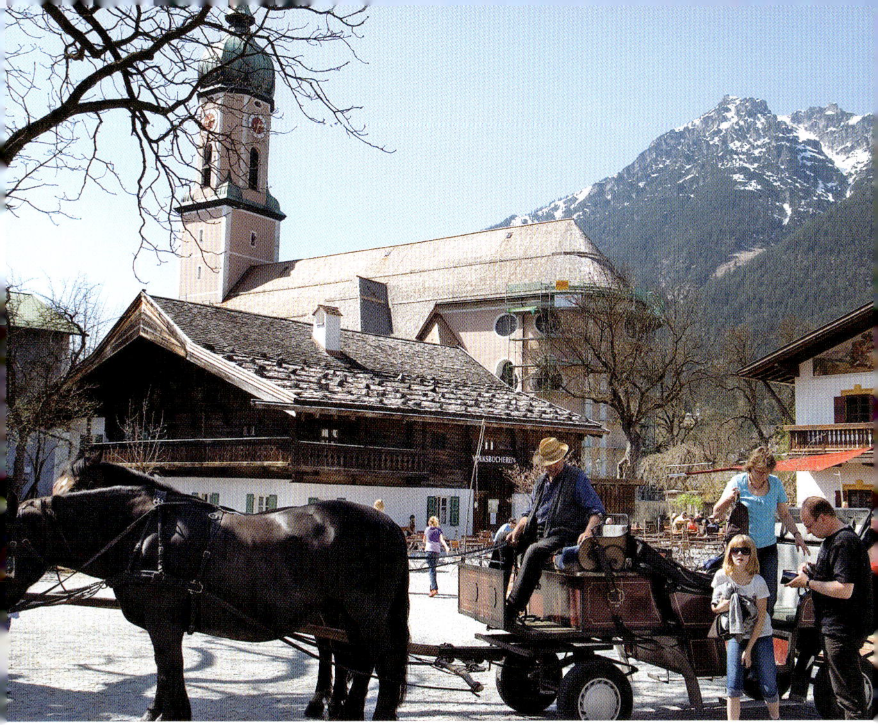

Das Polznkasparhaus von 1595 und die Pfarrkirche St. Martin liegen im Herzen von Garmisch.

mit baulichen Ursprüngen aus dem 13. Jh., dem ursprünglich wohl eine noch viel ältere Holzkirche voranging. Ansonsten gehen wir rechts zur Kreuzung, über die Ampel, kurz an der viel befahrenen Durchgangssstraße entlang nach rechts und links in die Fürstenstraße (Schild Spielbank). Gleich links gelangen wir in den Michael Ende-Kurpark hinein.

Das gelbfarbene Kurhaus empfängt uns rechter Hand. Die Erlebnisausstellung ***»Der Anfang vom Ende« (9)*** *ist leider seit vielen Jahren geschlossen und soll neu gestaltet werden. Sie war Michael Ende gewidmet, dem berühmten Autor von Kinder- und Jugendbüchern (»Die unendliche Geschichte«, »Jim Knopf«, »Momo«), geboren 1929 in Garmisch.*

Wir können uns noch ein wenig im Kurpark umsehen, in dem Michael Ende 1990, anlässlich des 60. Geburtstags des Parks, eine Linde pflanzte, und der 2009 in Michael-Ende-Kurpark umbenannt wurde (u. a. kann man hier fantasievolle Skulpturen und Stationen entdecken, Plan ansehen!). Dann verlassen wir den Park (vom Kurhaus aus rechts haltend) beim Hauptausgang, zum Richard-Strauss-Platz mit dem Kongresshaus. Rechts der Tourist-Information biegen wir in die Olympiastraße, dann gleich wieder links in die Chamonixstraße ein. Diese führt uns nach einer Gleisunterführung in die Bahnhofstraße und auf dieser geht es rechter Hand zurück zum Ausgangspunkt.

17 Partnachklamm und Schachenschloss

Zum höchstgelegenen Schloss Deutschlands

Auf dem Schachen hoch über Garmisch-Partenkirchen hatte sich König Ludwig II. seinen Traum erfüllt. Über die wilde Partnachklamm steigen wir hinauf zum schmucken Schloss und erleben auf dieser konditionsfordernden Rundtour großartige Einblicke in das Felsenreich des Wettersteingebirges.

KURZINFO

Ausgangspunkt: Parkplatz am Skistadion, 82467 Partenkirchen.
Anreise Pkw: Wie bei Tour 13 nach Garmisch-Partenkirchen. In Partenkirchen Richtung Innsbruck/Brenner halten. Am Ortsende rechts abzweigen zum Skistadion.
Anreise ÖPNV: Bahnlinie München–Garmisch/Innsbruck. Bahnhof Garmisch-Partenkirchen. Mit der Buslinie 1/2 Richtung Klinikum, Haltestelle Skistadion (ca. 15 Min. Fahrzeit).
Gehzeiten/Streckenlänge: 8.30 Std./ 23 km. Kürzerer und leichterer Anstieg ab Elmau (siehe Variante) möglich.
Höhenunterschied: 1200 Meter.
Anforderungen: Anstrengende Bergtour. Stets gut ausgebaute Wege, streckenweise aber steil und an einigen Stellen drahtseilgesichert. Volle Wanderausrüstung erforderlich, für die Partnachklamm auch Regenschutz und Taschenlampe empfehlenswert.
Einkehrmöglichkeiten: Am Touranfang/-ende vor der Partnachklamm Einkehrmöglichkeiten. Auf dem Schachen das Schachenhaus (ca. Anfang Juni bis Anfang Oktober), auch Übernachtung möglich, Tel. +49 172 8768868, schachenhaus.de.
Sehenswürdigkeiten: *Partnachklamm:* Täglich geöffnet, Juni bis September 8–20 Uhr, Oktober bis Mai 8–18 Uhr. Im Winter nur in Verbindung mit Tour 16 sinnvoll. Eintritt: 7,50 €, Kinder/Jugendliche 3 €. Tel. +49 8821 180700, partnachklamm.eu.
Schachenschloss: Ende Mai bis Anfang Oktober: Täglich Führungen um 11, 13, 14 und 15 Uhr. Eintritt: 5 €, ermäßigt 4 €. Tel. +49 8822 92030, sgvlinderhof@bsv.bayern.de, schloesser.bayern.de/deutsch/schloss/objekte/schachen.htm.
Alpengarten am Schachen: Mitte Juni bis Anfang September täglich geöffnet 8–17 Uhr. Eintritt: 3,50 €, Tel. +49 89 17861 310, bgm@snsb.de, botmuc.snsb.de/alpengarten-schachen/.
Variante: Wem diese lange, aber hochinteressante Bergtour auf teils steilen Wegen zu lang und anstrengend ist, dem sei, abgesehen von einer möglichen Übernachtung im Schachenhaus, der Weg von der Elmau empfohlen. Auf dem breiten, niemals steilen Weg geht es in 5.30–6 Std. mit etwa 850 m Höhenunterschied zum Schachen und wieder zurück.

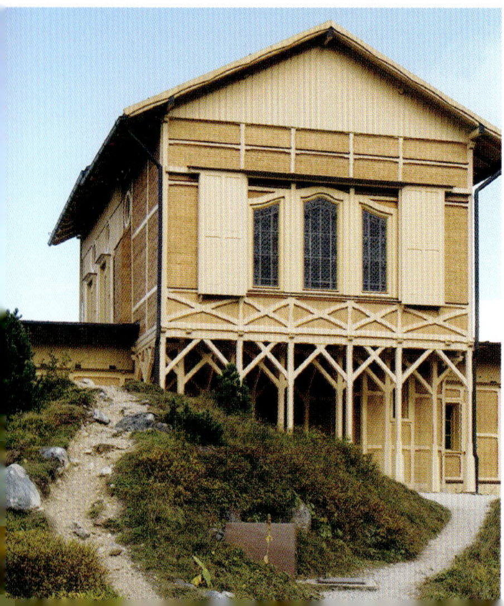

Außen wirkt das Königshaus auf dem Schachen wie eine vornehme Schweizer Landvilla, innen überrascht exotischer Reichtum.

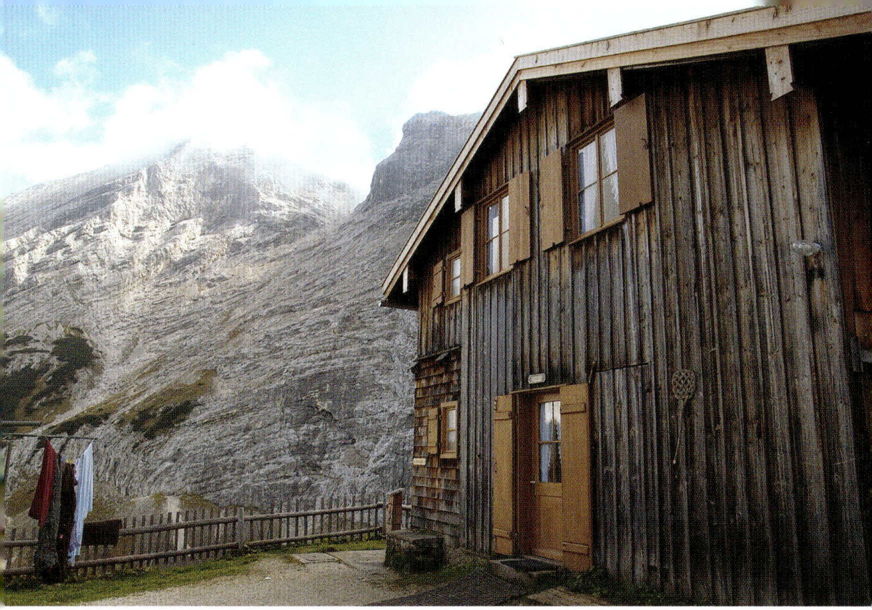

Schachenhaus: Bergwirtschaft mit Übernachtungsmöglichkeit.

Vom Parkplatz gehen wir rechts am Skistadion (siehe Tour 16) vorbei auf der Teerstraße taleinwärts bis zur Partnachklamm. Diese eindrucksvolle Felsenklamm durchqueren wir auf gut abgesichertem Steig mit einigen Tunnels.

In der rund 700 Meter langen ***Partnachklamm (1)*** *hat sich der Fluss Partnach, der tief hinten im Reintal unter den Zugspitzgletschern entspringt, nach den Eiszeiten über Jahrtausende eine enge Schlucht mit bis zu 80 Meter hohen senkrechten Felswänden gegraben. Zum ersten Mal durch Menschen »erschlossen« wurde die Klamm vor rund 200 Jahren, als Holz aus den Bergwäldern durch die Klamm ins Tal hinab getriftet wurde. Zur Unterstützung wurde 1886 ein Triftsteig durch die Klamm angelegt, der 1910–1912 für Touristen ausgebaut wurde. 1912 wurde die Klamm zum Naturdenkmal erklärt, 2006 zum Nationalen Geotop. Heute besuchen die Klamm jährlich rund 300.000 Besucher.*

Am Ende der Klamm folgen wir dem Weg weiter Richtung Reintal, rechts haltend am Partnachufer entlang. Wir überqueren den Fluss auf einer Brücke und gelangen zu einer großen Wandertafel. Links davon zeigen Schilder den Kälbersteig zum Schachen an. Dieser führt uns zunächst etwas steiler mit vielen Holzstufen durch lichten Mischwald bergauf. Später überqueren wir mehrfach eine Forststraße, beim zweiten Mal folgen wir ihr ca. 300 Meter lang bergauf, ehe kurz nach einer Rechtskurve der Steig wieder links abzweigt. Nach diesem langen Anstieg erreichen wir den breiten ehemaligen königlichen Reitweg, der von der Elmau heraufführt (siehe in der Kurzinfo die leichtere Anstiegsvariante). Dieser führt uns zwischen seltenen Zirbelkiefern und mit wunderschönen Ausblicken auf den Schachen und sein Schloss.

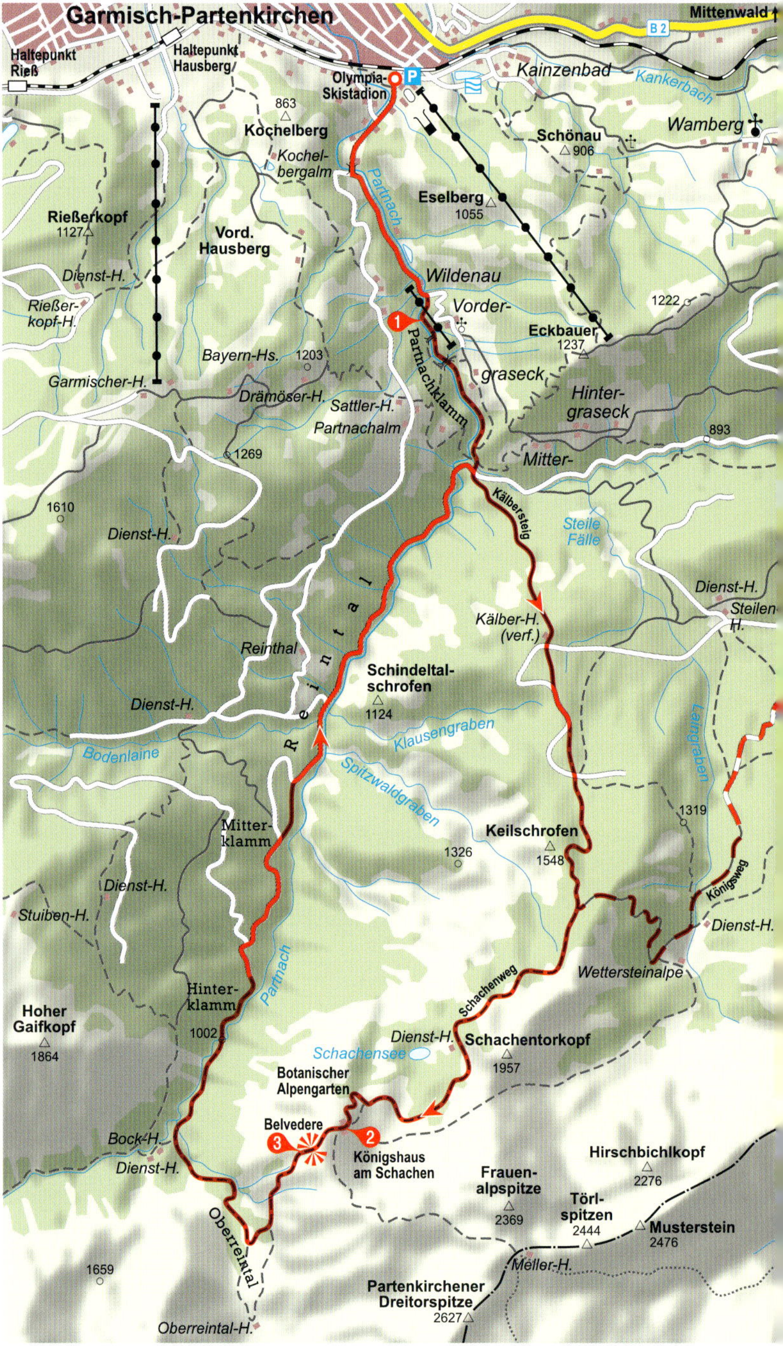

Garmisch-Partenkirchen
Mittenwald
B 2
Haltepunkt Rieß
Haltepunkt Hausberg
Olympia-Skistadion
Kainzenbad
Kankerbach
Wamberg
863
Kochelberg
Kochelbergalm
Schönau
906
Partnach
Eselberg
1055
Rießerkopf
1127
Vord. Hausberg
Dienst-H.
Rießerkopf-H.
Wildenau
Vordergraseck
1222
Eckbauer
1237
Bayern-Hs.
1203
Partnachklamm
Garmischer-H.
Drämöser-H.
Sattler-H.
Partnachalm
Hintergraseck
893
1269
Mitter-
1610
Kälbersteig
Steile Fälle
Dienst-H.
Reintal
Kälber-H. (verf.)
Steilen-H.
Reinthal
Schindeltalschrofen
1124
Klausengraben
Bodenlaine
Spitzwaldgraben
Laingraben
1319
Mitterklamm
Keilschrofen
1548
1326
Königsweg
Stuiben-H.
Wettersteinalpe
Schachenweg
Hinterklamm
Hoher Gaifkopf
1864
1002
Schachensee
Schachentorkopf
1957
Botanischer Alpengarten
Belvedere
Bock-H.
Königshaus am Schachen
Hirschbichlkopf
2276
Frauenalpspitze
2369
Törlspitzen
2444
Musterstein
2476
Oberreintal
1659
Meiler-H.
Partenkirchener Dreitorspitze
2627
Oberreintal-H.

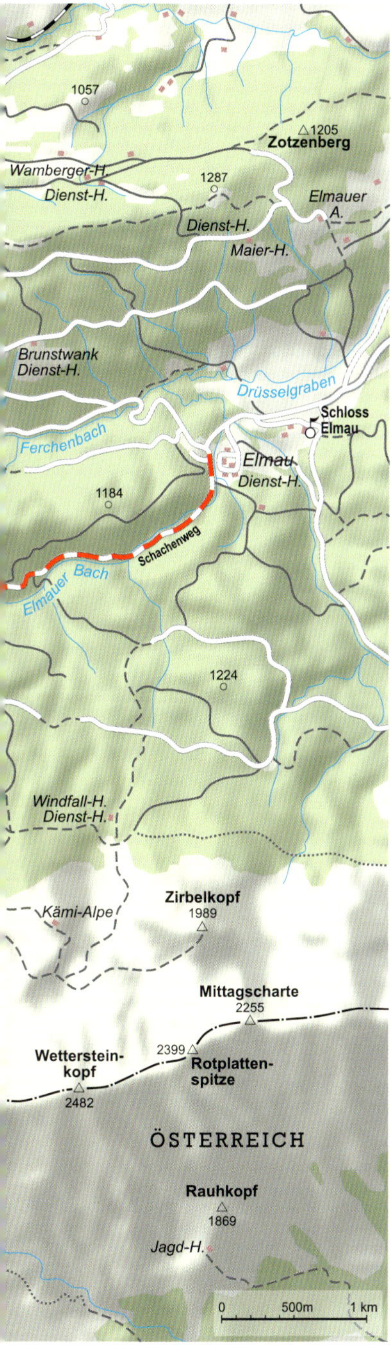

Das Königshaus am ***Schachen (2)****, 1866 m, wurde 1869 bis 1872 im Stile eines Schweizer Landhauses erbaut. König Ludwig II. nutzte dieses komfortable Refugium in seinen geliebten Bergen gerne und verbrachte auf dem Schachen häufig seinen Geburtstag (▶ Praxmarer/Adam). Das Innere kann nur im Rahmen der täglich mehrmals stattfindenden Führungen besucht werden. Es zeigt im Erdgeschoss die holzvertäfelten Wohnräume und im Obergeschoss als exotische Überraschung einen farbenfrohen türkischen Saal. Um uns leuchten Pfauenfedern, Leuchter, kostbare Stoffe und bunte Glasfenster – und das inmitten der bayerischen Bergwelt.*

Nach dem Schlossbesuch und einer Rast in den bewirtschafteten Schachenhäusern, früher die Unterkünfte für die Gefolgsleute des Königs, lohnt ein Blick in den Alpengarten unterhalb des Schlosses. Seit 1901 pflegt der Botanische Garten München hier 1000 Alpenpflanzenarten aus den Hochgebirgen in aller Welt. Für den Abstieg folgen wir den Schildern ins Reintal und Oberreintal gen Westen. Bevor der Steig linksseitig steiler hinabführt, gehen wir kurz geradeaus und bestaunen das **Belvedere (3)**, die ehemalige königliche Aussichtsplattform. Direkt am Abhang erbaut, bietet sie einen wahrhaft gewaltigen Ausblick zur Alpspitze, zum Zugspitzplatt und zum Hauptkamm des Wettersteingebirges mit dem von wilden Felstürmen gespickten Oberreintal links unterhalb. Wir folgen dann dem Abstiegsweg, der auch einige steilere felsige Passagen mit Drahtseilsicherungen beinhaltet. Unten

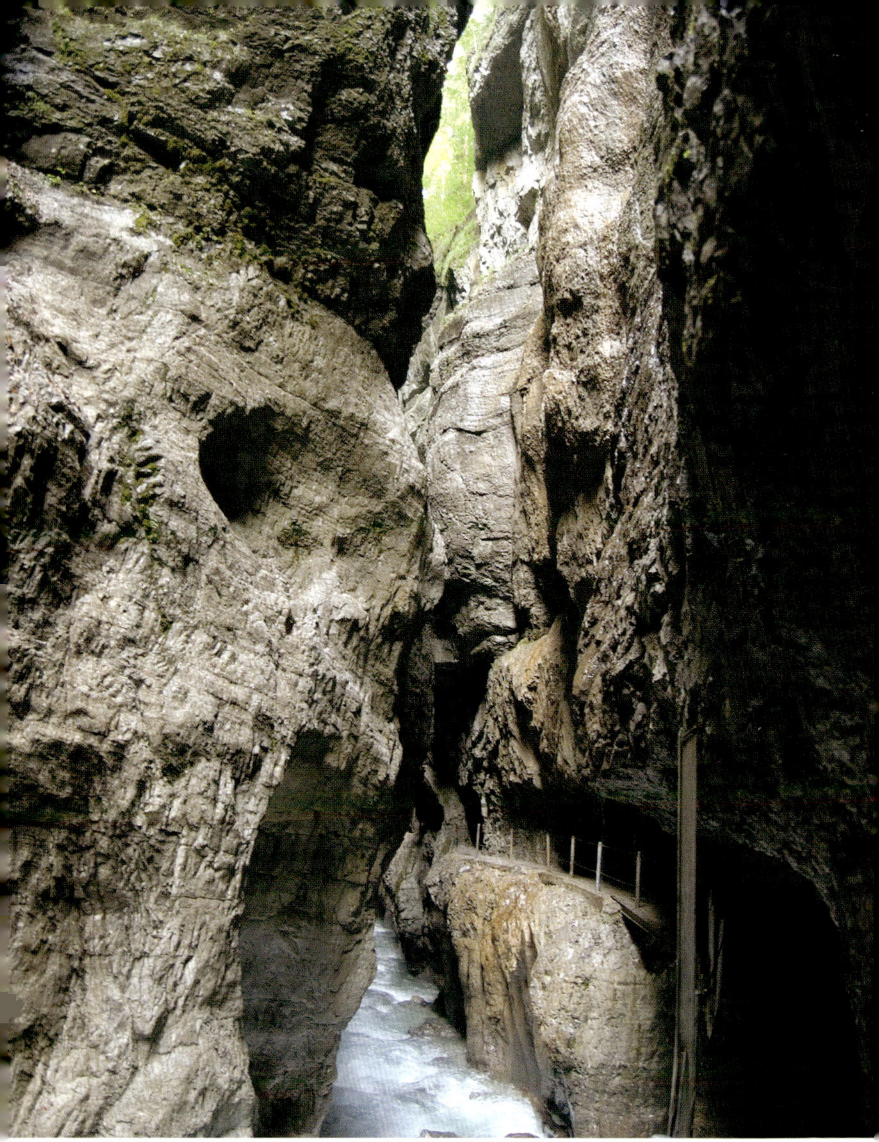

Die Partnachklamm bietet ein einzigartiges Naturschauspiel.

im Oberreintal leitet der Weg rechts über weitere Serpentinen im Wald hinab in das Reintal (die Abzweigung links erlaubt einen Abstecher in den großartigen Felskessel des Oberreintals, dessen traditionsreiche kleine Hütte aber den Kletterern vorbehalten ist). Im Reintal erreichen wir den breiten Weg, dem wir gemütlich talauswärts folgen. Nach mehreren Kilometern treffen wir kurz vor der Partnachklamm wieder auf unseren Hinweg, dem wir durch die Klamm zurück zu unserem Ausgangspunkt folgen.

Elmautal im Wettersteingebirge

18

Von der Schwaige zum Schlosshotel

Mitten ins Wettersteingebirge führt das Hochtal Elmau. War es im Mittelalter Heimat reicher Gutsbauern, so entstanden im letzten Jahrhundert renommierte Schlosshotels, in denen sich berühmte Persönlichkeiten ihr Stelldichein gaben. Auf unserer Rundtour besteigen wir zudem die Anhöhen der Elmauer Alm mit grandiosem Ausblick.

KURZINFO

Ausgangspunkt: Wanderparkplatz P3 hinter dem Hotel Kranzbach an der Mautstraße von 82493 Klais nach Elmau.
Anreise Pkw: Über die B 2 Garmisch–Mittenwald nach Klais. In den Ort Klais und dort Richtung Elmau bis zum Parkplatz rechts am Straßenrand (knapp hinter Hotel Kranzbach); Mautstraße.
Anreise ÖPNV: Bahnlinie München–Garmisch/Innsbruck. Bahnhof Klais. Von Klais an der Straße Richtung Elmau ca. 3 km bis zum Parkplatz. Zu gewissen Zeiten fährt von Klais bis zum Parkplatz auch ein Wanderbus: alpenwelt-karwendel.de/wanderbus.
Gehzeiten/Streckenlänge: 3–3.30 Std./9 km.
Höhenunterschied: 240 m.
Anforderungen: Meist gute Forst- und Bergwege, beim Abstieg von der Elmauer Alm ist es etwas steiler und kann nach Nässe morastig sein. Die Tour ist auch im Winter sehr lohnend und meist eingetreten, kann aber eisige Stellen aufweisen (am besten bei der Elmauer Alm erkundigen).
Einkehrmöglichkeiten: Elmauer Alm mit großartiger Aussicht (im Sommer und Winter überwiegend geöffnet, allerdings Ruhetage), Tel. +49 8823 18963, schloss-elmau.de/restaurants-lounges/elmauer-alm/. Keine Einkehrmöglichkeit mehr am Alpengut Elmau.
Sehenswürdigkeiten: Im Schlosshotel Kranzbach ist der Besuch von Tagesgästen nicht möglich.
Abendliche Veranstaltungen (Lesungen, Konzerte) nur für Einwohner aus der Umgebung (Stand 2023: 80 km Umkreis) im *Schlosshotel Elmau:* Tel. +49 8823 18260, schloss-elmau.de → »Kulturkalender«.

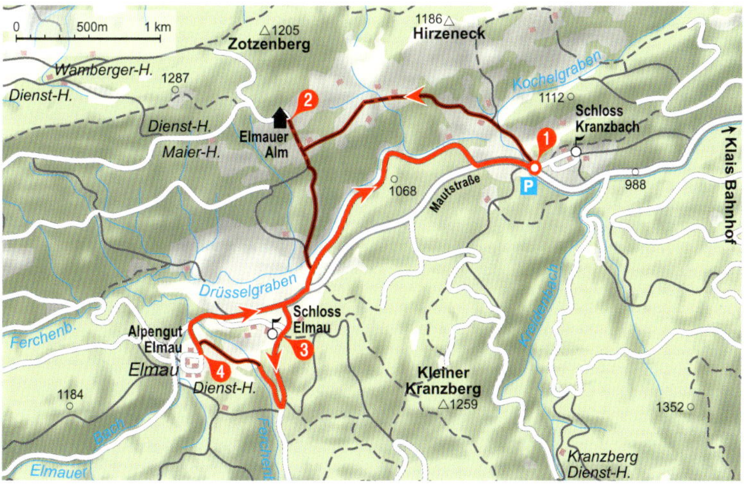

Vom Wanderparkplatz aus blicken wir hinauf zum stolzen Bau von Schlosshotel Kranzbach. Das Hotel und sein Außengelände sind allerdings für Nicht-Hotelgäste nicht zugänglich.

Den Bau von ***Schloss Kranzbach (1)*** *veranlasste die englische Adlige Mary Isabel Portman 1913. Sie hatte in Leipzig Musik studiert und erwarb die 13 Hektar große Kranzbachwiese, um dort eine Stätte für ihre Künstlerfreunde entstehen zu lassen. In den folgenden Jahren wurde das Haus, das mit seinem Tudor-Stil den Charakter eines englischen Landsitzes verkörpert, zwar fertiggestellt, doch leider konnte es Frau Portman aufgrund der Geschehnisse des Ersten Weltkriegs nie betreten. Für viele Jahrzehnte war Schloss Kranzbach dann Erholungsheim für Jugendliche, vorübergehend auch für das US-Militär. Ende 2003 ging das Hotel in private Hände über und wurde schließlich 2007 als komfortables Wellness-Hotel wieder eröffnet (mehr Details zur interessanten Geschichte: daskranzbach.de/media/DAS-KRANZBACH-Geschichtsbuechlein.pdf).*

Wir biegen am vorderen Ende des Parkplatzes in den breiten Forstweg ein (Schild zur »Elmauer Alm«). Dieser führt uns leicht ansteigend über die Bergwiesen. Wir halten uns immer aufwärts auf dem Weg, der nach einer Weile schmäler wird. Bei einer weiteren Verzweigung gehen wir rechts aufwärts und steigen etwas steiler bis zur **Elmauer Alm (2)** an. Diese gemütliche Bergwirtschaft auf 1203 m Höhe wurde 1927 gebaut und ihre aussichtsreiche Terrasse und gemütliche Stube ist sommers wie winters beliebt. Für den Abstieg folgen wir zunächst dem Aufstiegsweg und gehen bei der Wegverzweigung, bei der unser Hinweg von links einmündet, geradeaus steil abwärts (nicht rechts!). Der Weg ist erst etwas grob, wird dann rechts haltend flacher und führt schließlich durch Wiesen hinab zu einer Forststraße. Auf dieser halten wir uns rechts und gelangen zur Teerstraße, die uns nach rechts zum schon länger sichtbaren Schloss Elmau vor der grandiosen Kulisse des Wettersteingebirges führt. Wir biegen von der Teerstraße wieder links Richtung Hotel ab, passieren seine Parkplätze und bleiben dann links auf dem Forstweg, vorbei an den Anlagen des Schlosshotels.

Schloss Elmau (3) *ließ 1914–16 der Theologe und Naturphilosoph Johannes Müller erbauen. Natur und Kultur, Tanz und Gesang standen für die Gäste in dem einsamen Hochtal im Mittelpunkt. Nachdem das Haus während und nach dem Zweiten Weltkrieg für militärische Zwecke genutzt worden war, erwachte die Elmauer Kultur in den Fünfzigerjahren erneut und wurde zum Refugium von Künstlern und Intellektuellen der Bundesrepublik Deutschland. Künstler wie Yehudi Menuhin oder Benjamin Britten beehrten Elmau gerne, ebenso wie der Humorist Loriot oder Ex-Bundespräsident Johannes Rau. Erst 1965 war die Elmau übrigens mit dem Auto erreichbar, vorher hieß es auf Kutsche oder Schlitten umsteigen. Die Rede des Philosophen Peter Sloterdijk 1999 in Schloss Elmau (»Regeln für den Menschenpark«) erregte großes Aufsehen. Nach dem Großbrand 2005 wurde das Haus in ein Luxushotel der Extraklasse umgebaut. Auch wenn das kritisch-intellektuelle Flair der früheren Zeit ein wenig dem*

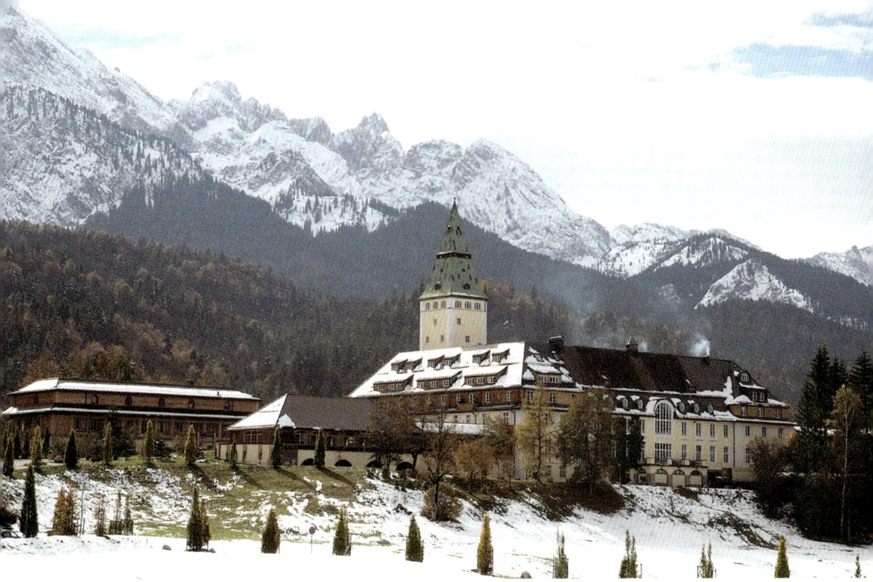

Schloss Elmau vor der großartigen Wettersteinkulisse.

Wellness-Trend weichen musste, bietet das Hotel noch immer ein reiches Programm abendlicher Lesungen und Konzerte. Nicht-Hotel-Gäste können nur Karten erwerben, wenn sie aus der näheren Umgebung kommen. 2015 und 2022 fanden G7-Gipfel auf Einladung von Angela Merkel bzw. Olaf Scholz mit internationalen Staatschefs, darunter Barack Obama und Joe Biden, auf Schloss Elmau statt.

Wir folgen weiter dem Forstweg durch lichten Wald. Bei der nächsten Verzweigung biegen wir im spitzen Winkel rechts ab (Schild nach Gut Elmau, nicht dem halbrechten Weg mit Schranke folgen!). Nach einer Brücke geht es in stetem Auf und Ab zu einer Teerstraße.

Links liegt das ***Alpengut Elmau (4)****. Es geht auf eine mittelalterliche Schwaige, also ein Gehöft am Berg zurück, welche den wohlhabendsten Geschlechtern Mittenwalds gehörte. Später lassen sich zwei Höfe, ein Sägewerk und ab 1778 die heutige Kapelle nachweisen. Aus dem Gehöft wurde im 19. Jahrhundert eine Unterkunft für Holzarbeiter und Wanderer und schließlich ein Gasthof, der seit Jahren leider geschlossen ist. In den Jahren nach 1872 hatte König Ludwig II. den Hof als Ausgangspunkt für seinen Weg hinauf zum Schachenschloss genutzt (siehe Tour 17).*

Vom Alpengut gehen wir die Teerstraße bergab zum Bach, dann rechts die Straße weiter. Nachdem wir das Schloss (rechts oberhalb der Straße) passiert haben, biegen wir wieder links auf die Forststraße ab (Schild »Kranzbach/Klais«). Auf diesem leicht ansteigenden Sträßchen bleiben wir nun, am Bach entlang und durch Wald, bis wir nach knapp zwei Kilometern die Autostraße und dahinter unseren Wanderparkplatz wieder erreicht haben.

19 Von Klais nach Mittenwald

Über Römerstraßen und Buckelwiesen

Durch Mittenwald, zu Füßen des Karwendelgebirges, zogen schon Römer und mittelalterliche Händler. Wir vertrauen uns der Route ab Klais an, die durch die blumenreichen Buckelwiesen zu dem Ort mit seiner Geigenbautradition führt.

KURZINFO

Ausgangspunkt: Parkplatz am Bahnhof von 82493 Klais. Endpunkt der Tour ist Mittenwald, von dort stündlich Rückfahrt mit der Bahn nach Klais (alternativ Rückweg auf dem Hinweg).
Anreise Pkw: Über die B 2 Garmisch–Mittenwald nach Klais.
Anreise ÖPNV: Bahnlinie München–Garmisch/Innsbruck. Bahnhof Klais.
Gehzeiten/Streckenlänge: 2.30–3 Std./9 km. Rückweg zu Fuß verdoppelt die Tourenlänge.
Höhenunterschied: 150 m.
Anforderungen: Überwiegend nicht befahrene Forststraßen und gute Wege, leichte bis mäßige Steigung. Zum Teil auf Radler achten.
Einkehrmöglichkeiten: In Klais: Klaiser Stube am Bahnhof. In Mittenwald viele Möglichkeiten, z. B. Hotel Alpenrose Obermarkt 1 (in einem der schönen alten Mittenwalder Häuser). Zwischen Klais und Mittenwald die gemütliche Goasalm mit Brotzeitterrasse und Ziegenmilch.
Sehenswürdigkeiten: *Geigenbaumuseum Mittenwald:* Außer dem Zeitraum Anfang/Mitte November bis Anfang Dezember sowie 31.12. täglich außer Montag 11–16 Uhr geöffnet (Hauptsaison 10–17 Uhr). Eintritt 5,50 €, Kinder von 7 bis 14 Jahre 2 €. Ballenhausgasse 3, Tel. +49 8823 2511 oder +49 8823 330, geigenbaumuseum@markt-mittenwald.de, geigenbaumuseum-mittenwald.de.

Erhalten gebliebenes Stück der ehemaligen Römerstraße.

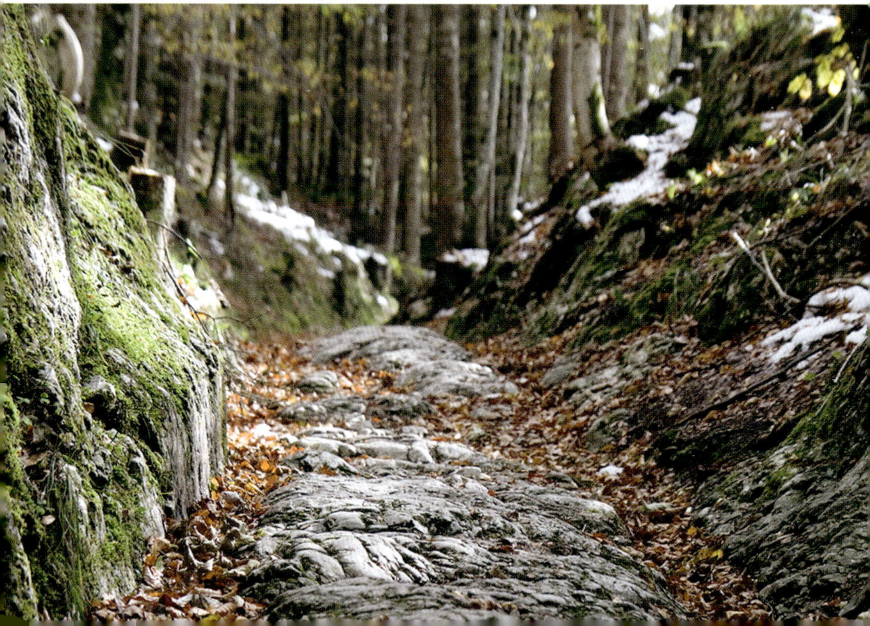

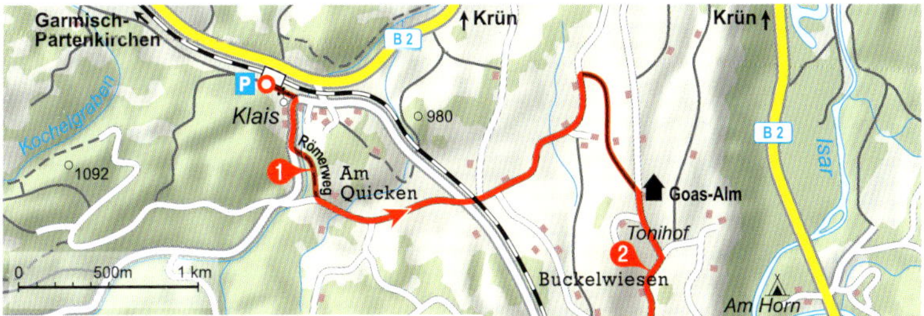
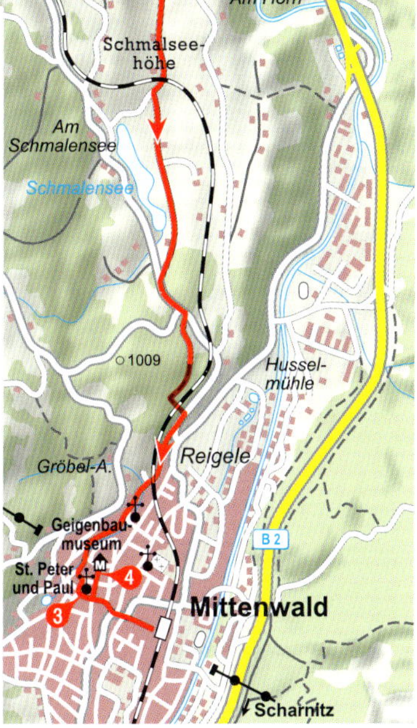

Vom Bahnhof Klais, höchstgelegener Bahnhof Bayerns an einer Normalspurstrecke, wandern wir in das Zentrum des kleinen Orts. Er wurde bereits 763 erstmals urkundlich erwähnt, als hier für etwa zehn Jahre ein Kloster stand, welches jedoch aufgrund der unwirtlichen Höhenlage und des damals dichten Waldbestands aufgelöst und mit Kloster Schlehdorf vereinigt wurde. Der Bau wurde später durch einen Brand zerstört. Wir orientieren uns an den Schildern Richtung Elmau und spazieren links an der schmucken Klaiser Kapelle vorbei, die 1597 erstmals erwähnt wurde. Am Ortsausgang überqueren wir linker Hand eine Holzbrücke über den Kranzbach und folgen bei einer Infotafel dem Römerweg nach rechts.

Der raue Waldweg zeigt uns die Spuren der ehemaligen Römerstraße ***Via Raetia (1)****. Rund 200 Jahre nach der Errichtung der Via Claudia Augusta über den Fernpass wurde unter Kaiser Septimius Severus und Kaiser Caracalla bis 217 der uralte Saumpfad über den Brenner zu einer Heeresstraße ausgebaut. Er führte von Mittenwald über diesen Abschnitt hier bei Klais bis Partenkirchen und Augsburg. Es ist nicht eindeutig klar, ob die deutlich erkennbaren Spurrillen in dem Waldgraben vor uns unter den Römern entstanden oder noch älteren keltischen Ursprungs sind, jedenfalls wandern wir auf einem rund 2000 Jahre alten Weg!*

Der Römerweg endet bald und mündet auf einer Wiese in einen von rechts kommenden Forstweg ein. Diesem folgen wir nach links, zwischen den schönen hügeligen Wiesen, »am Quicken« genannt. Nach einer Weile erreichen wir die Autostraße. Neben dieser gehen wir wenige Meter nach rechts, dann biegen wir links abermals in einen Forstweg ein, der uns zu den Bahngleisen hinaufführt. Jenseits von diesen folgen wir dem Wegweiser »Mittenwald«

leicht abwärts und rechts haltend. Nach ca. einem Kilometer gehen wir die Abzweigung Richtung Mittenwald rechts hinauf und erreichen die Goas-Alm (Ziegenmilch und Brotzeiten). Wir folgen der Beschilderung Richtung Mittenwald auf dem Teersträßchen südwärts und durchqueren eine wundervolle Landschaft. Direkt vor unseren Augen die nördlichste Kette des Karwendelgebirges mit dem Wörner (2476 m) ganz links, im Osten die Berge der Soierngruppe, hinter uns im Norden das Estergebirge und Richtung Südwesten das Wettersteingebirge.

Um uns liegen Teile der sogenannten **Buckelwiesen (2)**. *Ihre genaue Entstehung ist wissenschaftlich umstritten. Wahrscheinlich halfen nach dem Ende der Eiszeiten, und auch in jüngerer Zeit, abwechselnde Phasen von Niederschlägen und Trockenheit, Auftauen und Frost bei der Entstehung der charakteristischen Buckel. Bis ins 20. Jahrhundert hinein wurden immer wieder Teile der Buckelwiesen für die landwirtschaftliche Nutzung eingeebnet.*

Idyllische Buckelwiesen vor der Karwendelkette.

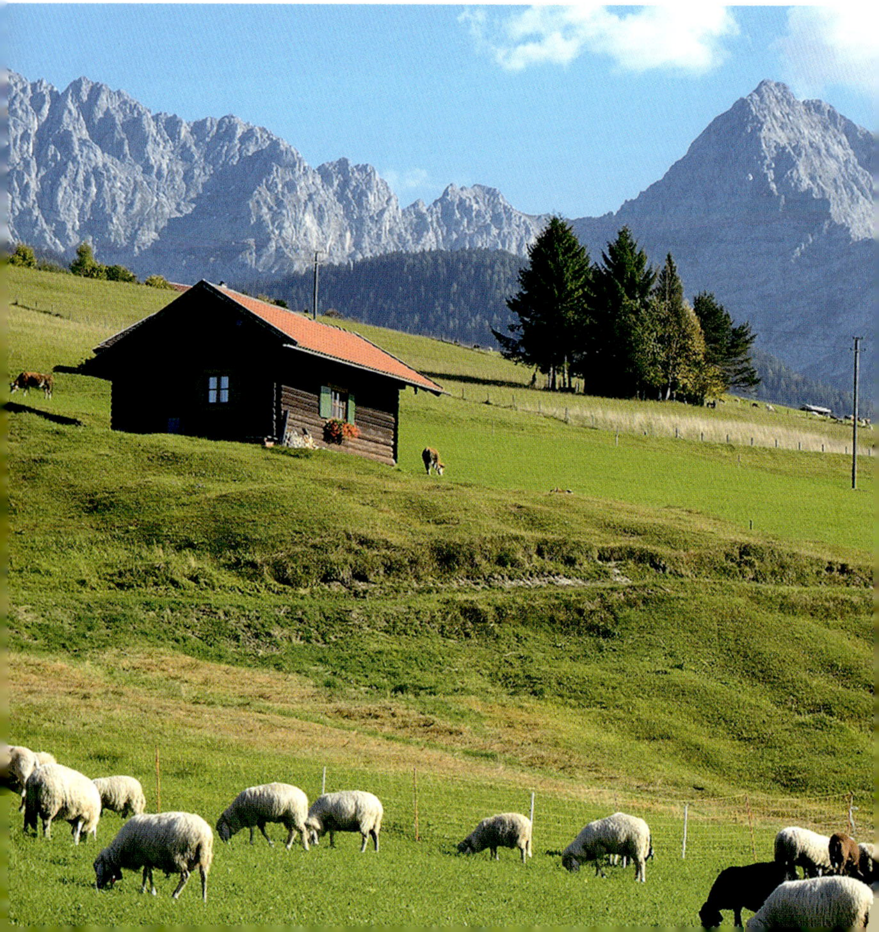

Heute stehen die übrigen Gebiete unter Naturschutz und zeigen im Frühjahr und Frühsommer eine wunderbare Blütenvielfalt. Um die Wiesen zu erhalten, mähen die Bauern ihren Anteil im Hochsommer traditionell mit der Sense, einige Bereiche werden mit Ziegen und Schafen beweidet.

Bald führt uns das Sträßchen wieder abwärts, wir gehen durch die Bahnunterführung und folgen oberhalb des idyllisch gelegenen Schmalensees der Beschilderung links nach Mittenwald. Nun wandern wir auf einem Teersträßchen oberhalb des Sees entlang nach Süden.
Vor Erreichen der Autostraße leitet uns links ein Fußweg aufwärts. Dann geht es nach rechts über die Hauptstraße, von der eine Straße Richtung Kranzberggebiet abzweigt. Zwischen den beiden Straßen beginnt eine Forststraße in den Wald (Schild »Sonnleiten«/Mittenwald). Wir folgen diesem schattigen Weg. Bei den Schildern »Mittenwald 0:10« bleiben wir erst auf der Forststraße, und zweigen später links ab. Der Weg führt über die Bahnlinie, dann mit schönem Blick bergab. An der Straße unten gehen wir rechts weiter, am Ortsbeginn dann rechts in die Goethestraße. Sie erinnert an die Durchreise von Johann Wolfgang von Goethe 1786 nach Italien, der Mittenwald als »lebendiges Bilderbuch« bezeichnete. Wir bleiben rechts auf der Goethestraße am Bergfuß und erhalten bald einen ersten Beweis für die Schönheit des Ortes am »Schlipferhaus« mit sehenswerter Lüftlmalerei, 1762/67 von Franz Karner. Halb links geht es auf der Goethestraße weiter, ehe wir links in die Matthias-Klotz-Straße einbiegen. Dieser folgen wir mit Rechts- und Linksbiegung, dann nochmal rechts und links, zur Mittenwalder Kirche.

*Die **Kirche St. Peter und Paul (3)** ist gotischen Ursprungs und entstand 1734–49 in ihrer heutigen Barockgestalt. Großartig erhebt sich der durch Lüftlmalereien bunt gezierte Turm vor den nahen Felsbergen des Karwendelgebirges. Der Wessobrunner Baumeister Joseph Schmuzer schuf den Stuck im Inneren, der Augsburger Matthäus Günther die Fresken an Turm und Decke.*

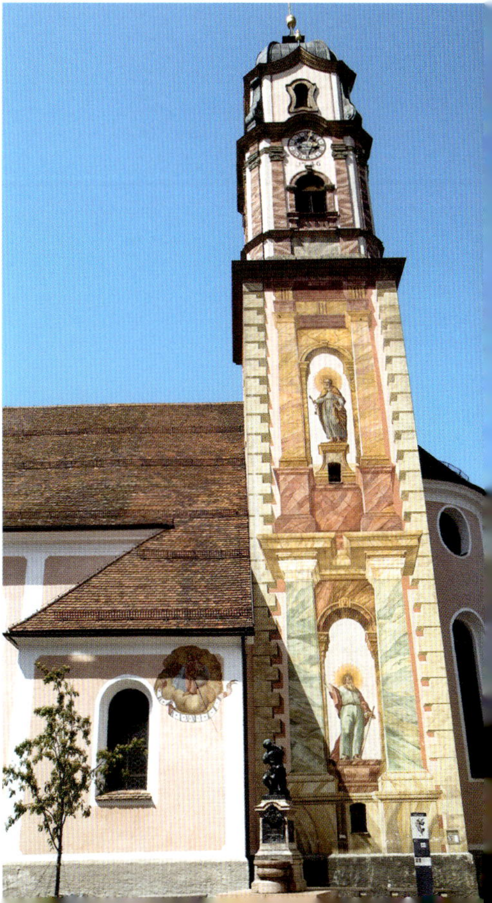

St. Peter und Paul.

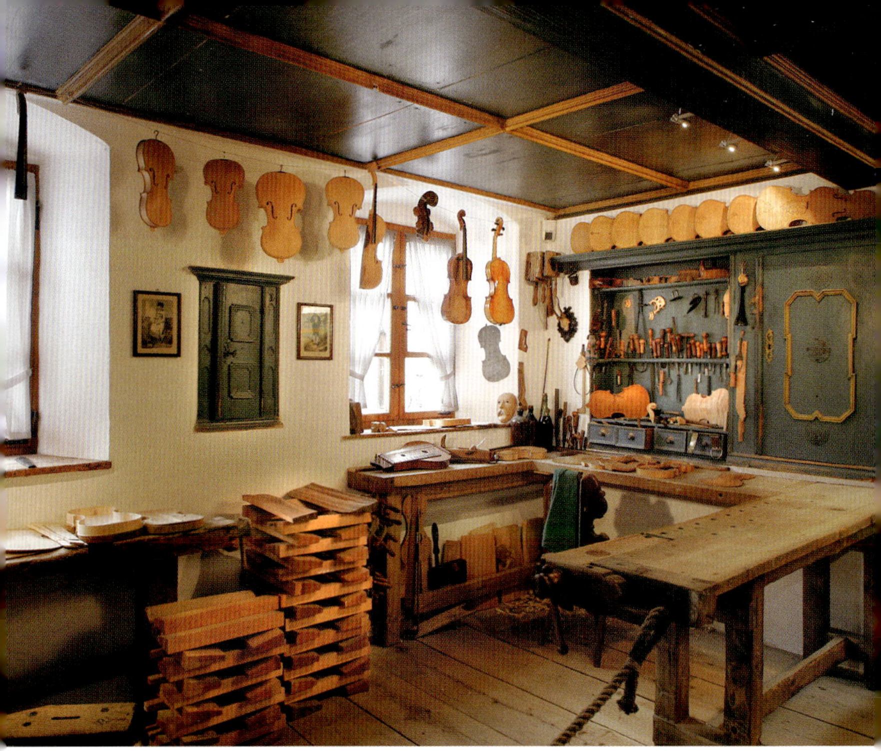

In die jahrhundertelange Handwerkstradition der Mittenwalder Geigenbaumeister führt das schmucke Museum ein.

Vor der Kirche steht das Denkmal von Matthias Klotz, 1684 Begründer des Geigenbaus in Mittenwald. Und dahinter gleich links in der Ballenhausgasse, mit weiteren wunderschönen Häusern, erblicken wir das Museum zu Ehren dieser Tradition.

Das ***Geigenbaumuseum (4)*** *erklärt uns die Geschichte des Geigenbaus in Mittenwald, das heute noch immer rund 10 Geigenbaumeister und eine Fachschule für Geigen- und Musikinstrumentenbau beherbergt. Das Museum zeigt uns, wie eine Geige entsteht, und informiert über die vielen verwandten Streich- und Zupfinstrumente.*

Wir gehen vom Museum zurück zur Kirche. Wer noch Zeit hat, kann nun den Obermarkt besuchen, wo sich weitere schöne Häuser finden. Der sich in diesem Ortsbild widerspiegelnde Reichtum entstand in einer Zeit, als Mittenwald wesentliche Handelsstation an der Rottstraße Venedig-Augsburg (der alten Römerstraße Via Raetia) war, und besonders 1487 bis 1679, als es den Bozener Markt, den Hauptumschlagplatz für Güter aus dem Süden, beherbergte.
Ansonsten bringen uns Hochstraße und Bahnhofstraße zum Bahnhof, von dem aus wir nach nach Klais zurückfahren. Wer zu Fuß zurückwandern möchte, folgt dem Hinweg.

DIE STEINE-EXPERTEN VON DER ISAR

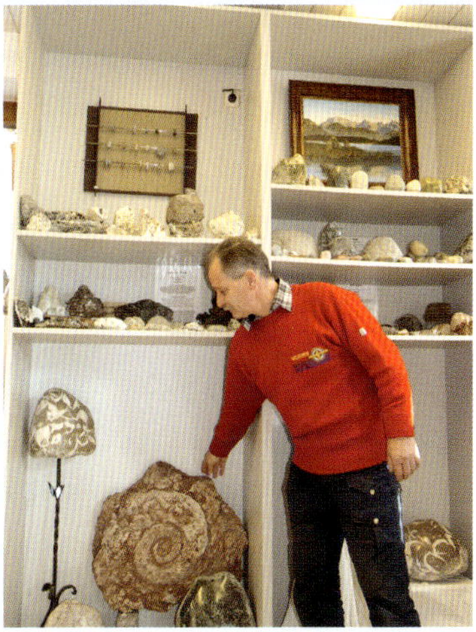

Josef Karner in seinem Museum.

Vera und Sepp Karner gelten weit über die Region hinaus als »Kieselstein-Spezialisten«. Entlang der Isar sammeln und erkunden sie heimische Steine und »Findlinge«. Die Eiszeitgletscher haben einst Gestein wie beispielsweise den grünen Juliergranit aus den Schweizer Alpen hierher transportiert. Vera und Sepp Karner verkaufen die edel geschliffene Steine nicht nur, sondern sie bieten in und um ihr Steinemuseum auch Führungen, »Schauschleifen« und Schleifkurse an – damit kann jeder seinen eigenen Isarkiesel finden und kunstvoll bearbeiten.
Außerdem haben die beiden geologische Lehrpfade in der Region installiert. Besonders empfehlenswert ist der »Isarkieselpfad« bei Krün mit mehreren Steinpyramiden, die Reihe für Reihe die Gesteinsarten erklären, die sich entlang der jungen Isar finden lassen. Ausgangspunkt: Wanderparkplatz an der Isarbrücke. In Krün (Anfahrt von Garmisch-Partenkirchen Richtung Mittenwald oder vom Walchensee aus) zur Touristinfo abzweigen und den Schildern zum Wanderparkplatz folgen.
Weitere geologische Lehrpfade der Karners gibt es bei Wallgau, auf dem Herzogstand, in Mittenwald und Seefeld (siehe Internetseite). Kontakt: Josef und Vera Karner, Finzbachstraße 1, 82494 Krün, Tel. +49 8825 562, geo-trip.de.

Der Isarkieselpfad bei Krün verbindet Lehrreiches mit großartiger Aussicht.

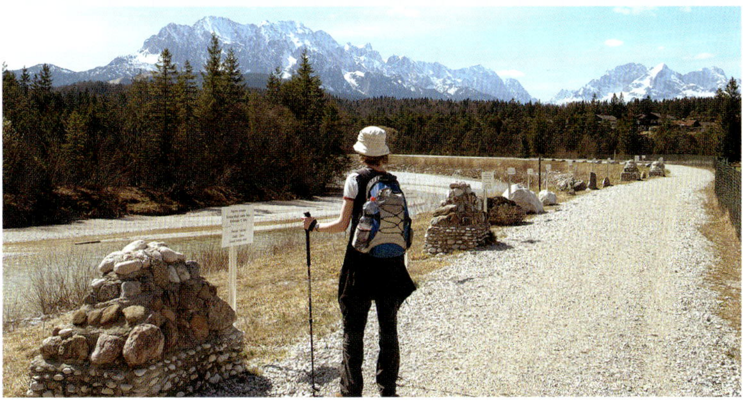

20 Bad Tölzer Stadtspaziergang

Der prächtige Markt am Isarufer

Das Stadtbild von Bad Tölz lebt von der Isar als blaue Ader und dem jahrhundertealten Handel auf dem Fluss. Unser Rundgang führt uns durch die bildschöne Marktstraße, auf den aussichtsreichen Kalvarienberg mit seinen kirchlichen Bauten und durch das Bad Tölzer Kurviertel.

KURZINFO

Ausgangspunkt: Zentralparkhaus P3 in der Bockschützstraße, 83646 Bad-Tölz. Anreise Pkw: Bad Tölz ist erreichbar über die A 8 München-Salzburg, Ausfahrt Holzkirchen, oder die A 95 München–Garmisch, Ausfahrt Sindelsdorf. Von Murnau aus geht es über die B 2 Richtung Norden und dann über die B 472 nach Bad Tölz. Das Parkleitsystem weist zum Parkhaus P3.
Anreise ÖPNV: Bahnverbindung München–Holzkirchen–Lenggries, Bahnhof Bad Tölz. Vom Bahnhof über die Bahnhofstraße und Salzstraße Richtung Stadtmitte. Dort direkt in der Marktstraße in die Tour einsteigen (ca. 1 km einfache Gehstrecke).

Gehzeiten/Streckenlänge: 1.30–2 Std./4,8 km.

Höhenunterschied: 120 m.

Anforderungen: Meist Fußgängerzonen und breite Gehsteige. Am Kalvarienberg steilere Wege und Stufen.

Einkehrmöglichkeiten: Nur eine Auswahl: in der Marktstraße: Kolberbräu (Nr. 29). Im Kurviertel: an der Ecke Ludwigstraße/Buchener Str. Tölzer Binderbräu und Pizzeria.

Sehenswürdigkeiten: *Stadtmuseum Bad Tölz:* Di–So 10–17 Uhr. Eintritt: 2 €, Kinder 6–16 Jahre 1 €. Marktstraße 48, Tel. +49 8041 7935156, bad-toelz.de.

Die farbenfrohe Tölzer Marktstraße mit den stattlichen Häusern zeugt vom Reichtum der alten Handelsstadt Tölz.

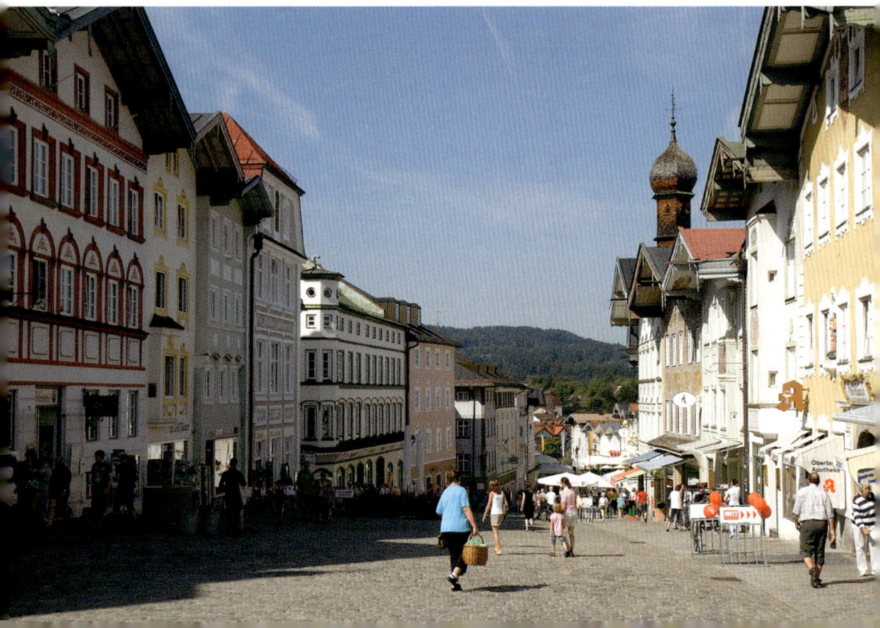

Vom Parkhaus folgen wir dem Weg rechts der Bockschützstraße am Isar ufer entlang zur Brücke. Über diese gehen wir und folgen rechts abwärts dem Kapellengasteig und der Lenggrieser Straße. Beim Fritzplatz (vor dem nächsten Parkplatz) gehen wir links und betreten das Griesviertel, die Altstadt von Bad Tölz. Hier, zwischen den sehenswerten verwinkelten Gassen siedelten sich im Mittelalter Handwerker und Flößer an. Beim Jungmayrplatz halten wir uns wieder links und folgen kurz danach rechts einer schmalen steileren Gasse auf die Kirche zu.

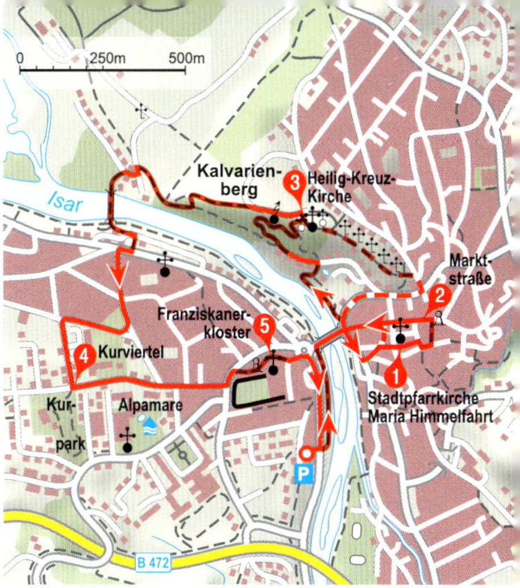

*Die **Stadtpfarrkirche Mariä Himmelfahrt (1)** von Bad Tölz geht auf eine Burgkapelle aus dem 13. Jahrhundert zurück. Nach einem Großbrand, der die ganze Stadt in Mitleidenschaft gezogen hatte, begann 1454 der Wiederaufbau im spätgotischen Stil. Der heutige markante Kirchturm entstand allerdings erst bei der neugotischen Umgestaltung 1875–77. Im Inneren besonders sehenswert ist die am Chorbogen schwebende Madonna im Strahlenkranz von 1611.*

Wir gehen direkt rechts an der Kirche vorbei und folgen am Frauenfreithof einem Weg mit Stufen und Brücken hinauf zu dem Torbogen »Stadtmuseum«. Durch die anschließende Passage kommen wir in die Marktstraße, welche wir genüsslich nach links, abwärts, durchqueren.

*Die **Tölzer Marktstraße (2)** zeugt vom Reichtum der Stadt, welchen die Flößerei seit dem 14. Jahrhundert sehr beförderte. Mit den Flößen auf der Isar belieferte Bad Tölz München mit Holz und Bier (Bad Tölz verfügte 1721 über 22 Brauereien!) sowie Waren aus dem Süden und Produkten des heimischen »Kistlerhandwerks«, das schmucke Bauernschränke und Truhen hervorbrachte. Das Stadtmuseum, nach der Passage gleich rechts, führt in diese reiche Geschichte ein. Das Gebäude, welches das Museum beherbergt, geht auf das Bürgerbräu von 1602 zurück. Davor steht das Standbild von Kaspar Winzerer III., im 16. Jahrhundert Pfleger von Tölz und als herzoglich bayerischer Feldherr und »goldener Ritter« gefeierter Volksheld. Weitere besonders sehenswerte Häuser in der Marktstraße sind auf der anderen Straßenseite das Pflegerhaus und Moralthaus sowie unterhalb, ebenfalls auf der rechten Seite, das alte Rathaus, das Weinhaus Höckh und die Alte Hofapotheke sowie das Marienstift (ganz am Ende vor der Isarbrücke links). Die Bauten, die zum Teil bis auf das 15. Jahrhundert zurückgehen, ziert reiche bayerische Lüftlmalerei. Durch Arbeiten des Münchner Architekten Gabriel von Seidl Anfang des 20. Jahrhunderts erhielt die Marktstraße ihr heutiges schmuckvolles Gesicht.*

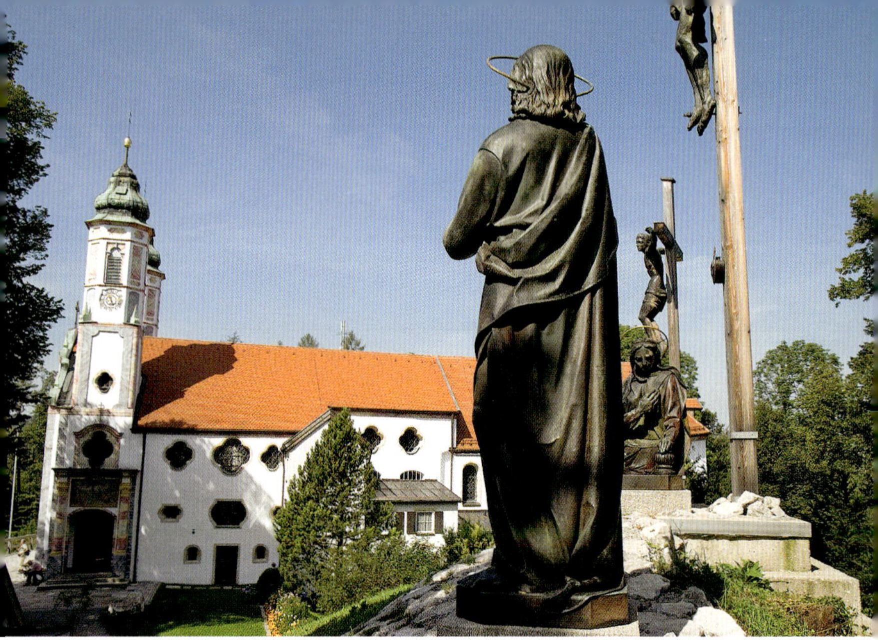

Auf dem Kalvarienberg hoch über Tölz lassen sich die doppeltürmige Heilig-Kreuz-Kirche und die Kreuzigungsgruppe bewundern.

Am Ende der Marktstraße, vor der Isarbrücke, gehen wir rechts in die Säggasse und verlassen sie gleich wieder, um den Wegen linker Hand am Isarufer zu folgen. Wir nehmen den rechten Weg (Schild K4 zum Kalvarienberg), welcher bei einem Spielplatz nach rechts aufwärts abzweigt (Stufen). Wir orientieren uns anschließend an dem Schild K4 nach links zu einem Teersträßchen und bald danach zum rechts ansteigenden Fußweg. Mittels Serpentinen und Stufen führt uns dieser hinauf auf die Anhöhe des Kalvarienbergs. Hier liegen uns Bad Tölz und die Isar zu Füßen und dahinter erblicken wir die Berge des Karwendels und der Brauneck-Benediktenwand-Gruppe rechts.

Die Bauten auf dem ***Kalvarienberg (3)*** *werden dominiert von der zweitürmigen Heilig-Kreuz-Kirche, deren Inneres den Aufbau einer Doppelkirche zeigt, mit der heiligen Stiege im hinteren Teil (auf welcher man sich auf Knien hinaufbetet). Erschlossen wurde der Tölzer Kalvarienberg im Auftrag des kurfürstlichen Salz- und Zollbeamten Friedrich Nockher. Die Kirche entstand dabei 1726, 1735 folgte die Kerkerkapelle am Fuße des Golgotahügels mit der in Kupfer getriebenen Kreuzigungsgruppe aus dem 19. Jahrhundert (aus Sicht unseres Anstiegs hinter der Kirche), 1926 der breit angelegte Kreuzweg mit fünf Kreuzwegkapellen (er führt hinter der Kirche hinab zur Nockhergasse und Säggasse, über ihn können auch Kinderwägen und Rollstuhlfahrer aus dem Ort heraufgelangen). Im Vordergrund steht die Leonhardkapelle von 1722, alljährlich am 6. November Ziel der berühmten Tölzer Leonhardifahrt.*

Von der Anhöhe richten wir uns nach den grünen Schildern »K4, K8 Isarsteg« gen Westen. Das Kiessträßchen führt zunächst nur leicht abwärts, dann folgt ein etwas rauerer Weg mit einigen Stufen. Bei einer Verzweigung nehmen wir eine Teerstraße nach links, dann orientieren wir uns an den gelben Schildern »Bad Tölz« bis zum Isarsteg. Auf ihm überqueren wir den Fluss, gehen anschließend nach links und zweigen bald wieder rechts ab auf einige Stufen, die uns hinauf zur Königsdorfer Straße führen. Auf ihr gehen wir einige Meter nach rechts, dann nach links in die Kyreinstraße. Bei der übernächsten Abzweigung folgen wir der Buchener Straße nach rechts und schließlich der Seppstraße wieder nach links.

Wir befinden uns im Bad Tölzer ***Kurviertel (4)****. 1845 entdeckte ein Knecht die Jodquellen und bald etablierte sich ein reger Bäderbetrieb. Das Kurhaus (am Ende der Seppstraße halb rechts) wurde 1914 eingeweiht, Architekt war Gabriel von Seidl. 1930 wurde die damals europaweit größte Wandelhalle eröffnet. Wir passieren sie, wenn wir nach der Seppstraße der Ludwigspromenade nach links folgen.*

Die Ludwigspromenade geht am Vichyplatz in die Ludwigstraße über. Diese führt uns anschließend links in die Badstraße.

Halb rechts oberhalb liegt das ***Franziskanerkloster (5)****. Sein Ursprung liegt in der 1618 errichteten Kapelle, auf die die heutige großzügige Klosterkirche zurückgeht. 2008 wurde das Kloster leider aufgelöst, die Kirche kann betreten werden.*

An der Klosterkirche vorbei erreichen wir absteigend wieder die Isarbrücke. Vor ihr gehen wir rechts in die Bockschützstraße und zurück zu unserem Ausgangspunkt am Parkhaus. (ÖPNV-Nutzer gehen über die Brücke wieder in die Marktstraße und von dort zum Bahnhof.)

Die heilige Stiege in der Heilig-Kreuz-Kirche auf dem Tölzer Kalvarienberg.

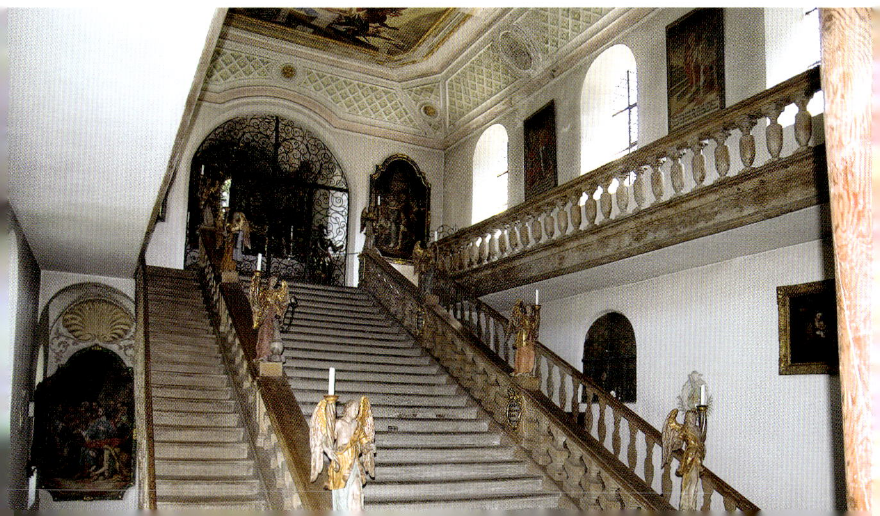

21 Rund um das Kloster Benediktbeuern

Eines der ältesten Klöster Oberbayerns

Über das Kloster Benediktbeuern ließe sich ein ganzes Buch schreiben. Die großzügigen Bauten und Höfe, heute eine Niederlassung des Salesianerordens, beherbergen auch eine Hochschule und ein Zentrum für Umwelt und Kultur (ZUK). Die Wege in und um das Kloster ermöglichen eine einzigartige Entdeckungsrunde durch die mehr als tausendjährige Geschichte und umliegende Kulturlandschaft.

KURZINFO

Ausgangspunkt: Großer Parkplatz am Kloster Benediktbeuern, 83671 Benediktbeuern.
Anreise Pkw: A 95 München–Garmisch, Ausfahrt Sindelsdorf, Richtung Bad Tölz, später Richtung Benediktbeuern. Vor dem Bahnübergang rechts in eine kleine Straße (Schild zum Kloster) und zum großen Parkplatz. Oder von Süden (Kochel/Walchensee) nach Benediktbeuern und in der Ortsmitte links abbiegen zum Kloster.
Anreise ÖPNV: Mit der Bahnverbindung München–Tutzing–Kochel zum Bahnhof Benediktbeuern. Dort zur Bahnhofstraße, rechts über die Gleise zum Kloster, davor rechts und dann nach links zum Parkplatz.
Gehzeiten/Streckenlänge: 1.30 Std./ 3,4 km. Für die vielen kleinen Einblicke in die Naturlehrgebiete und Bauwerke sollte man aber gut eine zusätzliche Stunde einplanen.
Höhenunterschied: Keine nennenswerten Höhenunterschiede.
Anforderungen: Meist breite, kaum befahrene Teer- und Forststraßen (auch für Kinderwagen). In den Naturlehrgebieten Abstecher auf kleineren Pfaden (müssen aber nicht begangen werden).
Einkehrmöglichkeiten: Am Kloster. Empfehlenswert ist nach der Tour ein Abstecher in den oberhalb gelegenen Ortskern von Benediktbeuern mit schmucken Häusern und empfehlenswerten Gasthäusern (»zur Post«, »Herzogstand«).
Sehenswürdigkeiten: *Kloster Benediktbeuern:* täglich von 9–17 Uhr sind die Kirche, Kreuzgang, Refektorium und Fraunhofer-Glashütte (9–16 Uhr) frei zugänglich. Regelmäßige Führungen auch in andere Teile des Klosters möglich (regelmäßige Termine mehrmals wöchentlich/im Hochsommer täglich, siehe Webseite. Oder Extra-Gruppenführungen nach Anmeldung.) Don-Bosco-Straße 1, Tel. +49 8857 880, kloster-benediktbeuern.de. Hier lohnt auch der Blick auf die Veranstaltungen, u. a. Open-Air-Konzerte im Klosterhof!
Zentrum für Umwelt und Kultur Benediktbeuern, Zeilerweg 2 (Maierhof), Tel. +49 8857 88731, zuk-bb.de.
Tipp für Kinder: Erkundung der Erlebnisbiotope mit Barfußpfad sowie des Gehölzpfades, Klangpfades und der Klostergärten.

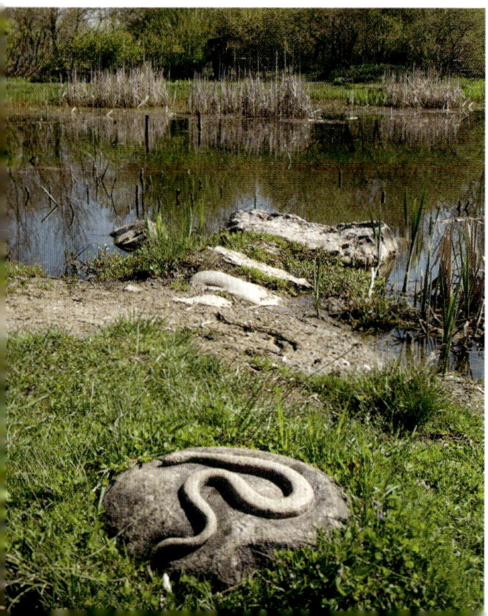

Das Naturlehrgebiet informiert über typische Lebensräume des Klosterumlands.

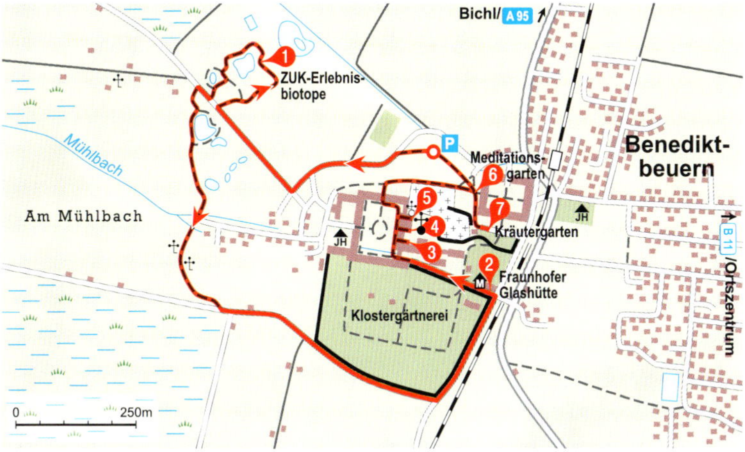

Vom Parkplatz aus wollen wir zunächst die Natur und Kulturlandschaft des Klosterumlands erkunden. Wir folgen dazu am klosterseitigen Ende des Parkplatzes, neben den Informationstafeln über den Salesianerorden, dem blauen Schild »Klosterrundweg« über einen kurzen Fußweg. Auf der anschließenden Teerstraße geht es links. Beim nächsten Schild (»Erlebnisbiotope«) gehen wir rechts in eine breite Forststraße.

*Bald erreichen wir die **Erlebnisbiotope des Zentrums für Umwelt und Kultur (ZUK, 1)** am Kloster Benediktbeuern. Gezeigt werden typische Lebensräume der angrenzenden Loisach-Kochelsee-Moore wie Teiche, Feuchtwiesen und Verlandungszonen. Zusätzlich eingefügt wurden Kleinstbiotopbausteine wie Legsteinhaufen, Insektenhölzer, Totholzhaufen und Hecken.*

Bei einer großen Tafel beginnt rechts eine Runde in das nördliche Erlebnisbiotop. Wir passieren einen Platz mit tollem Blick auf das Kloster und die felsige Benediktenwand (1801 m) sowie einen hölzernen Aussichtsturm mit Vogelbeobachtungsfenstern. Die Runde, die auch einen Barfusspfad, Balance-Brücken und einen Holzbohlensteg durch Moor bietet, führt wieder zurück auf die Forststraße. Dort geht es links, dann rechts in das südliche Erlebnisbiotop mit Teichen, Tümpeln und Trockenbiotopen. Der nachfolgende Kiesweg wird vorübergehend etwas schmaler, leitet über einen Bach und führt vorbei an einem Holzkreuz mit herrlichem Bergblick, noch immer am Rand des ausgedehnten Moosgebiets, welches im Sommer viele Schmetterlingsarten hervorbringt. Bei einer Weggabelung gehen wir links auf eine Pflaster- und Teerstraße, an der alten Klostermauer entlang, zur Bahnlinie. Hier spazieren wir links, und zweigen bald wieder links ab, in die Fraunhoferstraße.

*Dort steht die historische **Fraunhofer-Glashütte (2)**. Der Physiker Joseph von Fraunhofer arbeitete von 1809 bis 1819 in Benediktbeuern. Seine For-*

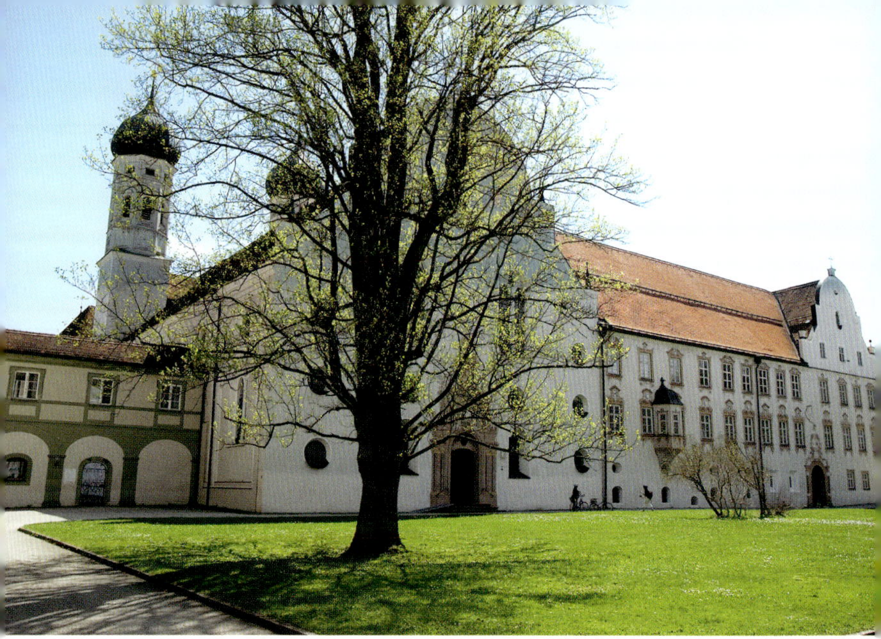

Im Klosterhof von Benediktbeuern umfängt den Besucher eine wohltuende Weite und Stille.

schungsleistungen zur physikalischen Optik ermöglichten ihm den Bau der größten und leistungsfähigsten astronomischen Fernrohre seiner Zeit.Das kleine Museum führt uns am historischen Ort in die Arbeitswelt Fraunhofers anhand von originalen Ausstellungsstücken, unter anderem zwei noch erhaltenen Hafenschmelzöfen und Schleifmaschinen zur Glasbearbeitung.

Wir verlassen die Glashütte und gehen auf der Fraunhoferstraße weiter, vorbei an der Klostergärtnerei (heute ein anerkannter Betrieb mit biologischem Landbau und Laden), zum zentralen Klostergebäude. Im prächtigen Innenhof halten wir uns rechts und erreichen den Eingang zum Klosterladen. Im Inneren können wir den gotischen **Kreuzgang (3)** von 1493 und alte Säle wie das Refektorium (mit Café), den ehemaligen klösterlichen Speisesaal mit seinen Deckenschnitzereien, bewundern.

Zurück im Hof, können wir ein Stück weiter die Päpstliche ***Basilika St. Benedikt (4)*** *betreten. Erbaut von 1672 bis 1686, zählt sie zu den frühesten Barockbauten Oberbayerns. Beachten sollten wir, neben dem großartigen Gesamteindruck des hohen und breiten Schiffs mit dem schweren italienischen Stuck, die ersten, in Freskotechnik geschaffenen Deckenbilder Georg Asams und die neun Marmoraltäre, mit dem Hochaltar von 1686.*

Nach der Besichtigung der Kirche können wir ein Stück weiter rechts den Friedhof betreten.

Er gewährt uns Zugang zur ***Anastasiakapelle (5)*** *an der Nordostecke des Kirchenbaus. Abt Leonhard Hohenauer ließ 1751–1753 dieses »Juwel des Rokoko« erbauen, aus Dankbarkeit zur heiligen Anastasia, die 1704 durch die wundersame Rettung des Klosters vor dem Spanischen Erbfolgekrieg zur Schutzpatronin der Region wurde.*

Wir gehen zurück in den Innenhof, halten uns rechts und blicken noch mal auf den Außenbau der Basilika. Dann verlassen wir den Hof rechts in Richtung Parkplatz. Bevor wir die Rückreise antreten, lohnt noch ein ca. 15-minütiger Abstecher zum gegenüberliegenden Maierhof.

Kurz vor dessen Gebäude liegt rechts der ***Meditationsgarten (6)****. In Anlehnung an das Bodenlabyrinth in der Kathedrale von Chartres, führt ein 160 Meter langer Natursteinweg spiralförmig an vier Beetkreisen entlang bis zu einem Quellstein in der Mitte. Bei diesem besinnlichen Gang genießen wir die wunderschön angelegte Pflanzenwelt (rund 170 Pflanzenarten und -sorten) und einen abermalig schönen Blick auf das Kloster.*
Gegenüber vom Meditationsgarten liegt ein kleiner, lehrreicher Rosengarten und rechter Hand leitet ein Schild auf einem Kiesweg zum ***Kräutergarten (7)****. Diese Anlagen sind, wie die Erlebnisbiotope zu Beginn unserer Tour, den Aktivitäten des Zentrums für Umwelt und Kultur am Kloster Benediktbeuern (ZUK) zu verdanken. Als modernes Bildungs- und Tagungszentrum vermittelt es Eindrücke einer naturnahen Landschafts- und Gartengestaltung und ökologischen Wirtschaftsweise. Vom Kräutergarten aus gelangt man in den Kräutererlebnisladen mit Kräuter-Café.*

Vom Kräutergarten gehen wir den Kiesweg zurück zum Meditationsgarten und zum Parkplatz, unserem Ausgangspunkt.

Im gotischen Kreuzgang von 1493 finden häufig Ausstellungen statt.

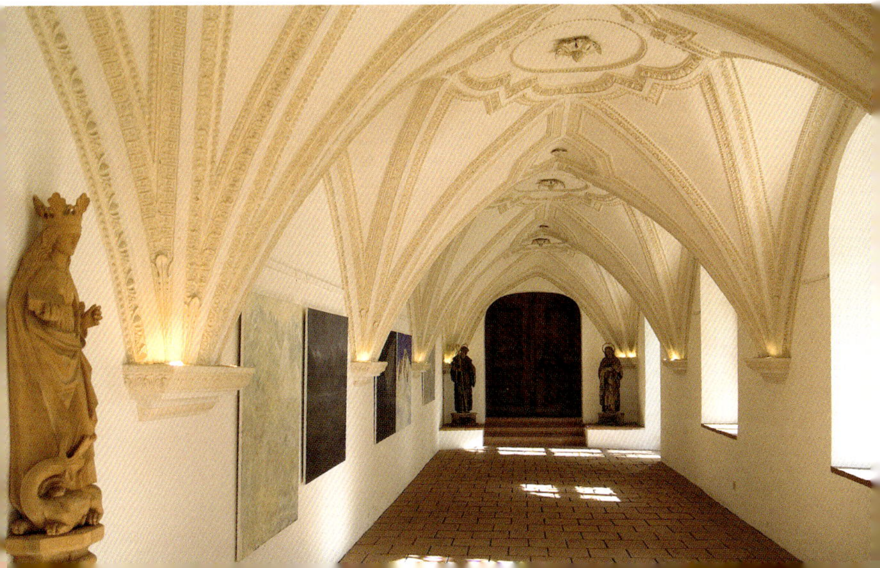

KLOSTER BENEDIKTBEUERN

Seine Geschichte und die Entstehung der »Carmina Burana«

Benediktbeuern ist eines der ältesten Klöster Oberbayerns. Seine Gründung fällt ins 8. Jahrhundert. Um 739 weihte der Hl. Bonifatius die Kirche und eine Benediktinerabtei entstand. Karl der Große überbrachte dem dritten Abt Elilant die große Reliquie vom rechten Arm des heiligen Benedikt, die den Namen der Abtei Buron in Benediktbeuern änderte.

955 im Ungarnsturm zerstört, wurde das Kloster durch den heiligen Bischof Ulrich von Augsburg wiederaufgebaut und 1031 durch Benediktiner aus dem Kloster Tegernsee neu besiedelt. Im Hochmittelalter entstanden die Carmina Burana (lat. »Beurer Lieder« oder »Lieder aus Benediktbeuern«), eine Sammlung von 254 mittellateinischen, seltener mittelhochdeutschen, altfranzösischen und provenzalischen Lied- und Dramentexten zumeist anonymer Dichter, die überwiegend im 11. und 12. Jahrhundert verfasst und 1230 in einer einzigen Handschrift niedergelegt wurden, vermutlich in der Steiermark oder in Südtirol. Es wird angenommen, dass die Schrift 1350 nach Benediktbeuern gelangte. Dort blieb sie jahrhundertelang verwahrt und wurde erst 1803 im Zuge der Säkularisation entdeckt und in die Bayerische Staatsbibliothek nach München überführt. Berühmt gemacht hat die Carmina Burana der Komponist Carl Orff, der 1935/36 24 der Lieder in eine szenische Kantate und ein monumentales Chorwerk verarbeitete, mit dem populären Eingangschor »O fortuna«.

Zwischen 1669 und 1679 wurde die heutige barocke Form der Klosteranlage geschaffen und ab 1672 die Klosterkirche St. Benedikt neu gebaut. 1803 erfolgte die Aufhebung des Klosters durch die Säkularisation. Dennoch konnte es im 19. Jahrhundert baulich erhalten werden und diente dem Staat unter anderem als Invalidenhaus, Kaserne und Genesungsheim. Die Klosterkirche wurde zur örtlichen Pfarrkirche.

1930 übernahmen die Salesianer Don Boscos die Gebäude wieder als Niederlassung einer Ordensgemeinschaft. 1931 wurde die »Theologische Studienanstalt« gegründet, aus der die staatlich anerkannte Philosophisch-Theologische Hochschule (PTH Benediktbeuern, seit 2013 geschlossen) hervorging. Insgesamt beherbergten die Benediktbeurer Hochschulen 2007 rund 600 Studierende. Heute werden in Benediktbeuern noch Soziale Arbeit sowie Religionspädagogik und kirchliche Bildungsarbeit als Abteilung der Katholischen Stiftungshochschule München (KSH) gelehrt, zudem werden Zusatzqualifikationen in Musik- und Erlebnispädagogik angeboten. Seit 1988 befindet sich im Klostergelände auch das Zentrum für Umwelt und Kultur Benediktbeuern.

Der Kräutergarten im Kloster Benediktbeuern zeigt entwicklungsgeschichtlich verwandte Pflanzengruppen.

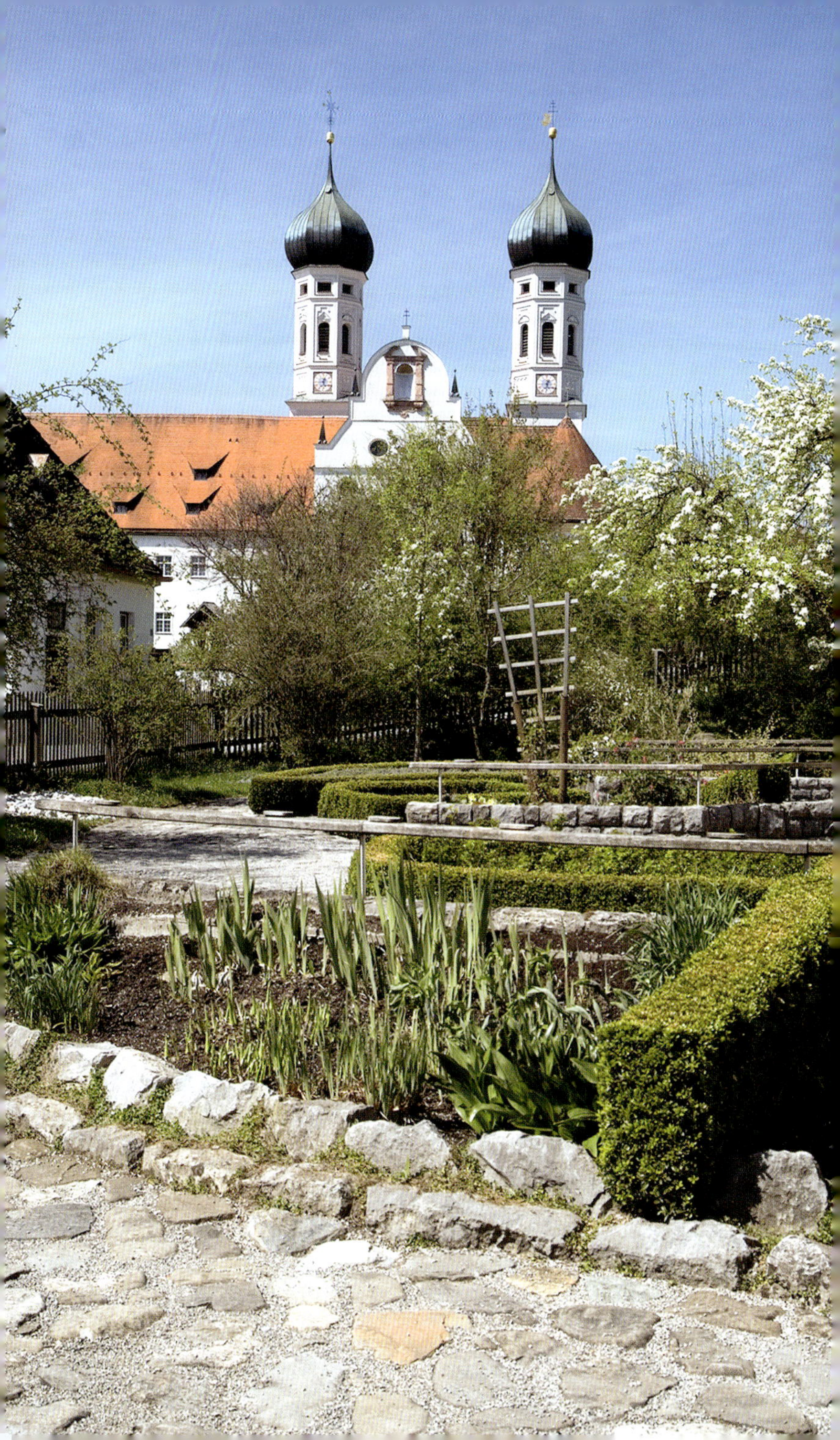

Im Geburtsort des Blauen Reiters:

E Sindelsdorf und sein Malerweg

Im schön gelegenen Örtchen Sindelsdorf, westlich von Benediktbeuern, lebte Franz Marc von 1909 bis 1914, ehe er nach Ried bei Kochel zog. Hundert Jahre später wurde 2009 der Sindelsdorfer Malerweg eröffnet. Der Kernweg führt in circa 1 Stunde Gehzeit auf 2,5 km bequemen Wegen und kleinen Straßen zu 11 Informationstafeln und ist durch kleine blaue Schilder markiert.
Es empfiehlt sich, an der Franz-Marc-Straße rechts vor dem Friedhof zu parken und der Straße vorbei am Friedhof zu folgen. Es folgt die renovierte und wieder aufgebaute Gartenlaube (Tafel 2), in der sich Franz und Maria Marc gerne mit ihren Künstlerfreunden trafen, insbesondere Wassily Kandinsky und Gabriele Münter, und in welcher man die Gründung des Blauen Reiters besprach. Die Franz-Marc-Straße führt weiter im Linksbogen und erreicht rechter Hand Haus Nr. 1, mit Marcs ehemaliger Wohnung (Tafel 3). Bei der folgenden Kreuzung geht es links in die Hauptstraße, wo wir (an der rechten Seite) an Marcs Künstlerfreunde und ehemalige Sindelsdorfer Wahlbürger, den Tiermaler Jean-Bloé Niestlé (Tafel 4), sowie an Heinrich Campendonk, Mitglied des Blauen Reiters (Tafel 5), erinnert werden (sehenswertes Campendonk-Museum im nahen Penzberg!). Das Malerweg-Schild führt dann rechts in die Mühlgasse, zu Marcs Motiv an der Off-Mühle (Tafel 6), dann wieder zweimal rechts zum Motiv der »Stradrischn« (»Heuhocken«) (Tafel 7). Dort kehren wir um und folgen der Durchgangsstraße ein Stück zurück, anschließend rechts in die Saliterstraße, vorbei am Pfarrhof (Tafel 8), rechts in einen Wiesenweg und wieder links zu Tafel 9 am Haus Böhm. Wir gehen die Königbergstraße weiter, vorbei an Tafel 10, die an den romantischen Maler Bernhard Stange, Sindelsdorfer noch vor Marcs Zeiten, erinnert, und erreichen wieder die Durchgangsstraße. Gegenüber, rechts der Kirche, der ehemalige Dorfladen (Tafel 11) sowie links der Kirche der Gasthof Zur Post, in den Marc gern einkehrte, mit jahrhundertealter Tradition (Tafel 12). Rechts von Tafel 11 befindet sich der eigentliche Start (Tafel 1, nur Übersicht) sowie ein Pavillon mit weiteren Infotafeln. Wenn wir ihn passiert haben, zweigen wir wieder links in die Franz-Marc-Straße zurück zum Parkplatz ab.

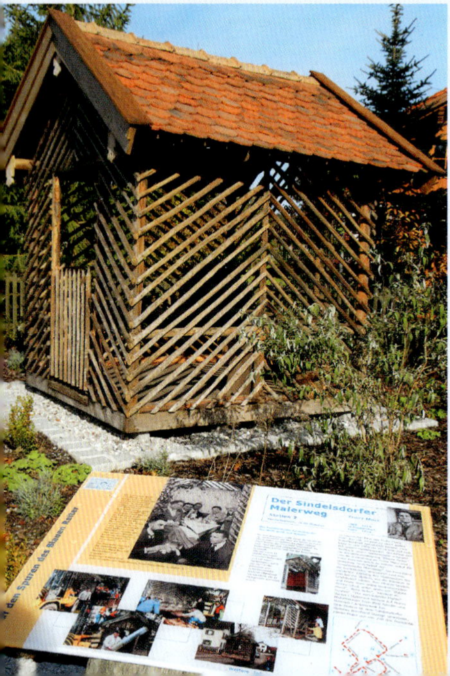

Der Malerweg führt zu interessanten Zeugnissen von Franz Marcs Vergangenheit in Sindelsdorf, wie hier der berühmten Gartenlaube.

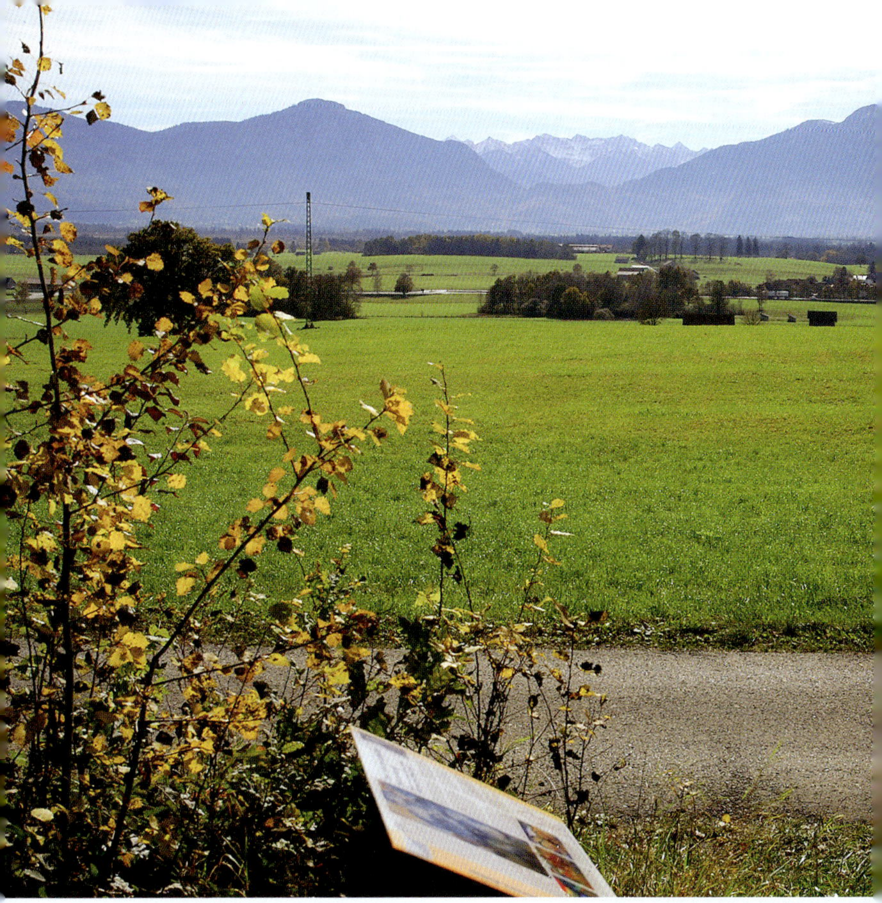

Aussichtspunkt über dem Blauen Land.

Der Malerweg bietet drei Abstecher (»Außenstellen«):
Während der Wanderung lohnt Abstecher A, der bei Tafel 9 abzweigt und zum sehr schönen Aussichtspunkt Seeleiten führt (hin und zurück 800 Meter). Am Ende der Tour (am Parkplatz) führt Abstecher B auf den Leitenweg. Auf diesem ansteigend (ganz oben rechts, ohne Schild) kommt man zu einem sehr schönen Aussichtspunkt mit Tafel und Blick auf die Bergkulissen des Blauen Landes (hin und zurück 2,8 km). Abstecher C lohnt wandertechnisch nicht, das Ziel am heutigen Gasthof Urthalerhof in Urthal mit dem ehemaligen Wohnhaus von Heinrich Campendonk lohnt eher bei der An- oder Abreise mit einem Halt (von Sindelsdorf 2 km weiter Richtung Bad Tölz).
Ausgangspunkt für den Malerweg: Sindelsdorf erreicht man über die A 95 München–Garmisch, Ausfahrt Sindelsdorf: erst auf der B 472 Richtung Bad Tölz und die zweite (!) Abfahrt nach Sindelsdorf (ca. 1 km ab Autobahn-Ausfahrt) nehmen. Circa 400 m nach Ortsbeginn rechts in die Franz-Marc-Straße zum Parkplatz.
Informationen: Gemeinde Sindelsdorf, Tel. +49 8856 2661

22 »Maria Heuwinkl« und die Osterseen

Schmuckkästchen am Rande des Pfaffenwinkels

Die zahlreichen kleinen Osterseen sind eines der eindrucksvollsten Relikte der Eiszeit. Eine Wanderung an ihren Ufern lässt sich mit dem Besuch der schmucken Wallfahrtskapelle am Heuwinkl über Iffeldorf verbinden.

KURZINFO

Ausgangspunkt: Kleiner Parkplatz an der Heuwinklstraße, 82393 Iffeldorf.
Anreise Pkw: A 95 München–Garmisch, Ausfahrt: Penzberg/Iffeldorf. Richtung Iffeldorf, im Ort abzweigen in die Heuwinklstraße (kurz nach dem autobahnseitigen Ortsanfang). Nach 250 m rechts parken (wenn belegt, die Straße bis zur Kapelle hinauffahren und dort parken).
Anreise ÖPNV: Mit der Bahnverbindung München–Tutzing–Kochel zum Bahnhof Iffeldorf. Vom Bahnhof an der Staltacher Straße in den Ort, rechts kurz in die Penzberger Straße, dann links in die Heuwinklstraße (ca. 1,5 km Gehstrecke).
Gehzeiten/Streckenlänge: 1.30–2 Std./6,4 km.
Höhenunterschied: 60 m.
Anforderungen: Streckenweise wenig befahrene Teerstraßen, meist gute Forst- und Waldwege. An den Seen teils etwas uneben und eine schmale Brücke (Hindernis für Kinderwagen).
Einkehrmöglichkeiten: Fohnseestüberl mit Terrasse direkt an den Osterseen, neben dem Campingplatz. Im Dorfzentrum Landgasthof Osterseen mit Terrasse (Hofmark 9).
Sehenswürdigkeiten: Offene Kirchenbauten.

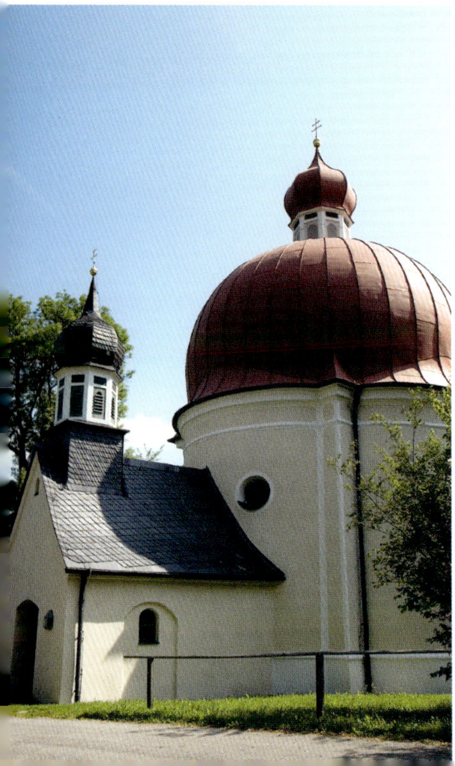

Vom Parkplatz folgen wir dem Fußweg zwischen Kastanienbäumen und Himbeersträuchern direkt hinauf zur Heuwinklkapelle (links führt im Bogen auch die Straße empor).

*Die **Wallfahrtskirche »Maria Heuwinkl« (1)**, (Wallfahrtskirche »Zu unserer lieben Frau im Heuwinkl«) geht zurück auf eine spätgotische Marienstatue, die im 17. Jahrhundert aus der Iffeldorfer Pfarrkirche entfernt und 1672 in einer hohlen Eiche auf der Anhöhe des Heuwinkl (»Hey Bichl«) aufgestellt wurde. Der Klosterabt von Wessobrunn ließ an dieser Stelle 1698–1701 die*

Die Wallfahrtskirche »Maria Heuwinkl« beeindruckt durch ihre Bauweise mit dem Vorbau und der großen Kuppel auf dem runden Hauptbau.

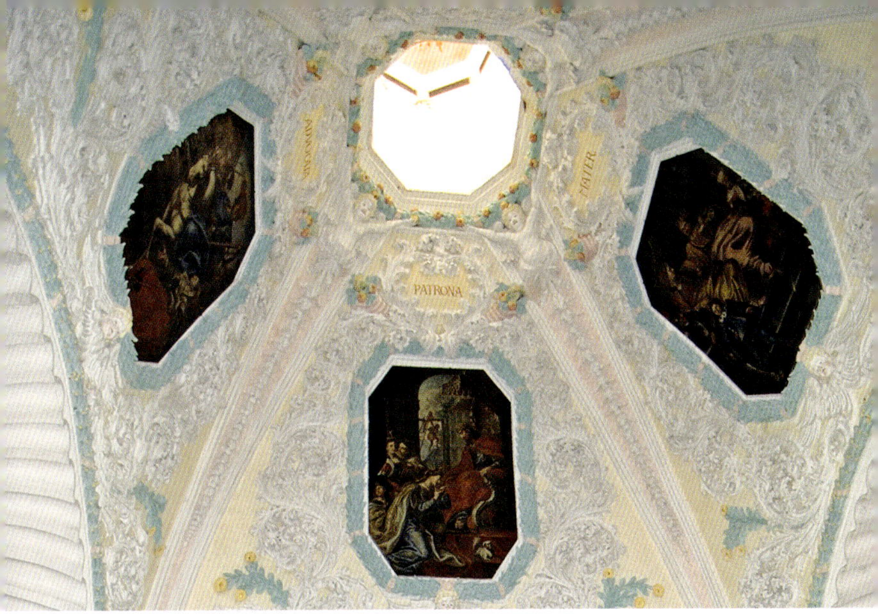

In der Kuppel der Heuwinklkapelle sind vier Ölgemälde eingefasst, welche Frauen und Vorbilder für Maria aus dem Alten Testament zeigen.

heutige Kapelle erbauen. Beeindruckend und gleichzeitig originell wirkt die mächtige Kuppel auf dem hohen Rundbau und Vorbau.
Im Inneren fasziniert der Hochaltar mit dem von Doppelsäulen eingefassten Gnadenbild der Gottesmutter Maria. Über uns blicken wir in den 23 m hohen, oben pyramidenähnlichen Innenraum bis zur Kuppel, in dem vier Ölgemälde aus dem Alten Testament zwischen reichhaltigen Verzierungen und Stuckaturen eingefasst sind. Den Stuck schufen Wessobrunner Baumeister während des 18. Jahrhunderts im Stil des Spätrokoko.

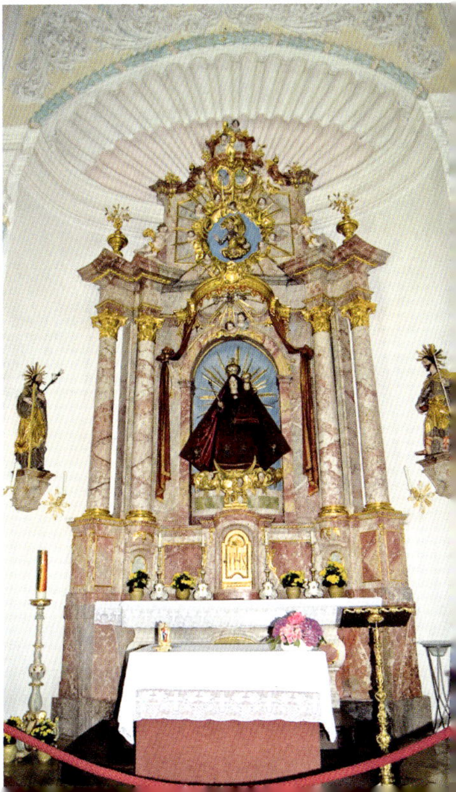

Neben der Kuppel fasziniert der Hochaltar der Heuwinklkapelle mit dem von Doppelsäulen eingefassten Gnadenbild der Gottesmutter Maria.

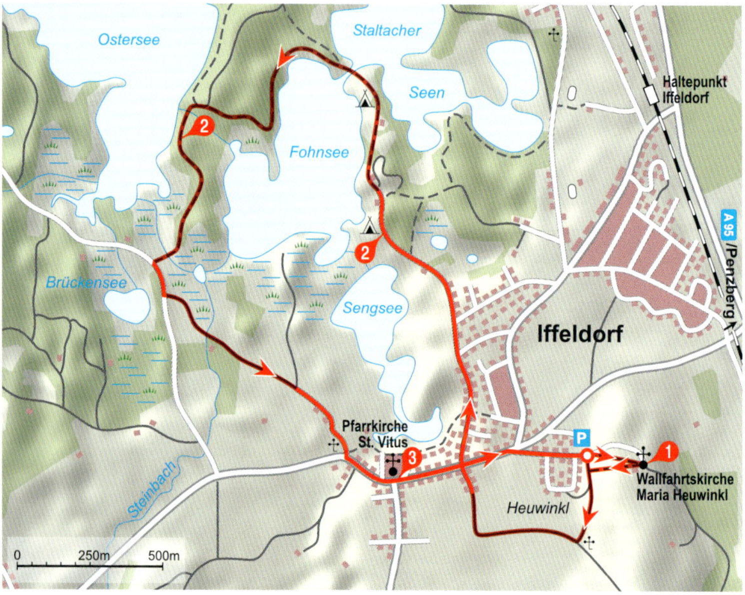

Auf unserem Weg entlang den Osterseen erkunden wir eine ursprüngliche Naturlandschaft.

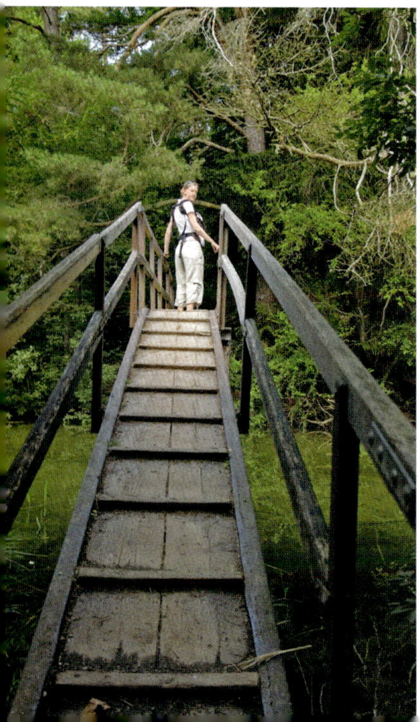

Wir gehen den kurzen Weg wieder zurück, biegen aber knapp vor dem Parkplatz links in einen Feldweg ein. Wir halten uns weiter leicht links auf einem schmäleren, von Zäunen eingefassten Wiesenpfad. Bei einem Wegkreuz unter zwei Linden biegt dieser in eine Forststraße ein, der wir nach rechts folgen. Sie führt zwischen Viehweiden und Äckern mit schönem Bergblick in den Ort Iffeldorf. Gegenüber der Hauptstraße, rechts von einem Holzbrunnen, folgen wir geradeaus der Osterseenstraße. Auf dieser geht es erst ab-, dann wieder kurz aufwärts, hinaus aus dem Ort. Linker Hand erblicken wir bald schon die südlichsten drei Osterseen (Waschsee, Schiffhüttensee und Sengsee).

*Die **Osterseen (2)** sind eine Gruppe von mehr als 20 kleinen Seen, die sich südlich des Starnberger Sees am Ende der letzten Eiszeit gebildet haben. Abgespaltene Toteisblöcke des Loisach-Isar-Gletschers waren hier einzeln abgeschmolzen und bildeten die Senken* *für die vielen kleinen Seen. Seit 1981 stehen die Osterseen unter Naturschutz und die Wasserflächen, umliegenden Moore und Wälder bieten Raum für eine reiche Pflanzen- und Tierwelt. Unter den Künstlern, die von den zarten, ursprünglich wirkenden Seenlandschaften immer wieder angezogen wurden, sticht Georg Schrimpf hervor. Der Vertreter der Kunstrichtung Neue Sachlichkeit malte die Osterseen in den 1930er-Jahren.*

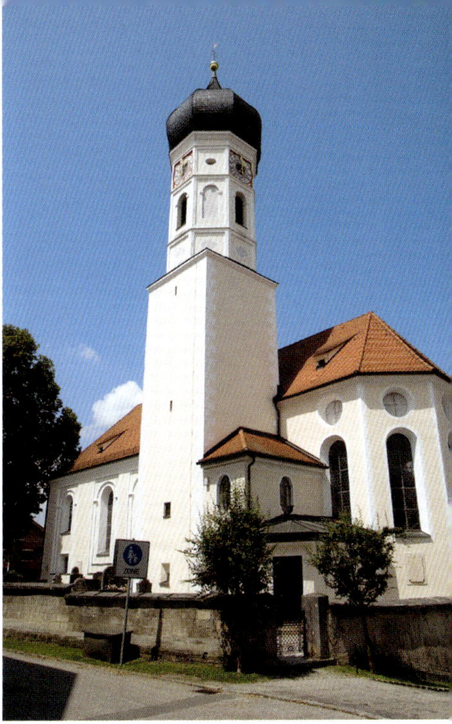

Auch die Pfarrkirche St. Vitus im Herzen Iffeldorfs zeigt barocke Baukunst.

Wir erreichen den Wald und passieren bald den Campingplatz. Vor dem großen Parkplatz halten wir uns links (Schild »Fohnsee-Rundweg«) und kommen am Fohnseestüberl vorbei. Links bietet sich am Ufer des Fohnsees (zweitgrößter der Osterseen) eine schöne Badegelegenheit. Wir folgen weiter dem Weg und überqueren kurz darauf eine abenteuerliche Holzbrücke, die sich über den Verbindungskanal von Fohnsee und den Staltacher Seen im Nordosten spannt. Nach der Brücke halten wir uns im Folgenden immer links, auf einem Waldsteig in Nähe des Fohnseeufers. Bei der zweiten Verzweigung geht es beim Schild »Iffeldorf 5/7« wieder links. Rechter Hand liegt das Ufer des Großen Ostersees, mit 118 Hektar und fünf kleinen Inseln größter der Osterseen. Wir treffen schließlich auf eine Teerstraße, folgen ihr kurz nach links und bald wieder links auf einen Fußweg (Schild »Iffeldorf«). Durch Schilfgras, Wiesen und Lichtungen erreichen wir bald wieder Viehweiden und Äcker und haben schon die Silhouette von Iffeldorf mit der Pfarrkirche vor Augen. Bei einem großen Parkplatz geht es links neben der Autostraße aufwärts und wieder links in den Ort. Von der zentralen Straße, der Hofmark, lohnt links ein Abstecher zur Pfarrkirche.

*Die **Pfarrkirche St. Vitus (3)** geht auf eine alte gotische Kirche zurück, die 1699 durch einen Brand zerstört wurde. Die Innenausstattung der bis 1707 wiederaufgebauten Kirche entstand im 18. Jh. im Stile des Barock, unter Mitwirkung der bedeutendsten Künstler der Region, vor allem der Wessobrunner Schule.*

Circa 300 Meter weiter biegt rechts die Heuwinklstraße ab und führt uns zurück zum Ausgangspunkt.

23 Auf den Hohen Peißenberg

Der »Bayerische Rigi«: Wallfahrtsziel und uralte Wetterwarte

Der Hohe Peißenberg ist der Aussichtsberg des bayerischen Alpenvorlandes. An seinem Fuß herrschte eine lange Bergbautradition, die Gipfelkirche zieht seit vielen Jahrhunderten Wallfahrer an und Meteorologen betreuen die älteste Bergwetterstation der Welt. Wir fahren nicht hinauf, sondern besteigen ihn auf abwechslungsreichen Wegen.

KURZINFO

Ausgangspunkt: Parkplatz an der Gaststätte Rigi-Alm, 82383 Hohenpeißenberg.
Anreise Pkw: Hohenpeißenberg liegt an der B 472 zwischen Peißenberg und Schongau, erreichbar über die A 95 ab München, Ausfahrt Sindelsdorf, oder aus Richtung Garmisch/Murnau über die B 2 und B 472. Direkt am östlichen Ortseingang zur Rigi-Alm abbiegen (beschildert).
Anreise ÖPNV: Bahnlinie München–Weilheim (umsteigen)–Schongau. Haltestelle Hohenpeißenberg. Über die Bahnhofstraße Richtung Osten zur Zieglmeierstraße, auf ihr rechts, dann links in die Wankstraße. In der Linkskurve geradeaus auf Fußweg und auf kleiner Straße weiter. Die Ammerstraße kreuzend und jenseits auf der Straße bis zur Bundesstraße. Dort nach rechts und bei der Abzweigung Unterbau links in die Tour einsteigen (1,5 km Gehstrecke).
Gehzeiten/Streckenlänge: 2.30–3 Std./7,5 km.
Höhenunterschied: 260 m.
Anforderungen: Teils kleine Teer- und Forststraßen (stellenweise Stufen), teils schöne, mäßig steile Steige in Wald und über Wiesen. Keine echte »Bergtour«, doch etwas Kondition und gutes Schuhwerk erforderlich.
Einkehrmöglichkeiten: Am Ausgangspunkt Gaststätte Rigi-Alm. Auf dem Gipfel Café-Restaurant »Bayerischer Rigi« mit traumhafter Aussicht.
Sehenswürdigkeiten: Informationspavillon des Deutschen Wetterdienstes auf dem Gipfel, geöffnet täglich 8–18 Uhr, dwd.de/mohp.

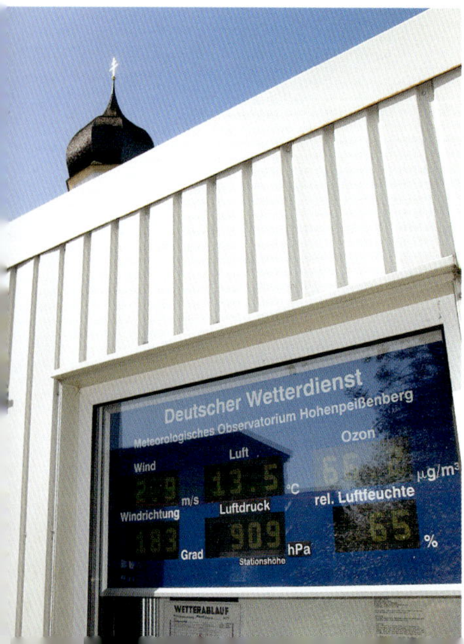

Vom Parkplatz aus folgen wir dem grünen Schild »Zum Berg« zurück zur Bundesstraße. Neben ihr gehen wir kurz nach links, dann zweigt unser Weg rechts ab. Das grüne Schild, nach dem wir uns den ganzen Aufstieg lang bis zum Gipfel richten werden, weist uns gleich wieder links über Stufen aufwärts. Auf Fußwegen kreuzen wir aufsteigend die Wohngebiete an der Alpenblickstraße, ehe wir kurz durch Wald und über eine Wiese einen schönen Hof erreichen (hier öffnet sich der erste Blick auf den Gipfel und die Kirche). Wir kreuzen die Straße hinter dem

Infopavillon des Deutschen Wetterdienstes.

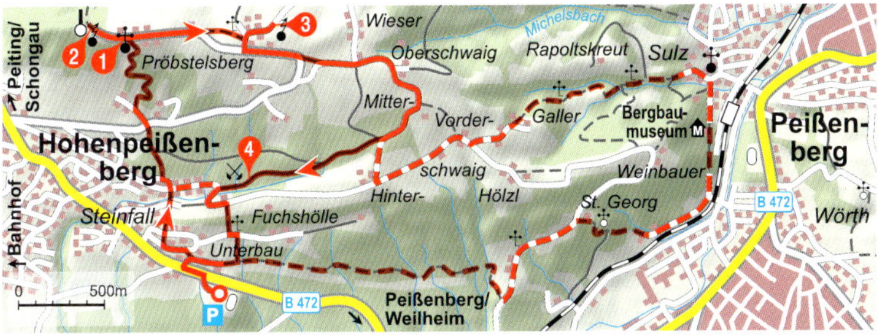

Hof und gehen direkt geradeaus in einen zunächst kurz abfallenden Weg (hier nicht rechts dem Schild »Peißenberg« folgen!). Der Weg führt über eine kleine Brücke hinauf zur Glückaufstraße. Die Beschilderung weist uns geradeaus in den Brandlweg, dann rechts auf einen Steig zum Wald hinauf. An einem »Insektenhotel« linker Hand vorbei erreichen wir durch den Wald eine Forststraße, auf dieser kurz nach links, dann wieder rechts hinauf zur Autostraße. Diese kreuzen wir und erreichen auf der anderen Seite schöne Wiesen mit erstem tollen Panoramablick. Vor dem nächsten Anwesen führt unser Steig rechts aufwärts zum Wald und in einigen steileren Kehren bis zum Gipfel (988 m). Hier zeigt sich eine beeindruckende 360°-Rundsicht auf das Alpenvorland nördlich mit seinen Seen und auf die Bergketten im Süden, fast die gesamten Bayerischen Alpen vom Chiemgau bis zum Allgäu. Sogar der weit entfernte Großvenediger lugt von hier aus zwischen Jochberg und Herzogstand hervor! Doch hat der Hohe Peißenberg noch mehr zu bieten:

*Die Wallfahrtskirche **»Mariä Himmelfahrt« auf dem Hohen Peißenberg« (1)** wurde 1616–19 errichtet. Innen bewundern wir den barocken Hochaltar von 1717 und die fein geschnitzte hölzerne Doppelempore unter der Orgel. Vor der Wallfahrtskirche aber stand seit 1514 schon die Gnadenkapelle auf dem Berg. Sie ist vom Kircheninneren aus zugänglich. Ihr im 18. Jahrhundert in feinstem Rokoko veredelter Innenraum erstrahlt nach jüngster Restaurierung in neuer Pracht, mit dem Stuck des Wessobrunners Joseph Schmuzer wie auch den Fresken des Malers Matthäus Günther.*

Wir gehen links um die Kirche herum und vorbei an Informationstafeln des Deutschen Wetterdienstes zum Informationspavillon hinter der Kirche. Er erklärt die Arbeit der Meteorologen hier oben (die eigentliche Wetterstation befindet sich hinter den Zäunen und ist nicht öffentlich zugänglich).

*Das **Meteorologische Observatorium (2)** auf dem Hohen Peißenberg ist die älteste Wetterstation Deutschlands und die älteste Bergwetterwarte der Welt. 1780 wurde es im Auftrag des Kurfürsten Karl Theodor errichtet und vom 1. Januar 1781 an von den Chorherren des Klosters Rottenbuch (siehe Tour 24) betrieben, die auch die Wallfahrtskirche auf dem Gipfel betreuten. Ab dem 19. Jahrhundert waren verschiedene Forschungseinrichtungen für den Betrieb zuständig, seit 1952 ist es der Deutsche Wetterdienst. Doch*

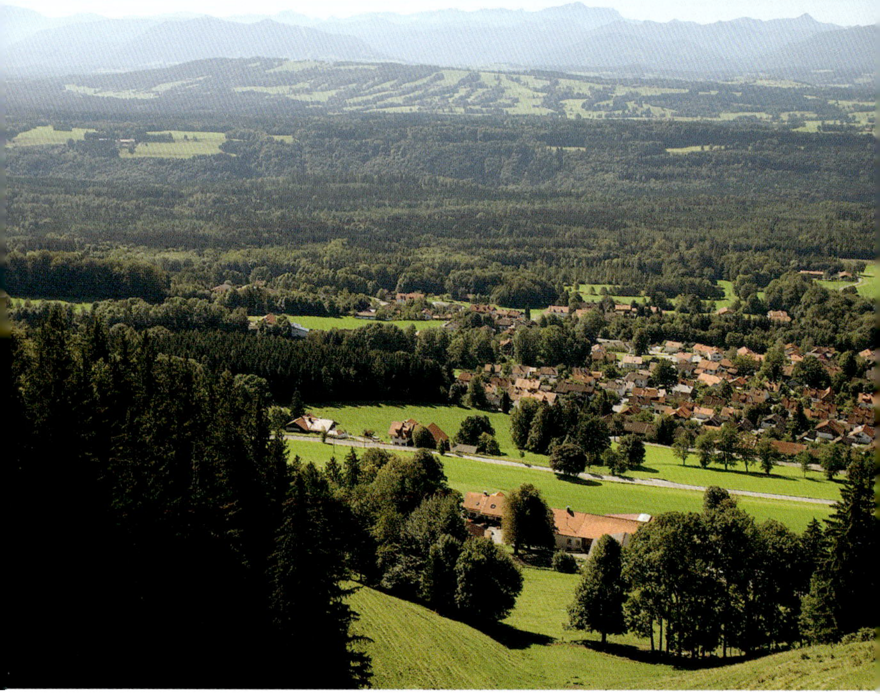

Der beeindruckende Rundblick vom Hohen Peißenberg erfasst fast die gesamten Bayerischen Alpen.

wurde in der gesamten Zeit seit 1781 die Übertragung regelmäßiger meteorologischer Daten aufrechterhalten – dies ist von enormer Bedeutung für die Bestimmung langfristiger Wetter- und Klimatrends. In den letzten Jahrzehnten wurden die Forschungsaufgaben und Apparaturen umfassend ausgebaut, zum Beispiel für die Atmosphären- und Klimaforschung.

Vom Gipfel folgen wir der Autostraße abwärts in Richtung Osten. Nach dem Parkplatz zweigen wir links von der Straße auf einen Wiesenweg ab. Auf ihm erreichen wir, mit weiterhin tollem Panoramablick, den Weiler Pröbstelsberg, wo wir rechts wieder zur Autostraße gehen. Ihr folgen wir nochmals 300 Meter, und passieren linker Hand den rund 160 Meter hohen **Fernsehturm (3)** (errichtet 1978, der Vorgängerturm stand ab 1950 direkt am Gipfel), zur Abstrahlung von Radio und digitalem terrestrischen Fernsehen. Vor einer scharfen Kurve verlassen wir die Straße links auf einen Wiesenpfad, der erst oberhalb der Straße verläuft, dann links abwärts zu einer kleinen Teerstraße führt. Dieser folgen wir links durch aussichtsreiche Wiesen. Bald geht es rechts an einem Weiler vorbei und abwärts zum Wald. Dort biegen wir bei der nächsten Abzweigung einer Forststraße nach rechts und gleich wieder nach links (nicht geradeaus aufwärts). Bei einer weiteren Abzweigung gehen wir wieder links. Wir passieren Tafel 10 des Lehrpfads **»Stollenweg« (4)** (siehe Infokasten) und erreichen kurz nach der Einmündung in eine Teerstraße

BERGBAUTRADITION AM PEISSENBERG

Die Kohlevorkommen am Hohen Peißenberg wurden im 16. Jahrhundert entdeckt. Bereits im Jahre 1600 wurden rund 400 Tonnen Kohle gefördert, ehe Brand- und Kriegskatastrophen die Bergbauaktivitäten im 17. und 18. Jahrhundert wieder einschränkten. Der industrielle Kohleabbau begann dann mit der Eröffnung des Hauptstollens 1840. Im 20. Jahrhundert wurde die Förderleistung auf mehrere Hunderttausend Tonnen pro Jahr gesteigert, dennoch wurde das Kohlebergwerk am Peißenberg 1971 als letzte der sieben oberbayerischen Kohlegruben geschlossen. Generationen von Tausenden Bergleuten aus der Umgebung des Bergs hatten bis zu diesem Zeitpunkt ihren Broterwerb unter Tage. Und so halten Vereine am Ort die Traditionen des Bergbaus noch heute hoch.

1988 wurde in Peißenberg das **Bergbaumuseum** eröffnet, das neben theoretischen Informationen auch eine Führung in den ehemaligen Tiefstollen anbietet. Geöffnet jeden 1. und 3. Sonntag im Monat ab 13.30 Uhr (Führungsbeginn). Zusätzlich vom 15. Mai bis 15. September Mittwoch ab 13.30 Uhr (Führungsbeginn). Eintritt: 6 €, Kinder (6–16 Jahre) 2,50 €. Am Tiefstollen 2, 82380 Peißenberg, Tel. +49 8803 5102, bergbaumuseum.peissenberg.de.

Am Museumsparkplatz beginnt und endet auch der 10 km lange, ca. 3-stündige **Stollenweg** mit 15 Informationstafeln über Bergbau, Geologie und Landschaft (ein kleiner Teil wird bei Tour 23 passiert, der komplette Lehrweg ist in der Karte gepunktet eingetragen).

Tafel 9 am ehemaligen Hauptstollen des Peißenberger Bergbaus. Beim Hauptstollen gehen wir ein kurzes Stück zurück und folgen der Teerstraße in einer S-Kurve aufwärts. Eine Abzweigung lassen wir rechts liegen, kurz danach zweigen wir bei einem Holzgatter (Schild »Trampelpfad«) auf einen Wiesenpfad nach rechts. Dieser erreicht beim nächsten Wäldchen ein erneutes Holzgatter. Hier gehen wir links abwärts und nehmen die anschließende Teerstraße nach rechts. Kurz danach passieren wir ein schönes Wegkreuz und wenige Meter dahinter zweigt links ein stiller schmaler (aber nicht immer gepflegter und zuweilen matschiger) Steig ab, der uns direkt hinabführt und bei der nächsten Wegkreuzung die Teerstraße »Unterbau« erreicht. Wir folgen ihr nach rechts und erreichen an ihrem Ende wieder die Hinroute, die uns kurz an der Bundesstraße nach links, dann rechts zurück zum Parkplatz an der Rigi-Alm führt.

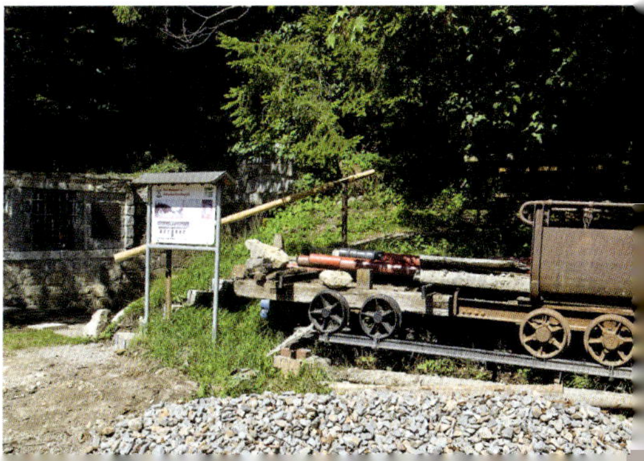

Der Stollenweg informiert über die jahrhundertealte Tradition des Bergbaus am Ort.

24 Rottenbuch und seine Umgebung

Von Brückenbauern, Ordensschwestern und Milchbauern

Um die Ammerschlucht, die von der traditionsreichen Echelsbacher Brücke überspannt wird, liegen eine Hügelwelt mit hübschen Bauerndörfern und Rottenbuch mit seinem Kloster und der prächtigen Stiftskirche. Im Auf und Ab und auf einem Milchlehrpfad erkunden wir diesen idyllischen Teil des Pfaffenwinkels.

KURZINFO

Ausgangspunkt: Parkplatz an der Echelsbacher Brücke.
Anreise Pkw: Die Echelsbacher Brücke liegt auf der B 23 Peiting–Oberammergau zwischen Rottenbuch und Bad Bayersoien. Am besten über die A 95 München–Garmisch, Ausfahrt Murnau/Kochel, über Murnau und Bad Kohlgrub. Oder aus Süden über Garmisch und Oberammergau.
Anreise ÖPNV: Vom Bahnhof Weilheim oder Murnau an der Bahnlinie München–Garmisch/Innsbruck mit dem Bus zum Auto- und Busparkplatz an der Brücke (Verbindungen und Umsteigeorte sind fahrzeitabhängig, siehe Internet).

Gehzeiten/Streckenlänge: 3 Std./ 10 km.

Höhenunterschied: 250 m.

Anforderungen: Wenig bis nicht befahrene Teer- und Forststraßen. Auf dem Hinweg auch schmälere und streckenweise steilere Waldwege.

Einkehrmöglichkeiten: Kunstcafé (Ausstellungen) am Tor im Klosterhof in Rottenbuch. Deftige Schmankerl in der Schönegger Käsealm am Ende der Tour.

Sehenswürdigkeiten: Kirchen zur Tageszeit zugänglich. Schaukäsen an der *Schönegger Käsealm:* Mai–Okt. jeweils Donnerstag, Juli–Aug. zusätzlich Dienstag 11 Uhr, Tel. +49 8862 980117, schoenegger.com.
Dorfmuseum Rottenbuch: Sonntag 10.45–11.30 Uhr, Montag 9.30–11 Uhr, Dienstag 18.30–20 Uhr, Tel. +49 8867 911018 (Touristinformation).

Tipp für Kinder: Tiere und Spielplatz an der Schönegger Käsealm. Den Pfaffenwinkler Milchweg passieren wir teilweise bei unserer Tour. Der andere Teil kann als alternative Rundtour zwischen der Echelsbacher Brücke und Rottenbuch begangen werden (pfaffenwinkler-milchweg.de).

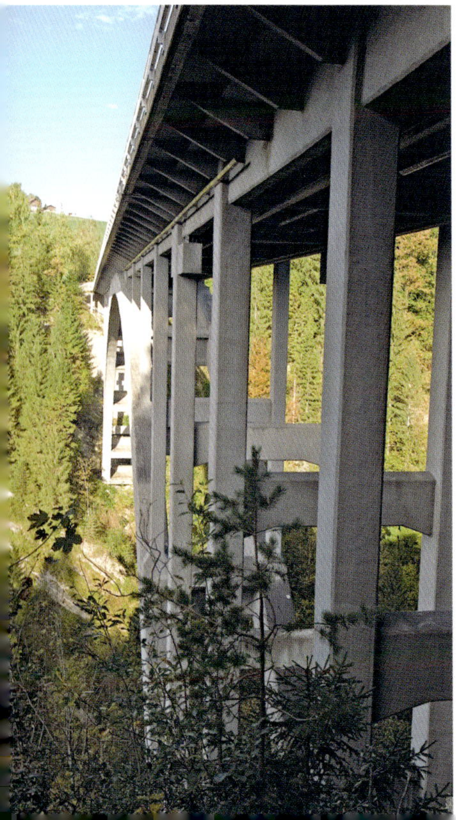

Seit rund 90 Jahren überspannt die Echelsbacher Brücke die tiefe Ammerschlucht und beseitigt ein uraltes Verkehrshindernis.

Vom Parkplatz spazieren wir über den gesicherten Fußweg am Brückenrand und blicken in die gähnende Tiefe.

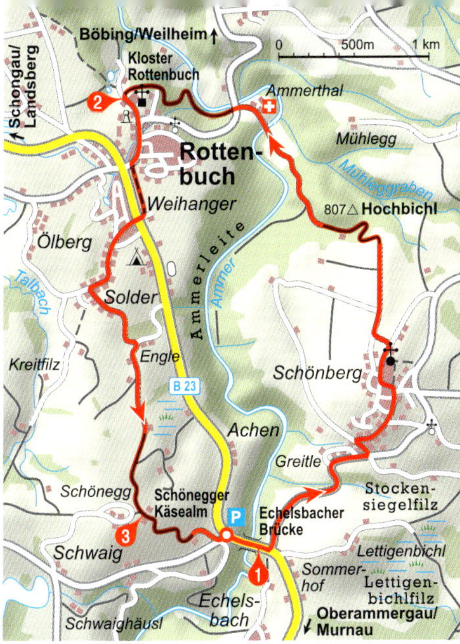

*Die **Echelsbacher Brücke (1)** wurde 1929 erbaut und war zu ihrer Zeit die am weitesten gespannte Brücke ihrer Art. Auf 130 Metern Länge überspannt sie die bis zu 76 Meter tiefe Schlucht der Ammer. Sie beseitigt ein uraltes Verkehrshindernis. Vermutlich schon zu Römerzeiten, spätestens aber im Mittelalter, wurde nahe der heutigen Brücke die Ammerschlucht durchquert, um die Handelsstraßen Via Claudia Augusta (über den Fernpass nach Augsburg) und Via Raetia (über Seefeld und Garmisch) zu verbinden. In der Blüte der Handelszeit entschieden die entlang der Straßenverbindung liegenden Klöster Ettal und Rottenbuch, eine neue Straße weiter südlich durch die Schlucht zu bauen. Die noch immer große Steigung erzwang aber bis zum frühen 20. Jahrhundert immer wieder das Vorspannen von Pferden (daran erinnert ein Gedicht am Denkmal vor der Brücke), ehe die Brücke erbaut wurde. Durch sie wurden die Verkehrsunfälle weniger.*

Nach der Brücke biegen wir links in die Straße nach Schönberg ein. Leider müssen wir den folgenden Kilometer am Rand der gottlob wenig befahrenen Straße zurücklegen, ehe wir am Ortsrand links in das Sträßchen »Am Südhang« einbiegen können. Diese führt uns im Rechtsbogen steil hinauf zum schmucken Dorfkern (868 Meter hoch) mit schönen Ausblicken. Oben halten wir uns links, dann rechts in die Dorfstraße. Wir passieren die neugotische Dorfkirche von 1862. Nach der Kirche gehen wir noch ein Stück geradeaus, dann links (Schild »Talleitenweg«) und kurz darauf wieder rechts. Mit schönem Blick auf den Hohen Peißenberg im Norden führt uns das Teersträßchen geradeaus abwärts Richtung Wald und geht dann in einen raueren, steileren Weg über. Dieser führt erst links haltend, dann in Serpentinen in den Wald hinab. Nach einem längeren Waldstück (bei den Verzweigungen immer auf der Schotterstraße bleiben) wird die Straße wieder breiter und schließlich geteert. Nach der Ammerbrücke passieren wir die seit 1500 belegte und im 17. Jahrhundert neu erbaute ehemalige Getreide- und Sägemühle von Kloster Rottenbuch (heute eine Klinik). Wir überqueren die folgende Autostraße und folgen jenseits einem Forstweg entlang der Ammer. Dem Schild »Rottenbuch« folgend zweigen wir bald auf einen steileren Waldweg ab, der uns links aufwärts führt. Oben halten wir uns erst rechts, unterhalb der Klostermauer entlang, dann links hinauf

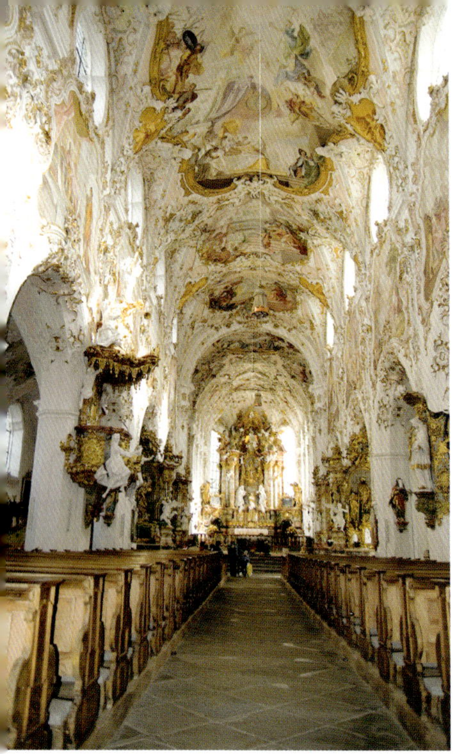

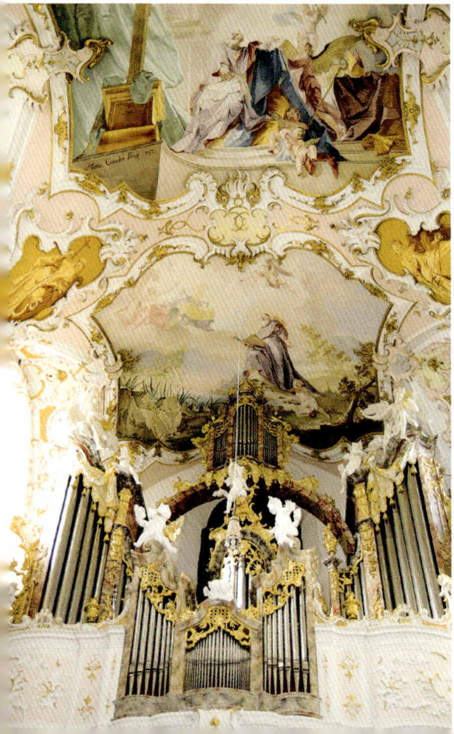

und gelangen durch ein Tor direkt in den Hof von Kloster Rottenbuch.

Kloster Rottenbuch (2) *wurde 1073 von Herzog Welf I. von Bayern als Stift des Augustiner-Chorherrenorden gegründet (die Grundlage mag der Welf Eticho schon im 10. Jh. nahe Unterammergau geschaffen haben, siehe Tour 8). Mit der Säkularisation 1803 gingen wertvolle Teile der umfassenden Klosteranlage inklusive der Bibliothek verloren. Seit 1963 wirken in einem Teil der noch bestehenden Gebäude Don-Bosco-Schwestern. Eine Stiftung betreibt Ausbildungseinrichtungen für KinderpflegerInnen und ErzieherInnen sowie eine Schule für Kinder und Menschen mit geistiger Behinderung.*

Wir starten nun einen informativen Klosterrundgang. An den folgenden Bauwerken informieren Tafeln über die Geschichte der Gebäude. Zunächst steht rechts das ehemalige Spitalgebäude. Links befindet sich das heutige Rathaus, einst die Zimmerhütte. Zwischen Rathaus und Kirche passieren wir links das lang gestreckte ehemalige Seminargebäude (eine Tafel hängt rechts des heutigen Pfarramts). Wir gehen weiter am Gebäude entlang Richtung Kirche und passieren die Bücherei mit dem 2010 neu geschaffenen Dorfmuseum. Dort werden landwirtschaftliche Geräte, Werkzeuge, Sportgeräte und Musikinstrumente aus früherer Zeit gezeigt. Rechts am Kirchturm vorbei erreichen wir den

Innenansicht der Klosterkirche Rottenbuch (oben) sowie die 1746–48 von Balthasar Freiwiß geschaffene Orgel (unten).

Eingang zur Kirche. Eine Tafel links davon informiert über die Geschichte des 67 Meter hohen Turms, eine Tafel rechts über die Geschichte der Kirche.

*Die ehemalige **Stifts- und heutige Pfarrkirche Mariä Geburt** geht auf eine romanische Basilika aus der Zeit um 1100 zurück. Der Grundriss und gotische Umbauten in den folgenden Jahrhunderten bilden noch heute die Basis der Kirche. Der 67 m hohe Turm entstand nach dem Einsturz des vorhergehenden Turms im 15. Jh. und erhielt 1780 den heutigen Kuppelhelm. Im 18. Jh. wurde das Innere im Stile des Barock und Rokoko prachtvoll umgestaltet. Die Wessobrunner Baumeister Joseph und Franz Xaver Schmuzer begegnen uns hier einmal mehr. Altäre, Fresken, Orgelprospekt und Kanzel zeugen in ihrem filigranen Reichtum von jahrelangen Arbeiten. Erhalten blieb am linken Seitenaltar eine Madonna von 1483. Links neben dem Eingang erinnert ein Modell an die alte Klosteranlage.*

Wir gehen aus der Kirche hinaus, geradeaus und links um den Friedhof herum. Rechts beim Friedhofsgatter informieren Tafeln über die St. Veitskapelle hinter dem Friedhof und die ehemalige Ulrichskirche. Vor dem Klosterhof halten wir uns links. Rechts am Zaun hängt eine Tafel zum alten Konvent-Garten, links steht das Kriegerdenkmal, einst Marienbrunnen. Wir gehen weiter zur Bäckerei.
(Wer intensiv an der Klostergeschichte interessiert ist, kann links einen insgesamt ca. 400 Meter langen Abstecher machen: Richtung Weilheim/Böbing, rechts vorbei am ehemaligen Gasthof zum Koch und links in den Sommer-

Der Pfaffenwinkler Milchweg informiert auf teils spielerische Weise über die Milchwirtschaft des Alpenvorlands.

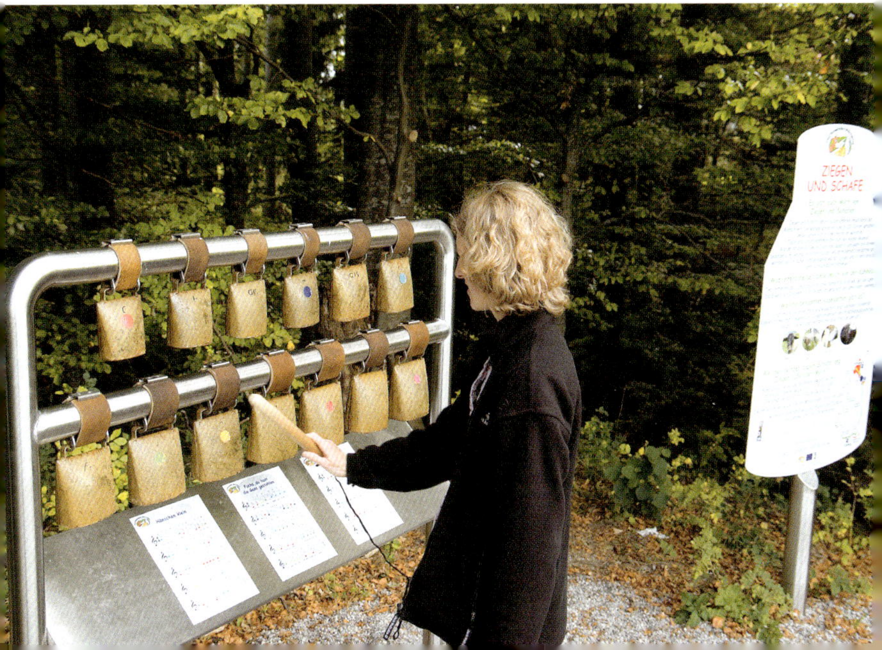

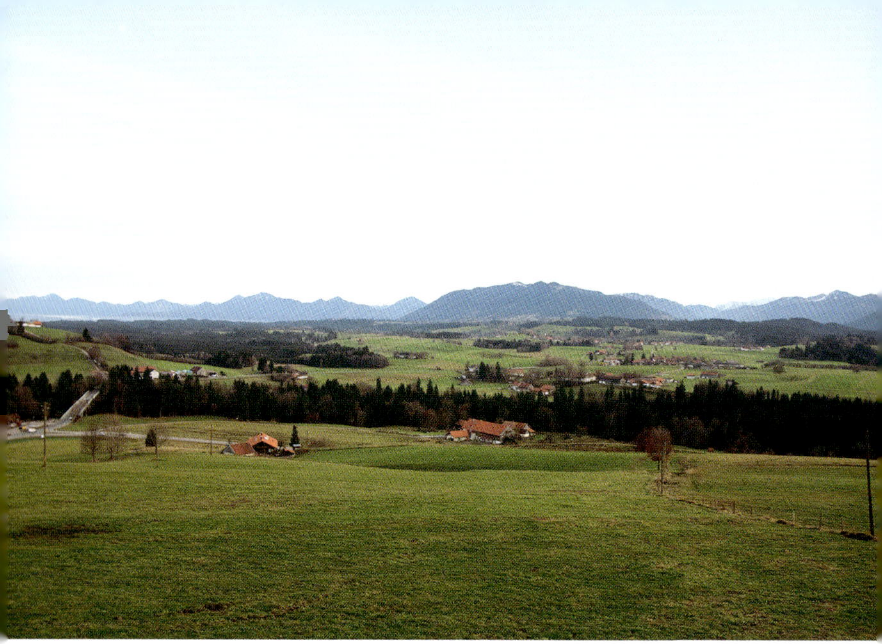

Weit schweift der Blick von Schönegg auf die Alpen (in der Mitte das Hörnle).

kellerweg. Dort steht rechts eine Tafel zur Pfistermühle und zum Märzenkeller. Dahinter führt rechts ein Feldweg zu weiteren Tafeln über Sakristei, Josefskapelle, das einstige Altenmünster und die einstige Kegelbahn.)
Ansonsten spazieren wir von der Bäckerei weiter Richtung Torbogen (rechts das alte Bräuhaus). Durch den Torbogen (Tafel zum Torgebäude) verlassen wir das Klostergelände. Wir gehen rechts der Straße in Richtung auf die Kreuzung mit der Bundesstraße (rechts noch eine Tafel am Maierhof). Ein Fußweg führt uns vor der Kreuzung nach links und anschließend links entlang der Bundesstraße. Nach ca. 400 Metern folgen wir Wanderschildern nach rechts über die Bundesstraße in das Teersträßchen »Solder«. Es führt uns aufwärts und bald nach links. Das kleine Schild »Pfaffenwinkler Milchweg« leitet uns von jetzt an und lässt uns bald rechts auf einen kurzzeitig steileren Wanderweg abzweigen. Über eine Wiese erreichen wir rechts, dann links haltend wieder eine Teerstraße. Wir folgen dem Milchweg-Schild erst kurz rechts, dann links in die Haldenbergerstraße. Wir bleiben nun auf diesem Sträßchen, passieren schöne Wiesen, Bauernhäuser und mehrere Lehrtafeln des Pfaffenwinkler Milchwegs, unter anderem zur landwirtschaftlichen Energieerzeugung und zur Gesundheit der Milch.
Schließlich erreichen wir ansteigend die Anhöhe Schönegg (mit 876 m höchster Punkt unserer Tour mit wunderbarem Panoramablick) und die **Schönegger Käsealm (3)**. Seit der Gründung von Kloster Steingaden im 12. Jh. gibt es hier oben eine Gaststätte, im heutigen Bau seit 1648. Links haltend führt uns ein Wiesenweg (Schild »Fußweg Echelsbacher Brücke«) am Tiergehege und Spielplatz vorbei und direkt hinab zur Straße. Gleich links befindet sich unser Ausgangspunkt am Parkplatz neben der Brücke.

Steingaden und die Wieskirche

Von der Romanik zum Juwel des Rokoko

Im Welfenmünster Steingaden und in der weltberühmten Wallfahrtskirche zum Gegeißelten Heiland auf der Wies zeigt sich schönste Kirchenbaukunst aus sieben Jahrhunderten. Eine landschaftlich einmalige Rundtour verbindet die beiden Prachtstücke.

KURZINFO

Ausgangspunkt: Parkplatz in der Kissingerstraße, 86989 Steingaden.
Anreise Pkw: Steingaden liegt auf der B 17 Landsberg-Füssen. Erreichbar über die A 96 München–Landsberg oder aus Osten über die B 23 (Oberau–Oberammergau–Peiting) und die St 2059 über Wildsteig. Von der Hauptstraße in den Marktplatz einbiegen, vor dem Münster links zum Parkplatz.
Anreise ÖPNV: Mit der Bahn über Weilheim nach Schongau und von dort Busverbindung. Oder Busverbindung von Garmisch-Partenkirchen nach Füssen. (Mit letzterer auch direkt von oder zur Wieskirche.) Haltestelle Ammergauer Straße in Steingaden, von dort weiter über die St.-Norbert-Str. zum Parkplatz und Kloster.
Gehzeiten/Streckenlänge: 3–3.30 Std./10,8 km.
Höhenunterschied: 150 m.
Anforderungen: Wenig befahrene Teer- und Forststraßen. Auf dem Hinweg auch schmalere Waldwege und Holzbohlen (der Hinweg ist für Kinderwagen nicht geeignet).
Einkehrmöglichkeiten: In Steingaden Gasthof Post, Taverne und Klosterschänke am Weg. An der Wieskirche Einkehrmöglichkeiten.
Sehenswürdigkeiten: *Wieskirche:* während der Gottesdienste keine Besichtigung! Gottesdienstzeiten sowie Termine für Führungen durch die Kirche und das (nicht frei zugängliche) Wallfahrtsmuseum und Veranstaltungen in der Wies (sehr empfehlenswerte Konzerte!) unter wieskirche.de, Tel. +49 8862 932930.
Klostermuseum Steingaden: April–Sept. Di+Do 15–17 Uhr, Tel. +49 8862 234, steingaden.de (Menüpunkt Sehenswürdigkeiten).

Weltbekannt ist die Wallfahrtskirche auf der Wies.

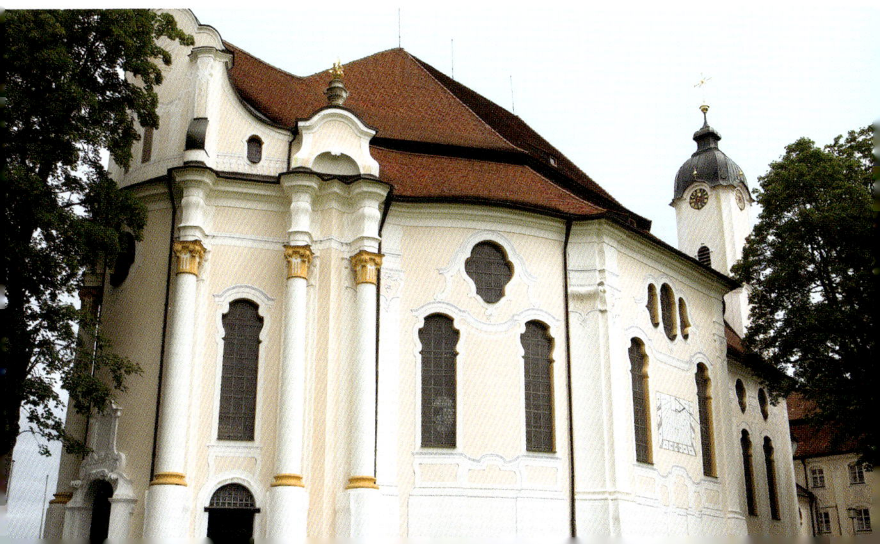

Vom Parkplatz aus gehen wir ein Stück zurück, biegen links um die Ecke und erreichen den Marktplatz von Steingaden mit Brunnen, den Hof des ehemaligen Klosters. Hier starten wir einen informativen Rundgang und werden 20 ehemalige Klostergebäude passieren. An jedem Gebäude erklärt eine Tafel Näheres über die Geschichte. Wir halten uns zunächst rechts und passieren rechter Hand die ehemalige Tafernwirtschaft (Tafel 8). Vor der Durchgangsstraße machen wir kehrt, gegenüber sehen wir den ehemaligen Meierhof (Tafel 21), der heute als »Fohlenhof« öffentliche Einrichtungen beheimatet und als Veranstaltungsraum dient. Wir spazieren an der anderen Seite des Marktplatzes Richtung Klosterkirche und kommen rechter Hand am ehemaligen Klosterrichterhaus, den einstigen Vieh- und Pferdestallungen und der alten Krämerwohnung (Tafeln 2,3,4) vorbei. Gegenüber sehen wir bei Tafel 7 noch die ehemalige Klosterschmiede, dann gehen wir zum Tor. Links davon erzählt Tafel 6 die Geschichte der nicht mehr bestehenden, einstigen Pfarrkirche St. Dionys. Wir treten dann durch das Tor (Tafel 5 zum Torhaus) und blicken gleich dahinter rechts in die St. Johannes-Kapelle (Tafel 9), an der der mehr als 850 Jahre alte romanische Ursprung des Klosters sichtbar wird. Nun gehen wir geradeaus in die Klosterkirche (Tafel 10).

*Das **Kloster Steingaden (1)** wurde 1147 als Kloster des Prämonstratenordens gegründet. Seit der Säkularisation 1803 ist die Kirche St. Johannes Baptist Steingadener Pfarrkirche. Der heutige Bau zeigt trotz mehrfacher Um- und Ausbauten, auch nach zwischenzeitlichen Zerstörungen im Dreißigjährigen Krieg, seinen romanischen Ursprung mit der zweitürmigen Basilika. Im Inneren werden multiple Stilrichtungen in der Baukunst der viele Jahrhunderte alten Geschichte erkennbar. Es beeindruckt die reiche Dekoration in Form von Stuck und Fresken des Mittelschiffs, die zur Sechshundertjahrfeier 1747 im Stil des Rokoko entstanden. Chorbereich, Seitenschiffe und Hochaltar hingegen sind durch den Wiederaufbau nach dem Krieg im früheren Barockstil des 17. Jahrhunderts geprägt. Das Chorgestühl wiederum datiert von 1534.*

Die ältesten Bereiche aber entdecken wir, wenn wir die Kirche rechter Hand verlassen und die Reste des Kreuzgangs (Tafel 11) bewundern. Das Netzgewölbe der neun Joche wurde 1470–1491 im Stil der Spätgotik geschaffen. Arkaden und Säulenschmuck stammen aus der noch älteren romanischen Gründungszeit. Vom Kreuzgang gehen wir den Weg an der Kirchenmauer entlang und über ein paar Stufen aufwärts. Die folgende Straße führt uns links zum Haus Nr. 10 (Komödien- und Gartenhaus mit Tafel 15). Wir gehen die Straße zurück und bleiben links der Kirche. Linker Hand passieren wir bei Haus Loristr. 1 ein uraltes romanisches Relief (Tafel 14). Weiter an der Straße steht rechts das Gebäude des Kellerei- und Apothekenstocks (Tafel 12). Heute befinden sich darin das Pfarrbüro und das schmucke Klostermuseum, das die lange Geschichte noch mal in Form von Gemälden und Exponaten erlebbar macht.
Wir bleiben auf der Straße und gelangen rechts zur Klosterschänke. Vor ihr halten wir uns rechts und erreichen unterhalb der Kirche den herrlichen Klostergarten St. Johannes, der unter Führung des Obst- und Gartenbauvereins 2008 neu angelegt wurde. Nach einem Rundgang durch den Garten kehren

wir zur Klosterschänke (davor links Tafel 13) zurück. An der Schänke informiert Tafel 16 über die Bedeutung des Dienerhauses. Wir folgen der Straße weiter. Rechts ist durch eine Hofdurchfahrt ein kurzer Abstecher über die Brüder-Zimmermann-Straße zum einstigen Badhaus (Tafel 18 rechts des Getränkemarktes) möglich. Ansonsten geht es weiter geradeaus, vorbei an Tafel 17 (Klosterbäckerei und -mühle). Links ist ein weiterer kurzer Abstecher zum einstigen Bräuhaus (Tafel 19) möglich. An der folgenden Verzweigung endet unser Klosterrundgang (Tafel 20 passieren wir noch am Tourende). Wir halten uns nun geradeaus und erreichen zwischen Bretterstapeln einen kleinen Waldweg direkt am Bach. Er führt uns zur Autostraße, der wir 300 m

Unter den zwei Türmen der Kirche liegt der schöne Klostergarten.

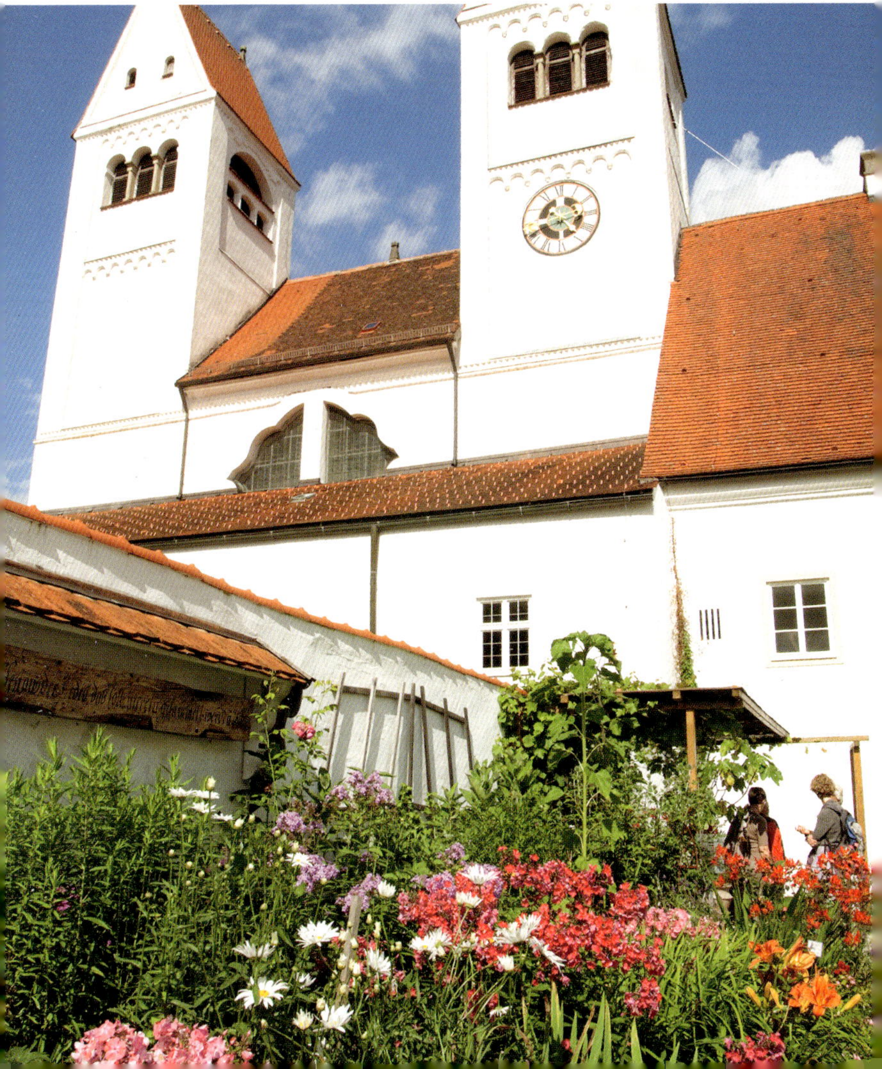

nach links folgen. Dann biegen wir links in die Schlögelmühlstraße ein (gelber Wegweiser zur Wieskirche). Zwischen hübschen alten Bauernhäusern führt uns die Straße wieder an den Bach und in den Wald, wo sie sich als Forststraße fortsetzt. Auf dieser bleiben wir, halten uns nach einer Wiese halb rechts (gelber Wegweiser) auf einen Weg, der nach einem Gatter eine weitere Wiese durchquert und an ihrem linken Rand wieder in den Wald führt. Bald geht es mehr bergauf, der Weg wird breiter und erreicht schließlich erneut eine Forststraße. Der Wegweiser leitet uns nach rechts, ehe wir eine weitere Wegkreuzung erreichen. Hier zweigen wir links auf einen Steig ab (Wegweiser »König-Ludwig-Weg« und »Prälatenweg« zur Wieskirche). Dieser leitet uns auf und ab durch den Wald und schließlich auf schmalen Holzbohlen (»Brettlesweg«) in ein Moor (»Wiesfilz«). Rechts erblicken wir den waldigen Kamm der Trauchberge mit der Hohen Bleick (1638 m). Kurz nach diesem Wegstück zeigt sich schon die Wieskirche.

Die Wallfahrtskirche zum Gegeißelten Heiland auf der **Wies (2)** *ist seit 1983 Weltkulturerbe und wird immer wieder als schönste Kirche des Rokoko bezeichnet (mehr als eine Million Menschen besuchen die Kirche mittlerweile pro Jahr). Ihre Entstehung geht auf eine Jesusfigur des gegeißelten Heiland zurück, die bei Karfreitagsprozessionen des Klosters Steingaden 1732–34 eingesetzt wurde, wegen ihres erbärmlichen Anblicks aber bald in Abstellkammern landete. 1738 sah die Bäuerin Maria Lori in den Augen der Jesusfigur Tropfen, die sie für Tränen hielt. Dies war der Auftakt der Wallfahrtsbewegung in die Wies, die bald zur Errichtung einer kleinen Andachtskapelle (noch heute am Parkplatz zu sehen) und 1745–54 zum Bau der heutigen Kirche führte. Die Wessobrunner Baumeister, die Brüder Dominikus und Johann Baptist Zimmermann, übertrafen bei der Errichtung dieses*

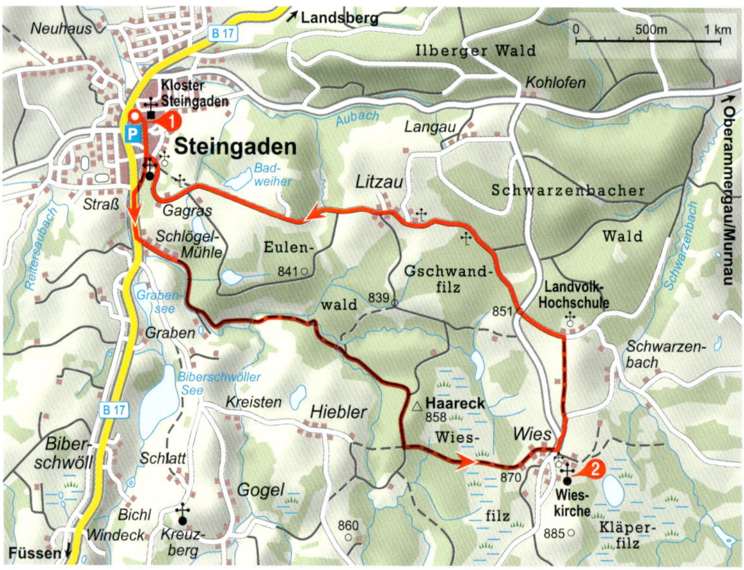

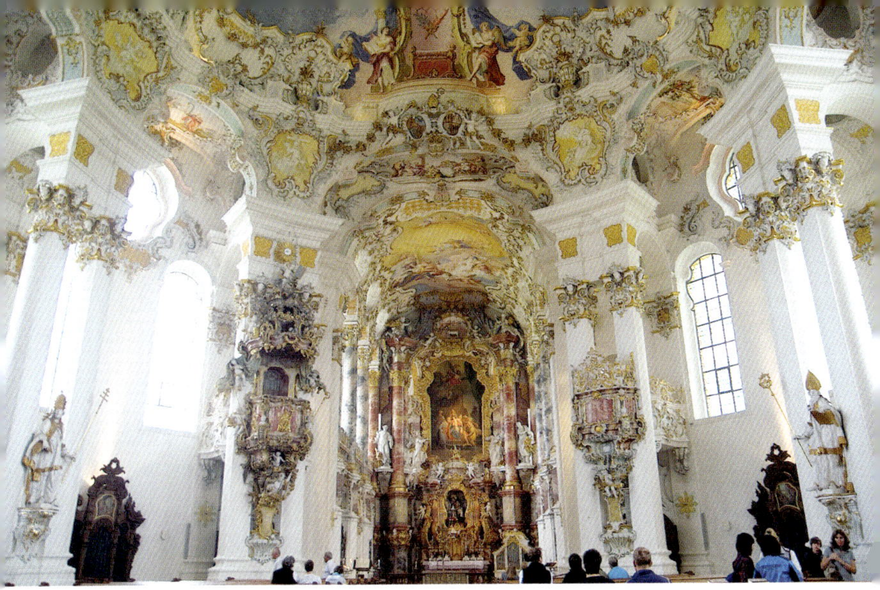

Als ein Raumwunder durch Helligkeit und Pracht gilt das Innere der weltberühmten Wallfahrtskirche auf der Wies.

Raumwunders ihre bereits früheren Meisterleistungen (für den ersteren war der Bau der Wieskirche auch Ausdruck tiefer seelischer Überzeugung; er verbrachte seine letzten Lebensjahre in dem alten Gebäude neben der Kirche, heute ein Gasthof). Das Wechselspiel von Licht und Farbe in der Wies (auch abhängig von Tagesgang und Jahreszeit), die feinen Formen trotz reichstem Stuck- und Freskenschmuck und fachmännische Meisterleistungen der Architektur lassen sich im Rahmen dieses Buchs nicht erschöpfend würdigen. Auf Bücher zur Wieskirche (in der Kirche erhältlich) und Führungen (siehe wieskirche.de/fuehrungen.de.html) sei daher hingewiesen, auch was die – bei aller baulichen Pracht – entscheidende religiöse Kernaussage betrifft.

Von der Wieskirche folgen wir der Zufahrtsstraße ein Stück gen Norden. Bald zweigen wir rechts auf eine Straße ab. Bei einem großen Wallfahrerkreuz beginnt halblinks ein hübscher kleiner Fußweg, dem wir folgen. Beim Gebäude der Landvolkshochschule folgen wir links der kleinen Teerstraße mit schönem Ausblick, zurück zur Wieskirche, dem Panorama der dahinterliegenden Ammergauer Berge und der Allgäuer Alpen weiter rechts. Wir überqueren die Hauptstraße und folgen direkt gegenüber der Forststraße in den Wald. Diese wird bald zu einer kleinen Teerstraße und führt uns über das schön gelegene Bauerndörfchen Litzau, wenig später vorbei am Badweiher, mit Blick auf den Auerberg im Nordwesten.
Schließlich erreichen wir bergab wieder den Ort Steingaden (links steht noch das ehemalige »Schloss« einer einstigen Reichsgrafenfamilie, Tafel 20). Unten biegen wir bei der Abzweigung rechts in die Welfenstraße ein und gehen zurück zum Marktplatz und dahinter zum Parkplatz.

Stichwortverzeichnis

Noch mehr Wanderglück ...

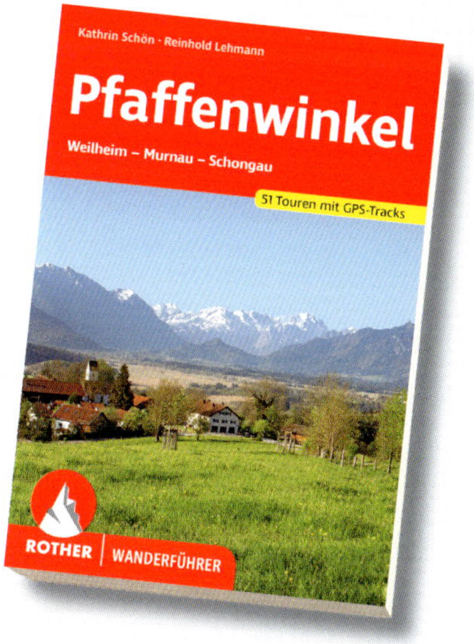

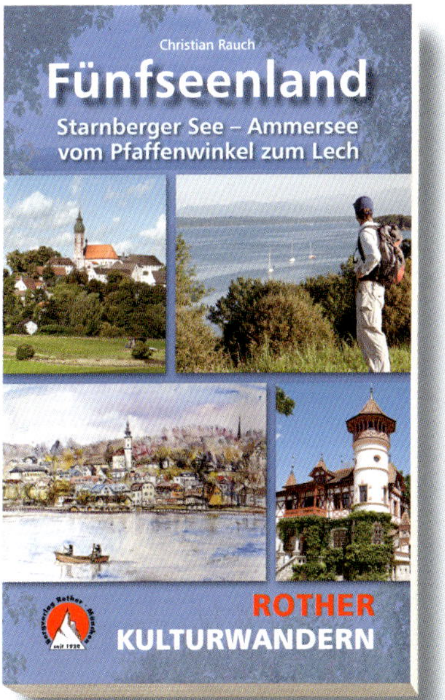

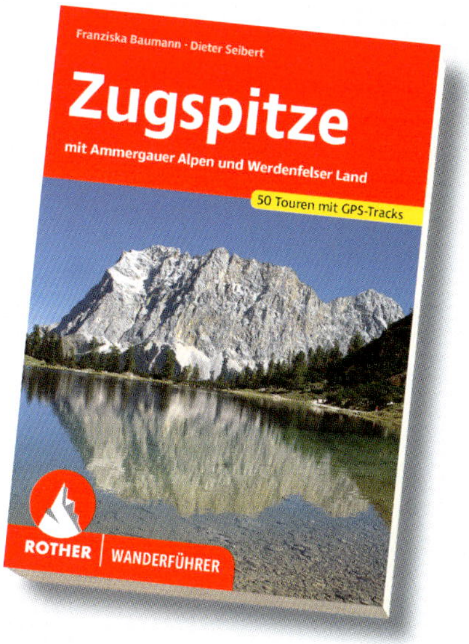

ROTHER | WWW.ROTHER.DE

Impressum

Titelbilder (von links nach rechts im Uhrzeigersinn):
»Blaues Pferd I« von Franz Marc, 1911, Städtische Galerie im Lenbachhaus und Kunstbau München; Aquarellschule von Christine Meier in Hagen bei Murnau; Blick auf den Heimgarten am Kochelsee.

S. 1: Münterhaus in Murnau, im Hintergrund die Alpspitze (Tour 1).
S. 20/21: Traumpanorama von der Aidlinger Höhe mit Riegsee (s. S. 27).

Alle Fotos von Christian Rauch, außer: Titel: »Blaues Pferd I« von Franz Marc, 1911: Städtische Galerie im Lenbachhaus und Kunstbau München, Bernhard und Elly Koehler Stiftung 1965; Titel: Bild mit der Staffelei: Aquarellschule von Christine Meier in Hagen bei Murnau; S. 12 unten: Gabriele Münter- und Johannes Eichner-Stiftung, München; S. 32 unten: Archiv FLM Glentleiten, Foto: Nixdorf; S. 35 unten: Franz-Marc-Museum Kochel; S. 41: Privatbesitz (mit Dank an das Franz-Marc-Museum Kochel); S. 67: Passionsspiele Oberammergau 2010 / Arno Declair; S. 70: Bayerische Schlösserverwaltung, schloesser.bayern.de; S. 108: Geigenbaumuseum Mittenwald.

Kartografie:
Wanderkarten im Maßstab 1:15.000, 1:25.000 und 1:50.000
© Bergverlag Rother GmbH (gezeichnet von Barbara Häring),
Übersichtskarten © Freytag & Berndt, Wien.

Werk-Nr.: 3054

5., aktualisierte Auflage 2023

ISBN 978-3-7633-3400-1

MIX
Papier | Fördert gute Waldnutzung
FSC® C147178

Liebe Wanderfreunde!
Alle Angaben dieses Buches wurden vom Autor nach bestem Wissen recherchiert und vom Verlag mit größtmöglicher Sorgfalt überprüft. Für die Richtigkeit der Angaben kann jedoch – soweit gesetzlich zulässig – keine Haftung übernommen werden.
Wir bitten dafür um Verständnis und freuen uns über jede Anregung und Berichtigung zu diesem Rother Wanderbuch:

Rother Bergverlag · Keltenring 17 · D-82041 Oberhaching
leserzuschrift@rother.de · Tel. +49 89 608669-0
Besuchen Sie uns im Internet: rother.de